| 김말숙 지음 |

엑셀로 시작하는 데이터 분석 첫걸음

- 데이터 분석, 쉽고 간편한 엑셀로!
- 엑셀만 알면 누구나 데이터 분석을 할 수 있다!

KM 경문사

■ 저자 약력

김말숙
영남이공대학교 보건의료행정과 교수

엑셀로 시작하는

데이터 분석 첫걸음

지은이 김말숙
펴낸이 조경희
펴낸곳 경문사
펴낸날 2023년 9월 1일 1판 1쇄
등 록 1979년 11월 9일 제1979-000023호
주 소 04057, 서울특별시 마포구 와우산로 174
전 화 (02)332-2004 팩스 (02)336-5193
이메일 kyungmoon@kyungmoon.com

값 19,000원

ISBN 979-11-6073-406-5

차 례

Part 1 데이터 분석 개요

Part 2 엑셀 기초 다지기

Part 4 엑셀을 활용한 데이터 분석

Part 1

데이터 분석 개요

CHAPTER 01

데이터 분석의 이해

Excel

오늘날 우리는 범람하는 데이터 안에 살고 있으며, "데이터를 정복하는 자가 세상을 앞서간다"라는 말이 있을 정도로 4차 산업혁명 시대의 기초 자산인 데이터를 어떻게 활용하느냐에 따라 우리의 미래가 달라질 것이다. 다양한 Smart IT 기기에서 형식이 서로 다른 엄청난 양의 데이터가 실시간으로 홍수처럼 쏟아지고 있다. 이러한 데이터는 목표 설정, 데이터 수집, 데이터 정리, 데이터 분석, 데이터 시각화라는 데이터 분석 단계를 거치게 된다. 데이터 분석을 통해 도출된 통찰력은 올바른 의사결정을 내릴 수 있고, 원시 데이터(raw data)에서 얻은 지식은 회사나 조직이 고객 기반을 확장하고 성과를 개선하면서 수익 증대로 이어지므로 기업이나 조직의 발전에 큰 도움을 주게 된다.

Section 01 데이터 분석이란?

위키백과에 따르면 "데이터 분석(data analysis)은 유용한 정보를 발굴하고 결론적인 내용을 알리며 의사결정을 지원하는 것을 목표로 데이터를 정리, 변환, 모델링 하는 과정이다. 데이터 분석은 다방면으로 접근 방식이 있다. 다양한 이름의 다양한 기술을 아우르며, 각기 다른 비즈니스, 과학, 사회과학 분야에 사용된다. 오늘날 비즈니스 부문에서 데이터 분석은 의사결정을 더 과학적으로 만들어주고 비즈니스를 더 효율적으로 운영할 수 있도록 도와주는 역할을 한다"라고 정의된다.

현대 사회는 정보통신기술의 발달로 수많은 데이터가 발생하고 있다. 정부와 공공기관들이 무료로 공개하고 있는 공공 데이터(open data)는 공공데이터 포털을 통해 국민이 쉽고 편리하게 이용할 수 있도록 파일 데이터, 오픈 API, 시각화 등 다양한 방식으로 제공하고 있다.

다양한 종류의 대규모 데이터에 대한 생성, 수집, 분석, 표현을 그 특징으로 하는 빅데이터 기술의 발전은 다변화된 현대 사회를 더욱 정확하게 예측하여 효율적으로 작동하게 한다. 이와 같은 빅데이터는 보건의료, 정치, 경제 및 경영, 사회, 문화, 과학 등등의 기술 전 영역에 걸쳐서 사회와 인류에게 가치 있는 정보를 제공할 가능성을 제시하며 그 중요성이 부각 되고 있다. 빅데이터의 활용 사례를 살펴보자.

- 사회 : 코로나19와 이민자, 유학생 간 상관관계
- 정치 : 2008년 미국 대통령 선거, 대한민국 제19대 총선
- 경제 및 경영 : 아마존닷컴의 추천상품 표시, 구글 및 페이스북의 맞춤형 광고, 신한카드의 데이터 상품 판매 사례, 현대 자동차 빅데이터를 통한 전기차 배터리 성능 예측
- 문화 : MLB의 머니볼 이론 및 데이터 연구, MBC <프로파일링>, 여론의 장으로서의 유튜브
- 생물 정보학 : DNA, RNA, 단백질 서열 및 유전자들의 발현과 조절에 대한 빅데이터 활용
- 보건의료 : 디지털 헬스 케어, AI 기반 욕창 단계 예측 솔루션 시스템

- 국민건강보험공단 : 가입자의 자격·보험료, 진료·투약 내용, 건강검진 결과 등
- 건강보험심사평가원 : 진료 내역, 투약내용(의약품 안심 서비스), 의약품 유통 등

Section 02 데이터 유형

데이터 분석은 데이터 유형과 연구 목적에 따라 데이터 분석 방법과 해석이 달라지므로 데이터의 정확한 분류가 중요하다. 데이터 유형은 데이터의 속성, 척도, 형태에 따라 다음과 같이 분류할 수 있다.

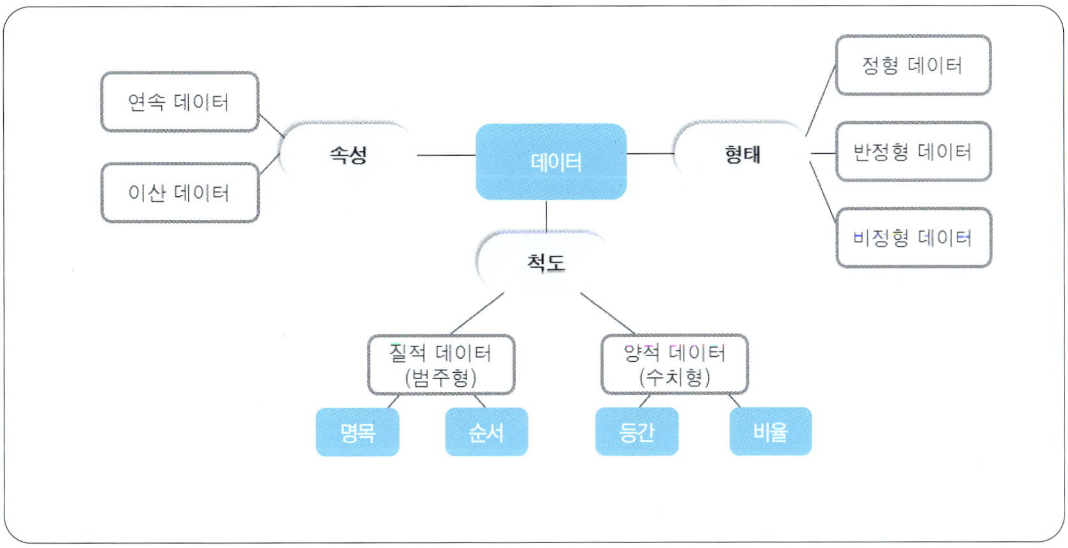

데이터 형태에 따라 정형 데이터, 반정형 데이터, 비정형 데이터로 분류할 수 있다. **정형 데이터**(structured data)는 구조화된 데이터, 즉 미리 정해진 구조에 따라 저장된 데이터다. 표 안에서 행과 열에 의해 지정된 각 칸에 데이터를 저장하는 엑셀의 스프레드시트, 관계형 데이터베이스가 대표적인 예이다. **반정형 데이터**(semi-structured data)는 구조에 따라 저장된 데이터지만 정형 데이터와 달리 데이터 내용 안에 구조에 대한 설명이 함께 존재하고 웹에서 데이터를 교환하기 위해 작성하는 HTML, XML, JSON 문서와 웹로그 등이 있다. **비정형데이터**(unstructured data)는 정해진 구조가 없이 저장된 데이터로 텍스트 분석이 가능한 텍스트 문서, 이미지, 동영상, 음성 데이터, GPS 위치정보, 웹 자료 등이 있다. 비정형 데이터는 인터넷을 이용하는 일반 사용자들에 의해 데이터가 축적되는데 스마트폰의 등장으로 SNS 글, 문서, 이미지, 영상 등 비정형 데이터들이 빠르게 늘어나고 있다.

정형 데이터

	A	B	C	D	E	F
1	부서	비품	지급일	보유량	요청량	합계
2	기획팀	A	2022-08-08	25	5	30
3	관리팀	B	2022-07-21	30	4	34
4	기획팀	B	2022-09-01	55	9	64
5	관리팀	A	2022-09-01	40	2	42
6	감사팀	B	2022-09-02	60	0	60
7	경영지원팀	A	2022-03-02	25	10	35
8	감사팀	C	2022-02-10	35	10	45

반정형 데이터

```
<ul class="gnb">
    <li><a href="/latest_article" target="_self">최신기사
<li><a href="/opinion" target="_self">오피니언</a></li>
<li><a href="/politics" target="_self">정치</a></li>
<li><a href="/economy" target="_self">경제</a></li>
<li><a href="/society" target="_self">사회</a></li>
<li><a href="/nations" target="_self">국제</a></li>
<li><a href="/culture" target="_self">문화</a></li>
<li><a href="/sport" target="_self">스포츠</a></li>
<li><a href="/entertainment" target="_self">연예</a></li
<li><a href="/life" target="_self">라이프</a></li>
<li><a href="/mstory" target="_self">포토 · 영상</a></li>

</ul>
```

비정형 데이터

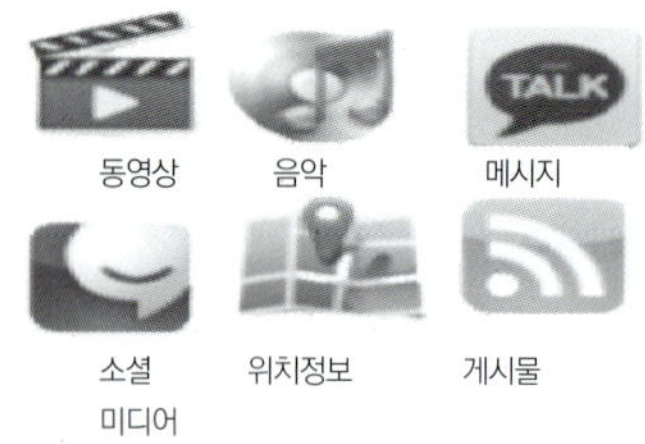

척도(scale)는 사람이나 사물 등 관측 대상의 특성을 수량화하기 위해서 단위와 규칙을 가지고 특성에 숫자를 부여 하는데 사용하는 도구이다. 이러한 척도에 따라 구분되는 데이터 종류는 질적 데이터와 양적 데이터가 있다. **질적 데이터**에서 **명목척도**는 남자, 여자와 같은 질적 정의를 "남자 = 1", "여자 = 2" 처럼 수치화 시킨 것이고, **순서 척도**는 1학년, 2학년, 3학년, 4학년과 같은 질적 정의를 "1학년=1", "2학년 = 2", "3학년 = 3", "4학년 = 4"처럼 순서를 수치화한 것이다. **양적 데이터**에서 **등간척도**는 "온도"와 "만족도"처럼 간격을 수치화한 것이고, **비율척도**는 "키"처럼 기준에 대한 비례를 수치로 표현한 것이다.

등간척도나 비율척도는 연속형 데이터나 이산형 데이터 둘 중의 하나의 속성을 갖게 된다. 연속형 데이터는 키, 몸무게, 시간, 혈압, 경제성장률과 같이 연속적인 수치 표현이 가능하여 아날로그 데이터라고 할 수 있고, 연속형 데이터는 구간(계급, bin, bucket)을 두어 범주형 데이터로 바꾸어 사용한다. 예를 들어 3명의 키 160.2, 173.4, 180.0가 있다면 160~169, 170~179, 180~189 총 3개의 구간으로 나누면 구간별로 데이터가 하나씩 나온다. 따라서 구간별 인원을 퍼센트로 표현하면 33.3%가 되는 것이다. 이산형 데이터는 "불량품 수", "1일 교통사고 건수" 등과 같이 가질 수 있는 값이 유한개의 숫자로 표현할 수 있어 디지털이라고 할 수 있다.

- 데이터 종류

데이터 종류	척도	특성	적용 예	
질적 데이터 (qualitative)	명목척도 (Nominal)	구분만 가능한 데이터 (숫자, 기호, 문자 등으로 표현)	성별 결혼 여부 혈액형	{남,여} {미혼, 기혼, 기타} {A형, B형, AB형, O형}
	순서척도 (Ordinal)	구분과 서열이 가능한 데이터	학년 서비스 질 교육 수준	{1학년, 2학년, 3학년} {상, 중, 하} {고졸 이하, 대졸, 대학원 이상 }
양적 데이터 (quantitative)	등간척도 (Interval)	구분, 서열, 가감이 가능한 데이터 절대 0의 개념이 없음	만족도 온도	{전혀 그렇지 않다, 보통이다, 매우 그렇다,...} {26℃, 21℃, 35℃,...}
	비율척도 (Ratio)	가감승제 가능한 데이터 절대 0의 개념이 있음	키 몸무게 매출액	자연수가 아닌 실수 (소수점 포함)

Section 03 데이터 수집

데이터 수집은 데이터를 분석하거나, 의사결정을 내리는 데 활용하거나 콘텐츠를 제공하기 위해서 데이터를 모으는 작업이다. 데이터 수집은 서비스 등에 활용하는 데 필요한 데이터를 시스템의 내부 혹은 외부에서 정기 또는 비정기적으로 모아 필요한 형태로 저장하는 활동이다.

데이터 수집에서 데이터 소스의 위치에 따라 내부 데이터 수집과 외부 데이터 수집으로 구분할 수 있다. **내부 데이터 수집**은 주로 자체적으로 업무과정에서 생성된 후 데이터베이스에 저장된 자료를 수집하는 것을 의미하고, **외부 데이터 수집**은 인터넷으로 연결된 외부에서 자료를 수집하는 것을 의미하며, 검색 데이터의 수집이나 웹 페이지 데이터의 수집을 통해 얻은 웹 페이지, 정부 공개 데이터, 웹 포탈 데이터, SNS 데이터 등이다.

빅데이터 분석이 점차 강조됨에 따라 많은 기업과 학생들이 데이터 확보에 열을 올리고 있다. 기업으로서는 비즈니스를 진행하며 자연스럽게 데이터가 쌓이는 경우가 많지만, 학생이나 일반 개인은 그렇지 못한다. 따라서, 요즘은 외부에서 다양한 방법으로 데이터 수집하게 된다. 공공기관 홈페이지에 무료로 제공하는 공공 데이터를 웹 페이지에서 직접 다운로드하여 수집하거나, 데이터 크롤링을 통해 실시간 데이터를 직접 수집하고 업데이트할 수 있으며, 그 데이터를 바탕으로 데이터를 분석하게 된다.

1 내부 데이터 수집

내부 데이터 수집은 수집하려는 데이터가 자체적으로 보유한 내부 파일 시스템이나 업무 과정에서 생성된 후 DBMS(DataBase Management System, 관계형 데이터베이스)에 저장되어 있고, 주로 정형 데이터를 수집하게 된다.

2 외부 데이터 수집(다운로드)

외부 데이터 수집 방법으로 이용도가 높은 공공 데이터 포털(https://www.data.go.kr/)은 국가에서 보유하고 있는 데이터를 개방하여 국민이 더 쉽고 편리하게 공유하여 활용할 수 있도록 CSV, XLSX, HTML, XML 등 다양한 파일 형식으로 제공하고 있다.

XLSX 파일은 엑셀에서 바로 불러와서 사용할 수 있고, 60GB가량의 엑셀 데이터를 CSV 파일 형식으로 바꾸면 엑셀에서 사용하는 표나 여러 형식이 가지는 용량이 1GB 정도로 줄어드는 때도 있다. **CSV**(Comma-separate value) 파일은 쉼표(,)로 데이터를 구분한다는 뜻으로 이메일 연락처 정보 등 표의 데이터가 일반 텍스트 양식으로 포함된 파일이다. 텍스트 편집기 등 여러 가지 프로그램으로 CSV 파일을 열 수 있지만 포함된 데이터는 엑셀, 구글 시트 등 스프레드시트를 사용해야 잘 보이고, 데이터를 조직적이고 깔끔하게 관리할 수 있다. **HTML, XML** 파일은 웹에서 표현하기 위한 파일 형식으로 엑셀에서 데이터 분석을 위해서 XLSX 파일 형식으로 저장하여 사용한다.

공공데이터 포털(https://www.data.go.kr/)에서 2020년도 국민건강보험공단에서 40세 이상 성인 남녀 100만 명을 대상으로 실시한 건강 검진 결과를 다운로드하는 방법을 알아본다.

① **공공데이터 포털**(https://www.data.go.kr/)에서 검색어 '**국민건강보험공단**'을 입력하고 나타난 검색 결과에서 첫 번째 결과 '**국민건강보험공단_건강검진정보**'를 클릭한다.

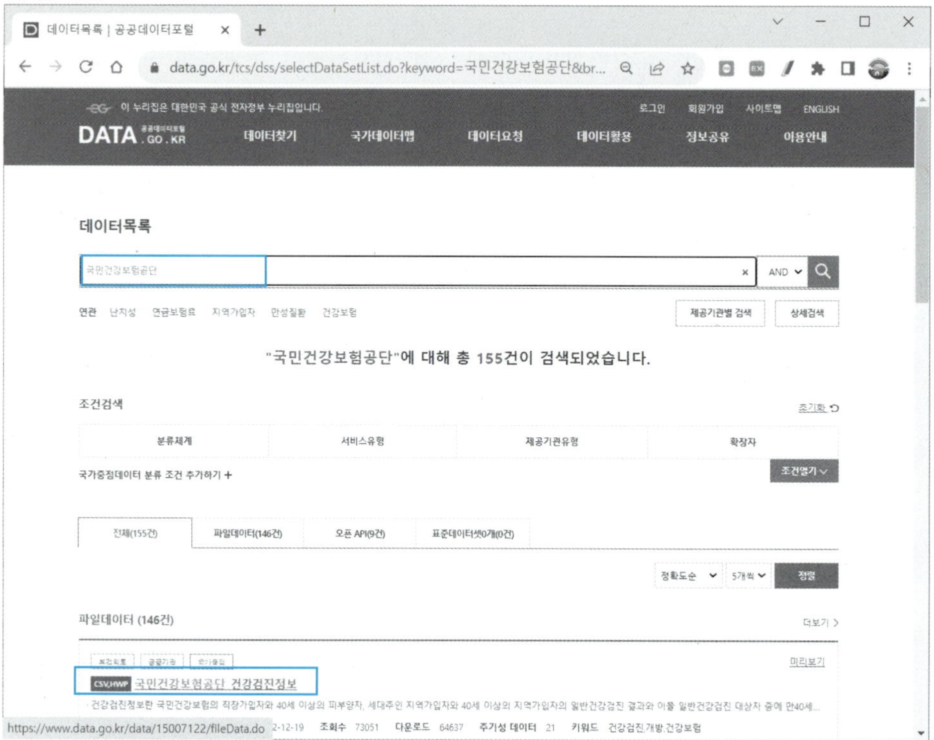

② '국민건강보험공단_건강검진정보' 오른쪽에 있는 [**다운로드**] 단추를 클릭하면 CSV 파일로 저장된다.

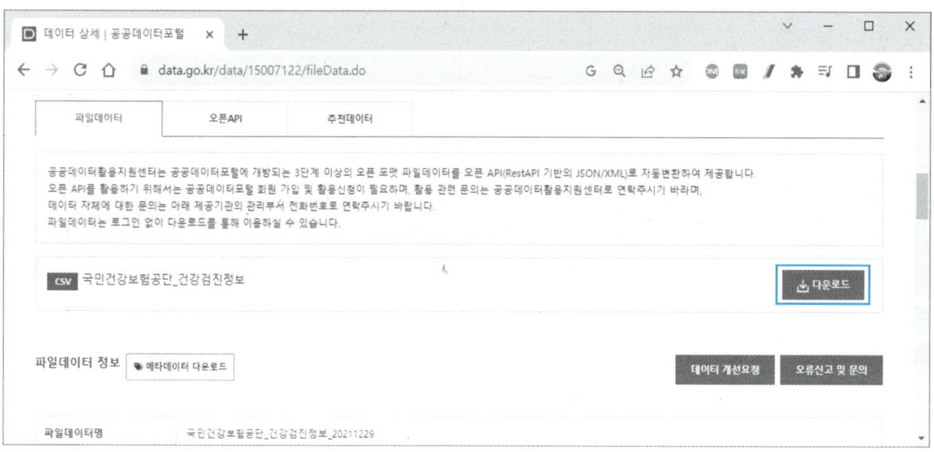

③ **'국민건강보험공단_건강검진정보_20211229.csv'** 파일을 더블클릭하여 엑셀에서 연다.

	A	B	C	D	E	F	G	H	I	J	K
1	기준년도	가입자 일	시도코드	성별코드	연령대 코	신장(5Cm	체중(5Kg	허리둘레	시력(좌)	시력(우)	청력(좌)
2	2020	1	36	1	9	165	60	72.1	1.2	1.5	1
3	2020	2	27	2	13	150	65	81	0.8	0.8	1
4	2020	3	11	2	12	155	55	70	0.6	0.7	1
5	2020	4	31	1	13	160	70	90.8	1	1	1
6	2020	5	41	2	12	155	50	75.2	1.5	1.2	1
7	2020	6	27	1	9	185	85	94	1.2	1.2	1
8	2020	7	44	1	9	165	80	93	0.8	0.7	1
9	2020	8	41	1	13	160	65	92	0.5	0.5	1
10	2020	9	41	2	17	150	50	82	0.4	0.5	2
11	2020	10	48	2	14	150	45	71.2	0.8	0.7	2

3 외부 데이터 수집(크롤링)

크롤링(crawling) 혹은 스크레이핑(scraping)은 웹 페이지를 그대로 가져와서 데이터를 추출하는 것이고, 크롤링하는 소프트웨어를 크롤러(crawler)라 한다. 크롤링을 통해 실시간 데이터를 수집하고, 또한 수집한 데이터를 업데이트할 수 있다. 다음은 엑셀 파워쿼리에서 크롤링 기능으로 2023년 7월 31일부터 2023년 8월 6일까지 멜론 주간 차트 1~100위 데이터를 엑셀로 가져오는 과정이다.

① **멜론 주간 차트**(https://www.melon.com/chart/week/index.htm)에 접속하여 크롤링할 웹사이트 정보를 확인하고 크롤링할 URL 주소를 복사(Ctrl+C)한다.

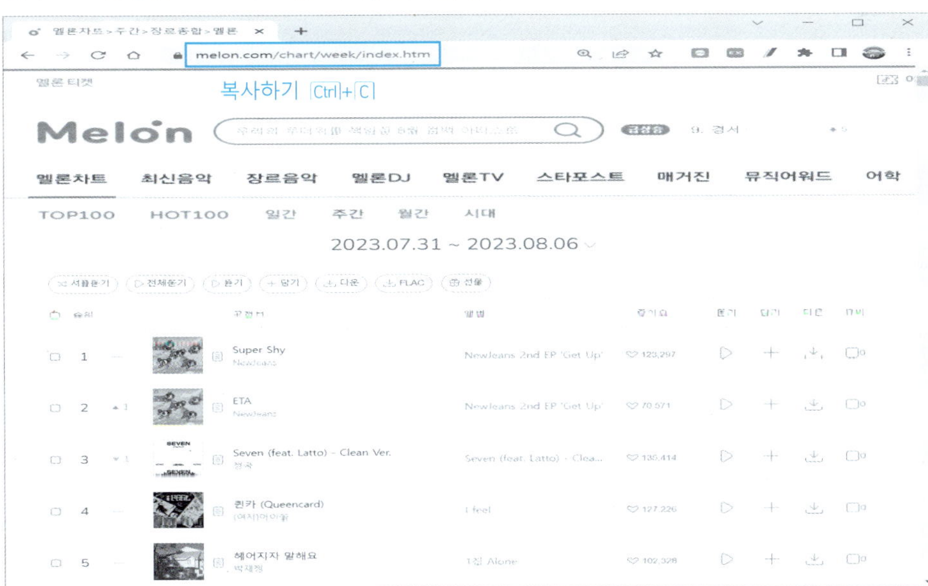

② 엑셀에서 [**데이터**] 탭-[**데이터 가져오기 및 변환**] 그룹-[**새쿼리**]-[**기타 원본에서**]-[**웹**]을 선택한다.

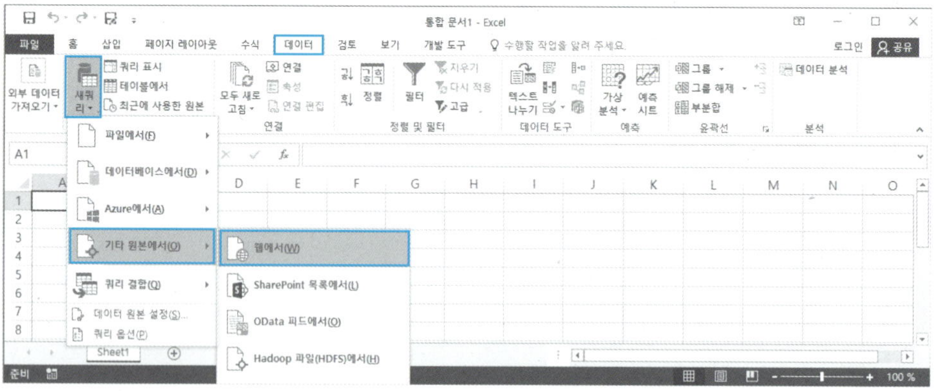

③ 웹에서 대화상자에서 크롤링할 웹사이트 URL을 입력하거나 붙여넣기(Ctrl+V)한 후 [확인]을 클릭한다.

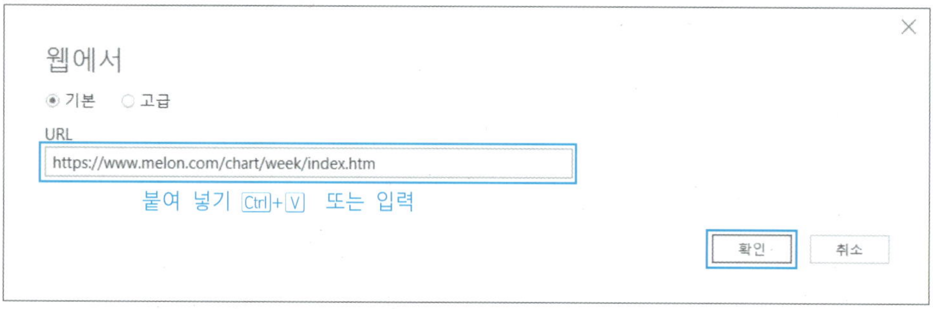

④ 탐색 창 왼쪽에는 웹사이트를 분석하여 파워쿼리에서 가져올 수 있는 데이터 목록을 보여준다. 가져오고자 하는 데이터 목록을 선택하고 오른쪽 위의 [**새로 고침**]을 클릭한 후 [**로드**]를 클릭한다.

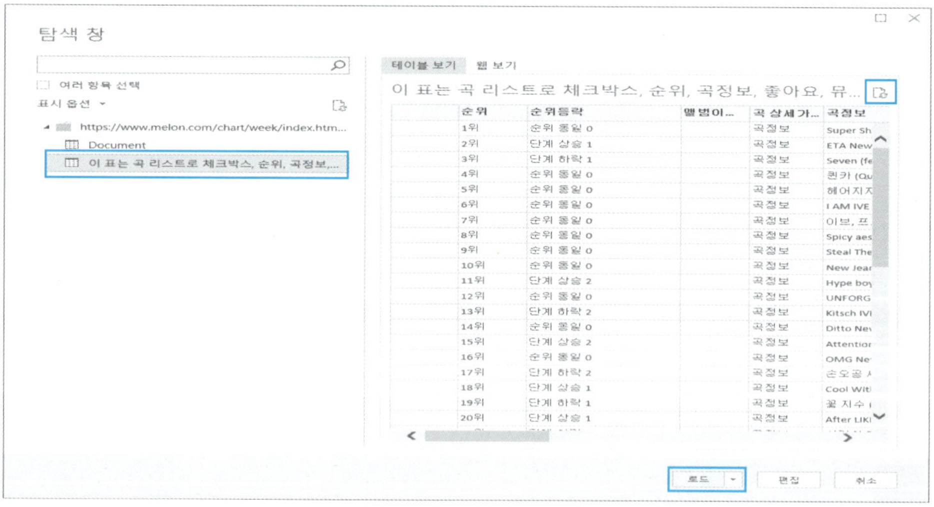

⑤ 데이터가 테이블 형태로 로드되면 데이터 분석이 편리하도록 데이터를 정리한다.

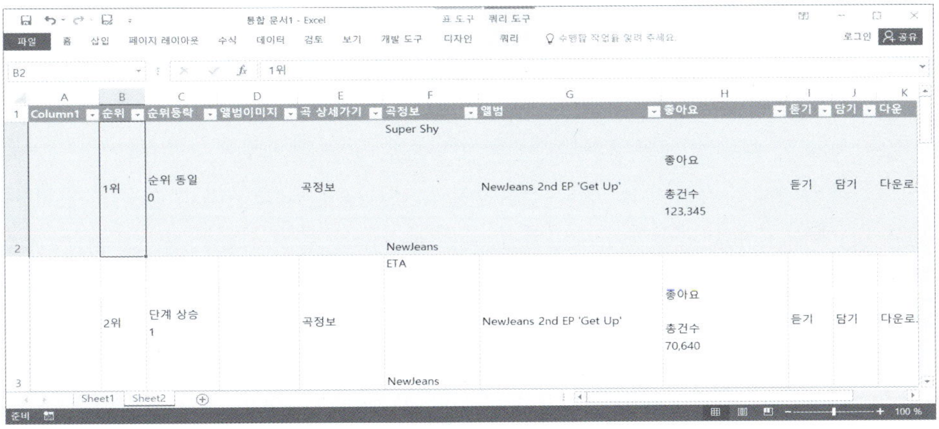

Section 04 데이터 분석 도구

비데이터 시대가 되면서 데이터 분석의 중요성과 필요성이 더욱 강조되어 전통적인 통계 프로그램인 SAS와 SPSS에 추가하여 하둡(Hadoop) 분산 지원 프레임워크, 구글 애널리틱스 등의 웹 분석 서비스, R, 파이썬, 엑셀 등의 다양한 종류의 데이터 분석 도구가 개발되었다. 데이터 분석에서 사용 목적에 맞는 데이터 분석 도구의 선택은 업무를 효율적으로 처리할 수 있기에 특히 중요하다. 대표적인 데이터 분석 도구 몇 가지를 알아본다.

1 엑셀

엑셀(Excel)은 가장 보편적인 데이터 분석 도구로 많은 사람이 사용하는 프로그램이다. 그 이유를 정리하면 (1) 엑셀은 코딩이 아닌 메뉴를 이용한 데이터 분석이 가능하고, (2) 데이터 분석 과정을 이해하기 좋고, (3) 데이터 분석이 목적이 프로그램이고, (4) 일반적으로 많이 사용되는 도구이기 때문이다.

엑셀을 통해 수식 계산은 물론, 데이터를 쉽게 분석, 정리하여 업무능력과 생산성의 비약적인 향상을 가져올 수 있다. 그러나 대규모 데이터를 처리하는 데는 한계가 있다.

데이터 시각화: 엑셀은 차트를 쉽게 생성할 수 있고, 데이터를 시각적으로 표현하여 쉽게 이해할 수 있도록 도와준다.

데이터 정리: 엑셀은 대규모 데이터를 정리하고 필요한 정보를 추출하는 데 유용하다. 데이터 정리 기능을 사용하면 중복 항목을 찾아 제거하고 데이터를 필터링하거나 정렬할 수 있다.

계산 및 분석: 엑셀은 데이터 분석을 위한 다양한 함수와 도구를 제공한다. 예를 들어, 피벗 테이블과 피벗 차트를 사용하여 대규모 데이터를 쉽게 요약하고 분석할 수 있다.

2 SPSS와 SAS

SPSS와 SAS는 전문적인 통계 패키지이다. **SPSS**는 IBM에서 제공하는 데이터 분석 및 통계분석을 위한 소프트웨어로, 대학 연구 및 기업 분석에서 많이 활용된다. 또한 그래픽 사용자 인터페이스(GUI)로 되어 있어서 초보자도 쉽게 사용할 수 있고, 엑셀과 같은 메뉴 구조로 되어 있다. 추가적인 분석을 위해 프로그래밍이 필요한 때도 있지만, 대부분 기본 기능으로 고급 통계분석, 데이터 마이닝까지 가능하다. **SAS**는 프로그래밍해야 하기에 어느 정도 전문성이 요구되는 분석 도구이고, 높은 수준의 데이터 품질 관리, 분석 및 예측 기능을 제공하여 데이터 분석 전문가들이 쉽게 사용할 수 있다. 두 패키지 모두 유료이고 시험판을 일정 기간 사용할 수 있다. 만약 통계와 프로그래밍에 대한 이해가 부족하다면 SPSS를 사용하는 것이 편리하다.

3 R과 파이썬

R과 파이썬은 오픈 소스 프로그래밍 언어이다. **R**은 통계분석과 그래픽으로 데이터 시각화를 위한 프로그래밍 언어이고 다양한 패키지의 집합으로 구성된 데이터 분석 도구이다. 워크시트 대신에 입력창만 존재하기 때문에 통계와 프로그래밍에 대한 기본적인 이해가 있어야 사용할 수 있다. **파이썬**은 보다 빠르게 작업하고 시스템을 보다 효과적으로 통합할 수 있는 프로그래밍 언어이고 개발 도구이다. 두 언어 모두 통계분석이 가능하지만, R은 통계분석에 특화된 언어이고, 파이썬은 개발에 특화되어 있기에 그 쓰임새에 따라 선택적으로 사용할 필요가 있다. 무료라는 장점이 있지만 언어를 익혀야 하는 어려움이 있다.

4 검색 플랫폼

검색 플랫폼에서 제공하는 데이터 분석 도구를 이용하면 손쉽게 데이터 분석을 할 수 있다. 구글 트렌드, 네이버 데이터랩, 카카오 데이터 트렌드, 빅카인즈, 그리고 썸트렌드 등이 대표적이다.

• 구글 트렌드 & 네이버 데이터랩

구글 트렌드(https://trends.google.co.kr/trends/)와 네이버 데이터랩은 특정 검색어가 얼마나 많이 검색되었는지 확인할 때 유용하며 글로벌 트렌드를 알고 싶다면 구글 트렌드를, 그리고 국내 트렌드를 알고 싶다면 네이버 데이터랩이 유용하다.

네이버 데이터랩(https://datalab.naver.com/)의 '검색어 트렌드'는 네이버 검색에서 특정 검색어가 얼마나 많이 검색되었는지 확인할 수 있다. 특정 주제어를 설정하고 하위 주제어에 해당하는 검색어를 콤마(,)로 구분하여 입력한다. 예를 들어 주제어 "캠핑"에 하위 주제어 "캠핑, 차박, 불멍, camping"을 입력하고, 검색 기간 '1년', 범위, 성별, 연령 선택 '전체'를 선택하여 검색하면 다음과 같이 검색어가 확대되어 검색된 결과는 꺾은 선 그래프로 제공한다.

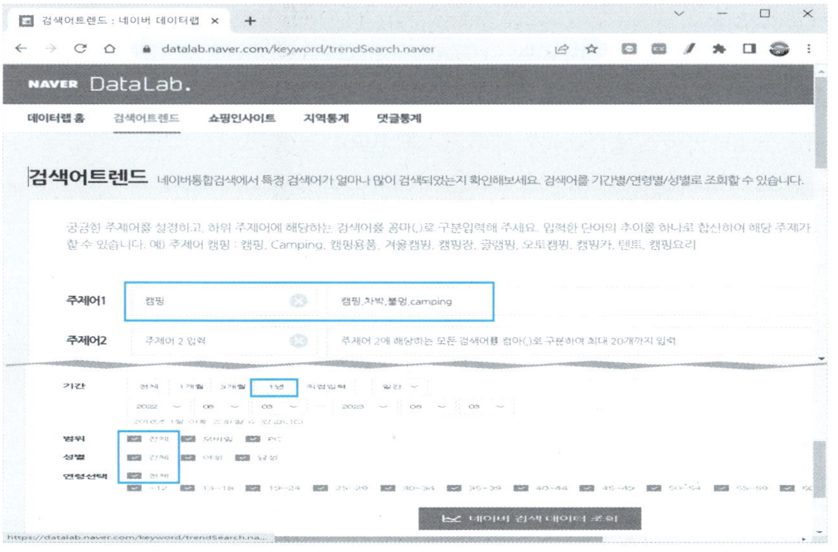

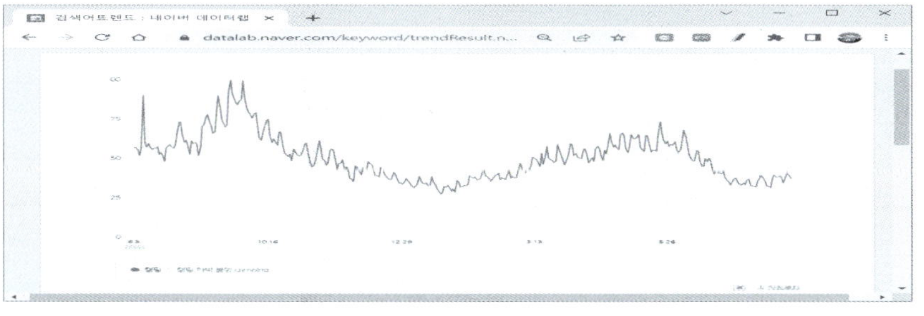

• 카카오 데이터 트렌드(https://datatrend.kakao.com/)

카카오 데이터 트렌드는 특정 검색어의 기간, 기준, 기기, 성별, 연령, 지역 등에 따른 검색량 추이를 확인할 수 있다. 검색 결과는 꺾은 선 그래프, 도넛형 차트, 막대 그래프 등 다양한 시각화로 보여준다.

"캠핑" 검색 결과 지난 12개월 동안 성별 검색량에서는 여성이 47%, 남성이 53%, 연령별 검색량에서는 40대가 가장 높게 나타났으며, 지역별 검색량에서는 서울과 경기가 다른 지역과 비교해 압도적으로 많은 검색량을 보여주고 있다.

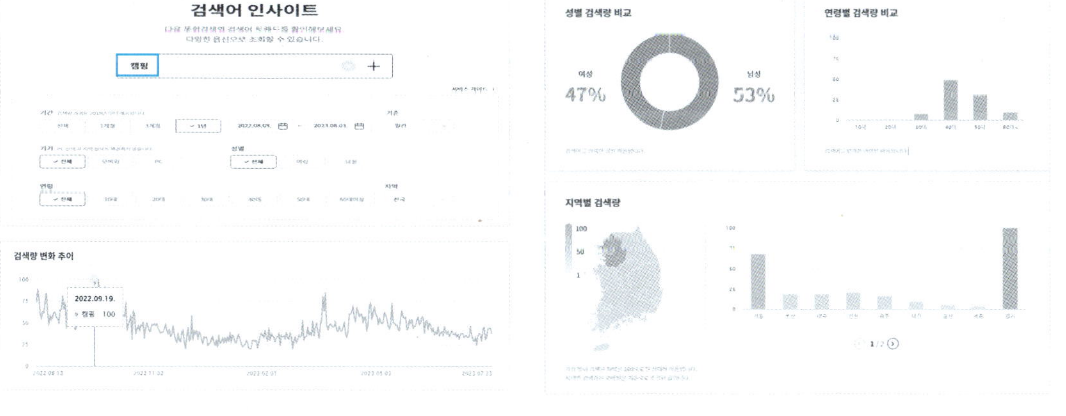

• 빅카인즈(https://www.bigkinds.or.kr/)

빅카인즈는 신문, 방송 등 국내 54개 주요 언론사의 6,500만 건 뉴스를 축적하고 있는 국내 최대의 공공 뉴스 아카이브이다. 빅카인즈 내에서 뉴스 검색, 연관어 등 다양한 빅데이터 분석을 쉽고 간단하게 할 수 있으며, 무료 회원 가입으로 분석한 내용을 내려받아 다른 분석 도구에서 추가 분석을 할 수도 있다. 특히 텍스트 마이닝으로 뉴스에 언급된 키워드의 빈도와 연관어를 분석할 수 있다.

다음은 빅카인즈에서 "캠핑" 연관어 분석 결과를 텍스트마이닝으로 나타낸 것이다.

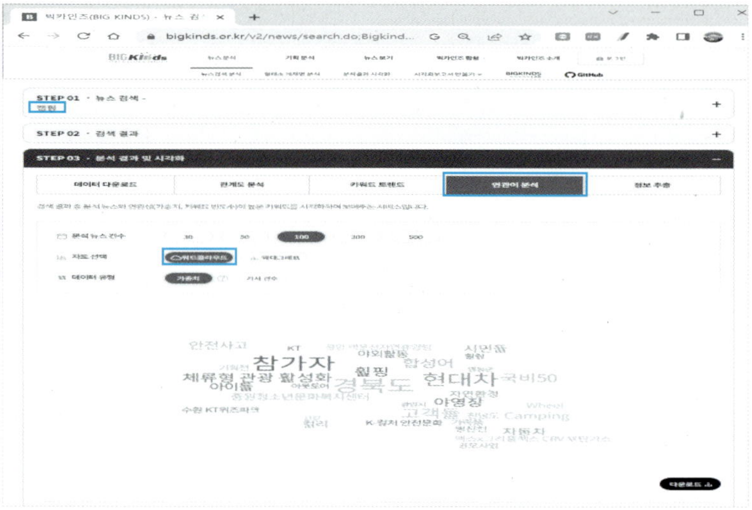

• 썸트렌드(https://some.co.kr/analysis/social/association)

썸트렌드는 온라인 데이터를 통해 키워드 분석, 평판 분석, 비교 분석을 제공한다. 키워드를 단 한 번의 검색으로 3개월 동안의 소셜 빅데이터 분석 결과를 제공해주고, 썸트렌드에서 추가로 제공하는 것은 키워드의 감정을 긍정/중립/부정으로 분류하여 시각화해주는 콘텐츠가 있다. 무료로 이용할 수 있으며, 고급 분석은 유료로 제공된다.

다음은 썸트렌드의 비교 분석에서 "빅데이터 vs 인공지능"의 연관어 분석과 긍·부정 분석 결과이다.

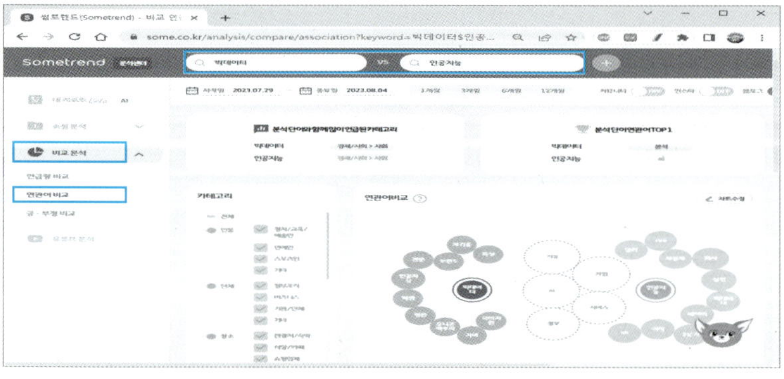

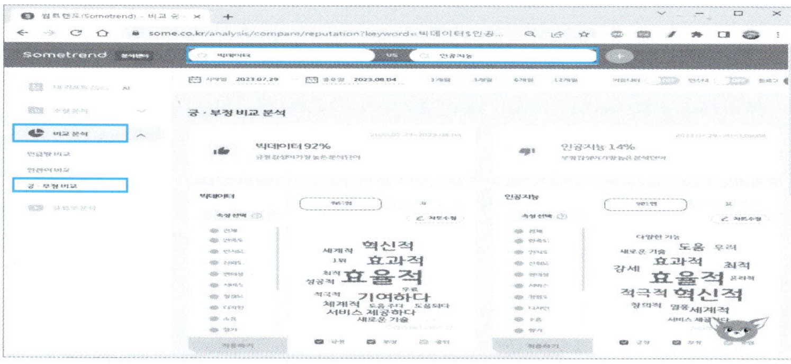

Section 05 데이터 분석 단계

데이터 분석(data analysis)은 과거 및 현재에 일어난 상황을 활용하여 현황을 파악하고, 앞으로 다가올 상황을 예측하거나 일어날 상황에 대해 타당한 근거 자료를 제시할 수 있도록 준비하는 과정이다. 데이터 분석의 모든 과정이 한 번의 주기로 끝나는 것처럼 보이지만, 실제로는 전체 과정이 계속 반복되는 순환구조라 볼 수 있다. 즉, 단계별로 진행하면서 문제점이 발견되면, 이전 단계로 돌아가 완전히 처리한 후에 다음 단계를 진행하는 것이 데이터 분석 결과의 완성도를 높이는 방법이다.

데이터 분석은 목표 설정, 데이터 수집, 데이터 정리, 데이터 분석, 결론 도출 과정으로 총 5단계의 과정을 거치게 된다.

목표 설정 ➡ **데이터 수집** ➡ **데이터 정리** ➡ **데이터 분석** ➡ **데이터 시각화**

(1) 목표 설정

데이터 분석의 첫 번째 과정은 가장 먼저 데이터를 활용하여 분석하는 이유를 명확히 하는 것이다. 어떤 결과를 도출해 내고 싶은지, 어떤 문제를 해결하고 싶은지, 최종 목표는 무엇인지 확실한 데이터 활용의 목표가 있어야 그에 알맞은 데이터를 추출하고 분석할 수 있다. 목표 설정을 위해서는 수집된 데이터에 대한 이해가 필요하다

(2) 데이터 수집

데이터 수집 단계는 분석에 필요한 데이터를 수집하는 것이다. 데이터 수집은 크게 내부 데이터 수집과 외부 데이터 수집으로 나눌 수 있다. 내부 데이터 수집은 필요한 데이터를 찾아 직접 입력하여 생성하는 것이고, 외부 데이터 수집은 기존에 구성해 둔 데이터를 찾아 활용하는 것이다.

대부분 외부 데이터 수집 방법을 사용하는데 TXT, CSV 파일 등을 이용하거나, 웹 크롤링 방식을 이용하여 데이터를 확보하기도 한다.

(3) 데이터 정리

데이터 정리는 원시 데이터(raw data)를 원하는 형태의 데이터로 정리하고 구조화하는 과정이다. 불필요한 변수를 제거하고 필요한 변수의 데이터만 따로 추출하거나 기존 변수의 데이터 간 연산을 통해 조건에 맞는 데이터를 구성한다. 또한 중복 데이터는 없는지 확인하고, 데이터값에 따라 그룹화하여 새로운 변수를 생성할 수도 있다. 이 단계에서는 하나의 데이터 세트로만 가공을 진행할 수도 있지만, 여러 데이터 세트를 병합 혹은 추출하여 새로운 데이터 세트를 생성할 수도 있다.

(4) 데이터 분석

데이터 분석은 데이터 처리를 거쳐 준비한 데이터를 이용하여 다양한 분석을 시행하는 단계이다. 데이터 분포를 확인하기 위해 기술 통계량으로 데이터를 파악하고, 다양한 그래프를 그려보면서 시각화하는 이런 과정을 거치며 가설을 검정하고 의미 있는 결과를 정리하여 최종 결과를 도출한다. 이러한 통계분석, AI에서 대표적인 딥러닝, 머신 러닝 기법들을 통해 예측, 분류 등의 분류 결과를 만들어낸다.

(5) 데이터 시각화

데이터를 분석한 결과를 정리하고 해석하여 보고서나 그래프, 대시보드 등으로 시각화하는 과정이다. 분석 결과 그 자체가 될 수 있고, 도표, 그래프, 스프레드시트, DB, 인포그래픽 등 다양한 형태로 직관적이고 이해하기 쉽게 표현한다.

연습문제

1. 데이터 분석의 정의를 작성하시오.

2. 데이터 유형을 작성하시오.

3. 데이터 수집 방법을 작성하시오.

4. 데이터 분석 과정을 작성하시오.

5. 보건의료 분야에서 데이터 분석 활용에 대하여 작성하시오.

6. 다음 변수에 대한 데이터 유형 및 측정 척도를 분류하시오.

(1) 신발 사이즈의 데이터 유형은 무엇인가?
① 숫자형 ② 범주형

(2) 신발 사이즈를 척도로 분류하면 무엇인가?
① 이산형 ② 연속형

(3) 혈압의 데이터 유형은 무엇인가?
① 숫자형 ② 범주형

(4) 혈압을 척도로 분류하면 무엇인가?
① 이산형 ② 연속형

(5) 혈액형의 데이터 유형은 무엇인가?
① 숫자형 ② 범주형

Part 2

엑셀 기초 다지기

CHAPTER 01 데이터 입력

Excel

엑셀은 스프레드시트의 열과 행이 만나는 위치의 직사각형 셀(cell)에 수치, 문자, 수식 등의 데이터를 처리하여 계산표를 작성하고, 자료를 검색 및 관리하거나 차트를 그릴 수 있는 스프레드시트 응용 프로그램으로 Microsoft사의 제품이다. 엑셀은 수식 작성과 계산이 편리해 기업의 세무회계, 보고서나 학교의 성적관리 및 가계부 등에 광범위하게 활용된다.

Section 01 엑셀 화면 구성

엑셀의 화면 구성과 워크시트의 화면 구성을 자세히 살펴보자.

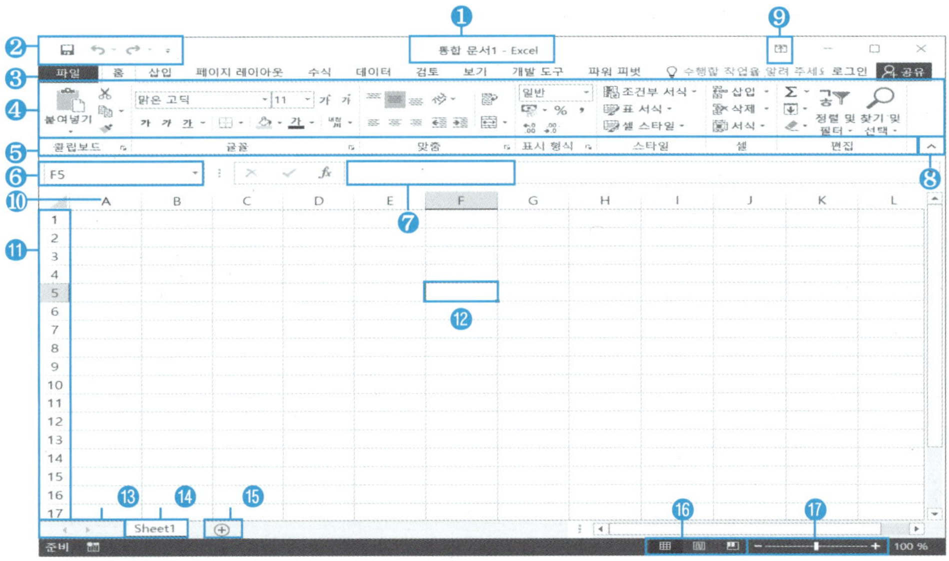

❶ 제목 표시줄 : 현재 작업 중인 통합 문서의 제목이나 파일명 등을 표시한다.
❷ 빠른 실행 도구 모음 : 자주 사용하는 명령(기능)을 추가하여 빠르게 실행할 수 있다.
❸ 메뉴 탭 : 일반적으로 사용하는 메뉴 부분으로 여러 개의 그룹과 리본 메뉴로 구성된다.
❹ 리본 메뉴 : 여러 기능과 도구 모음을 모아놓은 메뉴로 필요한 명령을 빠르게 사용할 수 있다.
❺ 그룹 : 리본 메뉴에서 아이콘 형태 명령 버튼 그룹 이름이다.
❻ 이름 상자 : 선택된 셀의 주소를 표시하며, 셀 이름을 간단하고 빠르게 정의할 수 있다.
❼ 수식 입력줄 : 선택된 셀에 입력한 수식 내용이 나타나며, 셀 내용을 직접 입력하거나 수정할 수 있다.
❽ 리본 메뉴 축소 버튼 : 리본 메뉴를 축소하여 리본 메뉴에 해당하는 탭만 표시한다.
❾ 리본 메뉴 표시 옵션 : 리본 메뉴를 [리본 메뉴 자동 숨기기], [탭 표시], [탭 및 명령 표시]로 선택할 수 있다.

⑩ 열 머리글 : 워크시트의 세로 열을 나타낸다.
⑪ 행 머리글 : 워크시트의 가로 행을 나타낸다.
⑫ 셀 : 행과 열이 교차하면서 만들어진 사각 영역으로 현재 작업 중인 셀을 나타낸다.
⑬ 탭 이동 버튼 : 시트 탭이 여러 개일 경우 다른 시트 탭으로 이동할 수 있다.
⑭ 시트 탭 : 현재 통합문서에 포함된 워크시트의 이름을 표시한다.
⑮ 워크시트 삽입 버튼 : 새로운 워크시트를 삽입한다.
⑯ 보기 버튼 : 워크시트 화면을 [기본], [페이지 레이아웃], [페이지 나누기 미리 보기]로 표시한다.
⑰ 축소/확대 슬라이드 바 : 워크시트 화면을 축소하거나 확대할 수 있다(또는 Ctrl+마우스 휠(위/아래).

엑셀 통합 문서

셀 → 워크시트 → 통합 문서

- **셀(Cell)** : 엑셀에서 데이터 입력의 가장 기본이 되는 단위로 행 머리글과 열 머리글을 차례로 붙여 A1, A2, B1, B2, … 등으로 번호를 매김.
  예) F5 셀 주소 - F열 5행에 위치하고 이름 상자에 셀 주소가 나타남.
- **워크시트(Worksheet)** : 각 셀이 모여 이루어진 엑셀의 작업 영역
  예) Sheet1, Sheet2, …
- **통합 문서** : 여러 개의 워크시트가 모여 구성된 문서. 확장자는 xlsx

Section 02 데이터 입력

엑셀에서 제공하는 기본 서식 파일을 온라인 검색하여 사용하는 방법과 셀 선택 및 이동 방법에 대해 알아보고, 숫자와 문자 입력, 시간과 날짜 입력, 특수문자와 한자 입력 등 다양한 형태의 데이터 입력 방법도 학습한다. 또한 엑셀의 꽃이라 할 수 있는 자동 채우기 기능을 이용하여 빠르고 정확하게 데이터를 입력하는 방법과 엑셀에 등록되어 있지 않은 사용자 지정 목록을 등록하는 방법도 살펴보자.

1 서식 파일을 이용한 문서 작성

엑셀 기본 서식은 엑셀에서 미리 만들어 제공하는 다양한 서식 파일을 사용하면 온라인 검색(캘린더, 연도 선택 가능 지출 달력, 건설 제안서 등)하여 적당한 내용을 찾아 사용하면 문서 작성 시간을 절약할 수 있다.

① [파일] 탭-[새로 만들기]에서 검색창에서 '캘린더'를 입력하고 [검색 시작](🔍) 단추를 클릭한다. '계절 사진 일정'을 선택한다.

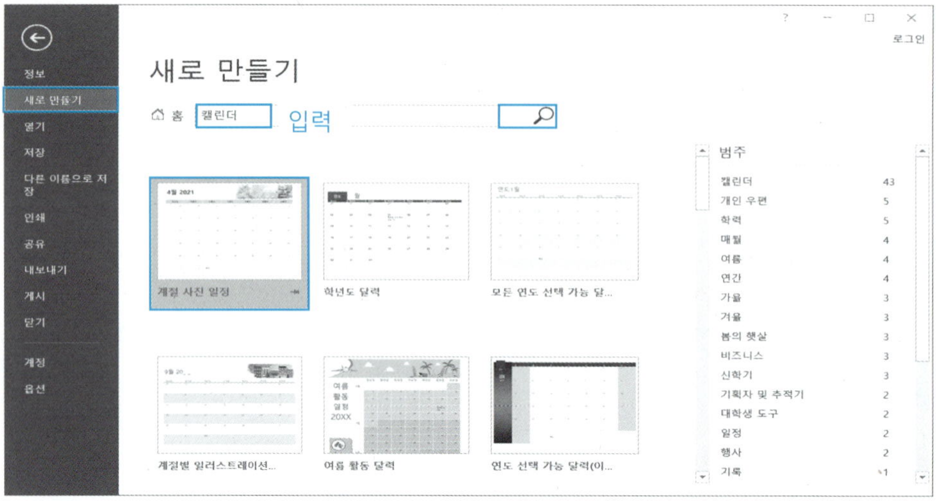

② '계절 사진 일정'이 나타나면 [만들기]를 클릭하여 다운로드한다.

③ 계절 사진 일정의 원하는 연도를 입력하면 해당 연도의 일정표가 나타난다.

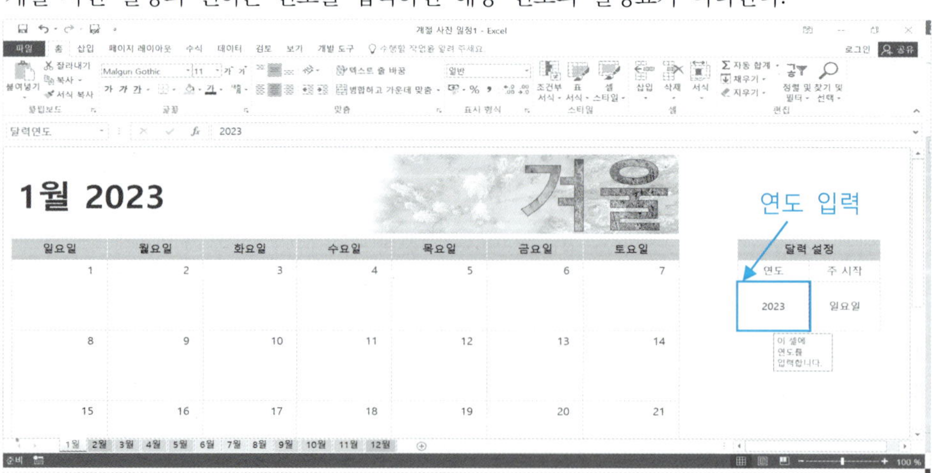

2 셀 선택과 이동

- 실습을 위해 [파일] 탭 - [열기]를 클릭하여 '실습1-1.xlsx' 파일을 불러온다.
- **흩어진 셀 선택** : 선택하고자 하는 영역의 첫 번째 셀을 클릭하고, Ctrl을 누른 상태에서 원하는 셀들을 하나씩 클릭한다.

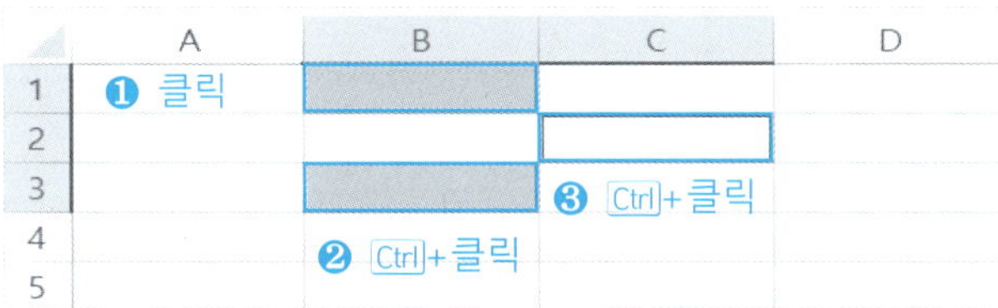

- **연속된 셀 선택** : 선택하고자 하는 영역의 첫 번째 셀을 클릭하고, Shift를 누른 상태에서 원하는 영역의 마지막 셀을 클릭한다.

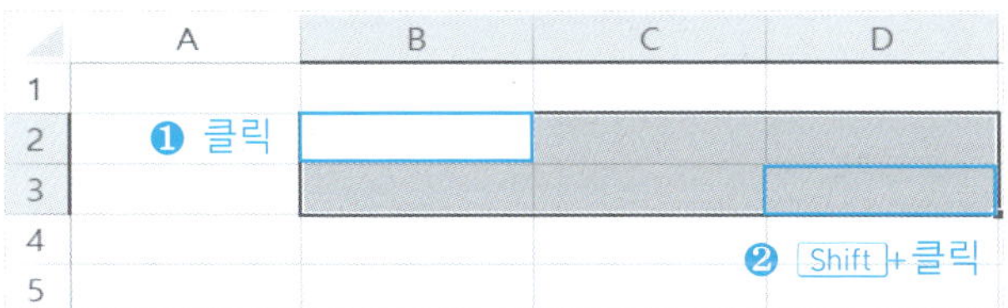

- **모두 셀 선택**

-방법 1: 행/열 머리글이 만나는 왼쪽 모서리에 있는 [모두 선택] 단추를 클릭한다.

-방법 2: Ctrl+A

-방법 3: Ctrl+Shift+Space Bar

- 셀 포인터 이동

키	이동 방향
→, Tab(Tab)	오른쪽 셀로 이동
←, Shift+Tab	왼쪽 셀로 이동
↓, Enter	아래 셀로 이동
↑, Shift+Enter	위쪽 셀로 이동
Home	해당 행의 A열로 이동
Ctrl+Home	A1 셀로 이동
Ctrl+End	데이터 범위의 맨 오른쪽 아래의 셀로 이동
Ctrl+↓, ↑, →, ←	데이터 범위에서 선택한 방향으로 **셀 이동**
Shift+↓, ↑, →, ←	데이터 범위에서 선택한 방향으로 **블록 지정**
Ctrl+Shift+방향키(↓, ↑, →, ←)	데이터 범위에서 선택한 방향으로 **이동 및 블록 지정**

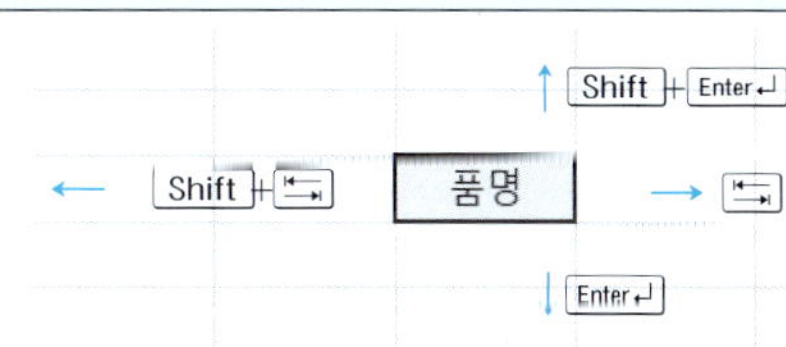

3 데이터 입력 및 편집

- **셀 내의 줄 바꿈** : 한 셀에 여러 줄을 입력할 때는 줄 바꿈 위치에서 Alt+Enter↵를 누른다.
- **여러 셀에 같은 값 입력** : 입력할 영역을 블록 지정하고 데이터 입력 후 Ctrl+Enter↵를 누른다.
- **데이터 수정하기**
  방법1 : 해당 셀에서 F2를 누른 후 수정한다.
  방법2 : 해당 셀을 마우스로 더블클릭하여 수정한다.
  방법3 : 해당 셀을 선택하고 수식 입력줄에서 수정한다.
- **데이터 지우기**
  하나의 셀 : 셀을 선택한 후 Delete를 누른다.
  여러 셀 : 셀 범위를 지정한 후 Delete를 누른다.
- **데이터 되살리기** : 빠른 실행 도구 모음에서 [실행 취소](↶)를 클릭하거나 Ctrl+Z를 누른다.

4 문자와 숫자 입력하기

- **문자 데이터**

문자는 셀의 왼쪽을 기준으로 정렬되고, 숫자는 오른쪽을 기준으로 정렬된다.
중간에 문자, 숫자, 기호를 넣으면 전체를 문자로 인식한다.
예) 아동1

【출력 형태】

	A	B	C
15	<문자 데이터>		
16	따스한	1	아동1

- **숫자 데이터**
  - 정수
    예) 1,234 : 1234 입력하고 Enter↵를 누른 후 [홈] 탭-[표시 형식] 그룹-[쉼표 스타일](,)을 클릭한다.
  - 소숫점
    소숫점 '.'을 직접 입력한다. 예) 1.234
  - 분수
    예) 0 1/2 입력 ⇒ 분수 1/2
  - 백분율
    방법 1) 10%를 직접 입력
    방법 2) 입력할 영역을 블록 지정하고 [홈] 탭-[표시 형식] 그룹-[백분율 스타일](%)을 클릭한 후 백분율 숫자 입력

  입력한 수치 데이터가 셀의 너비보다 큰 경우는 지수로 표시된다.
  예) 1234567890123 입력 ⇒ 지수 1.23457E+12
  숫자 데이터를 문자로 입력하려면 숫자 앞에 작은따옴표 ' 기호를 붙인다.
  예) '123 입력 ⇒ 문자 123

【출력 형태】

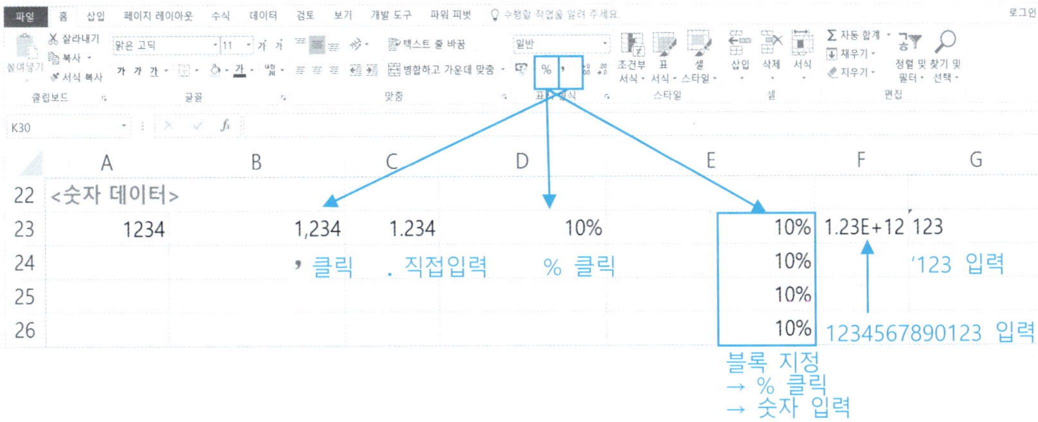

5 날짜와 시간 입력하기

- **날짜** : 년, 월, 일 사이의 구분기호는 '-' 또는 '/'를 입력한다.
  예) 2023-3-3 또는 2023/3/3 입력 ⇒ 2023-03-03
  예) 3-3 또는 3/3 입력 ⇒ 현재 연도의 3월 3일로 표시 03-03

- **시간** : 시간, 분, 초 사이의 구분기호는 콜론(:)을 입력한다.
  예) 13:50 입력 ⇒ 13시 50분
  예) 13:50:22 입력 ⇒ 13시 50분 22초

- **현재 날짜 및 시간 입력**
  현재 날짜를 입력하는 단축키 : Ctrl+;
  현재 시간을 입력하는 단축키 : Ctrl+Shift+;

【출력 형태】

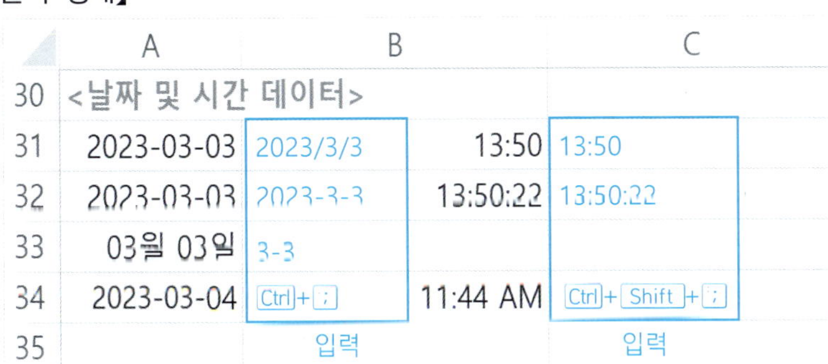

6 특수문자와 한자 입력하기

- **특수문자** : [삽입] 탭-[기호] 그룹- Ω 기호 또는 한글 자음(ㄱ~ㅎ)을 입력한 후 [한자](한자)키를 이용한다.

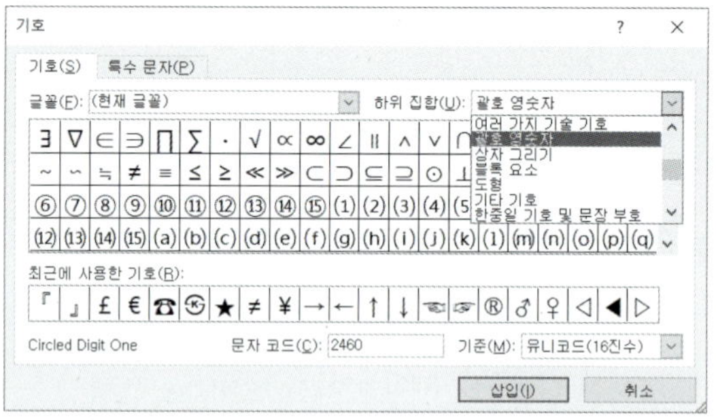

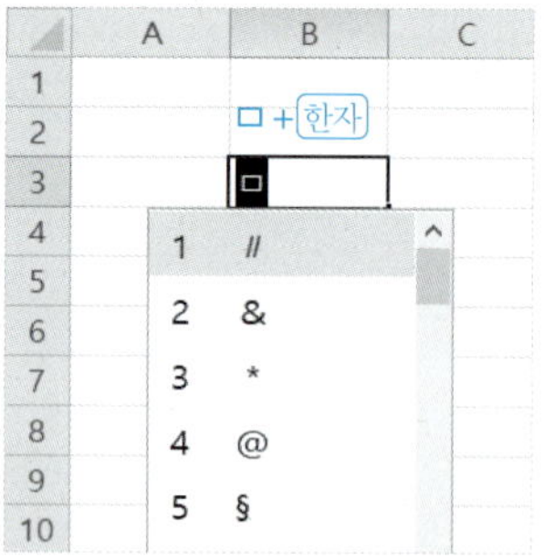

- **한자** : 한글을 한자로 변경할 때는 [한자](한자)키를 눌러 한 글자 단위나 단어 단위로 변경할 수 있다.

【출력 형태】

	A	B	C
37	<기호와 한자>		
38	♥	ⓣ	大韓民國
39	ㅁ+한자	ㅇ+한자	'대한민국' 입력 후 + 한자
40			

7 자동 채우기 기능

- **채우기 핸들** : 데이터가 입력된 셀의 우측 하단 모서리 부분에 마우스를 올리면 굵은 십자가(+) 모양의 채우기 핸들이 나타난다. 이 채우기 핸들을 이용하여 자동 채우기 기능을 수행할 수 있다.

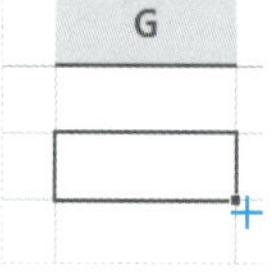

- **숫자 자동 채우기**

같은 값 입력 : [A4] 셀을 클릭하고 셀 오른쪽 아래 모서리에 있는 채우기 핸들(+)을 클릭한 채로 [A10] 셀까지 드래그하면 같은 값이 입력된다.

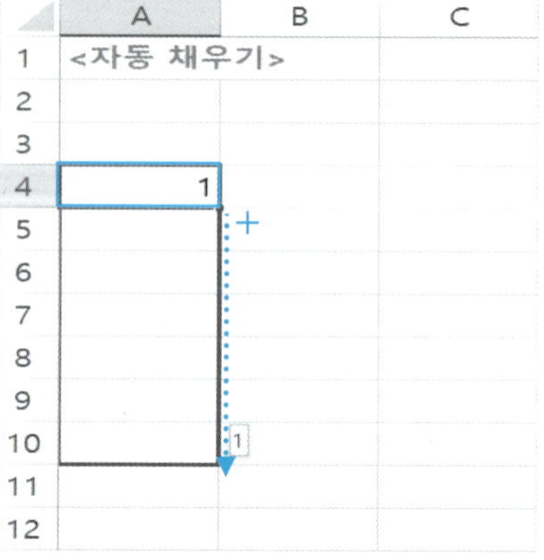

1씩 증가하는 값 입력 : [B4] 셀을 클릭에서 Ctrl을 누른 상태에서 채우기 핸들(+)을 [B10] 셀까지 드래그하면 1씩 증가하는 연속된 데이터가 채워진다.

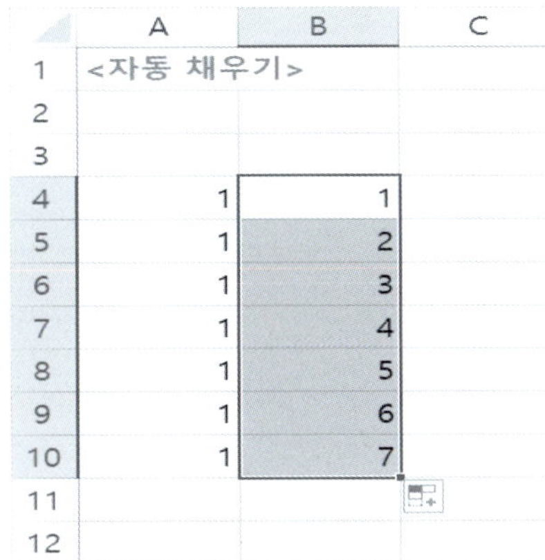

두 셀 블록 지정 : [C4] 셀에 '5', [C5] 셀에 '10'을 입력한 후 두 셀을 블록으로 지정하고, 채우기 핸들을 [C10] 셀까지 드래그하면 5씩 증가하는 값이 채워진다.

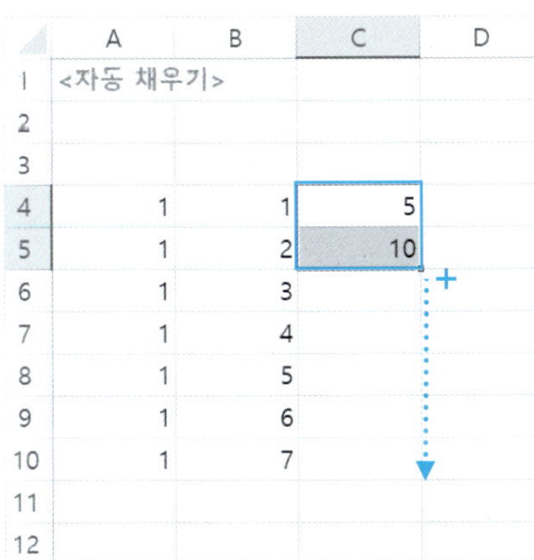

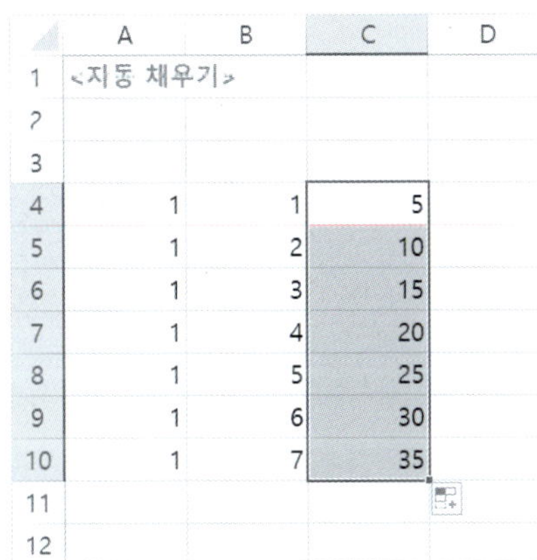

- **문자 자동 채우기**

문자 : [E4] 셀에 '사랑'을 입력한 후 채우기 핸들을 [E10] 셀까지 드래그하면 입력된 문자가 그대로 복사되어 채워진다.

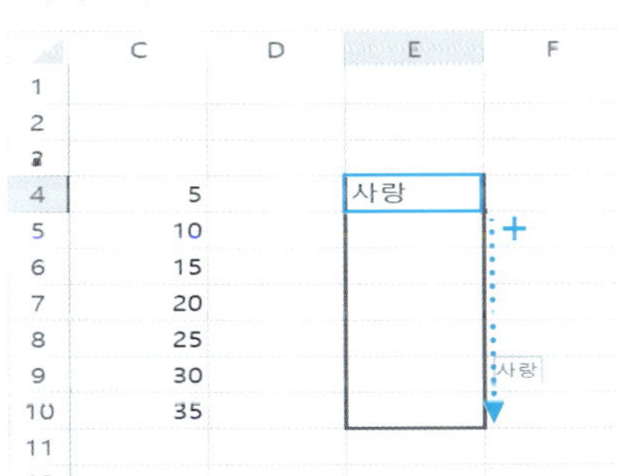

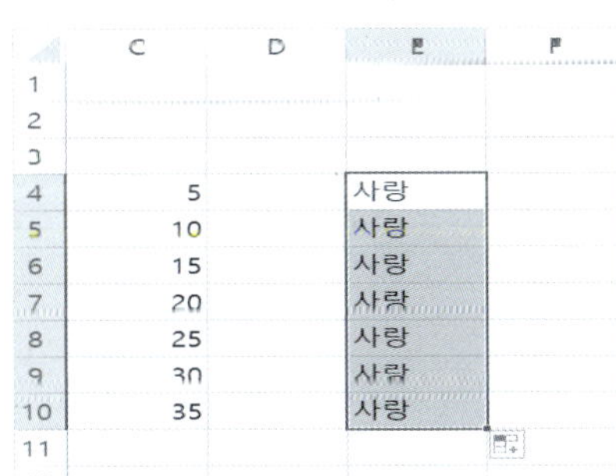

혼합 문자 : [D4]셀에 문자와 숫자가 혼합된 '기쁨1'을 입력한 후 채우기 핸들을 [D10]셀까지 드래그하면 문자는 그대로 복사되고, 가장 오른쪽에 있는 숫자가 1씩 증가하는 데이터가 채워진다.

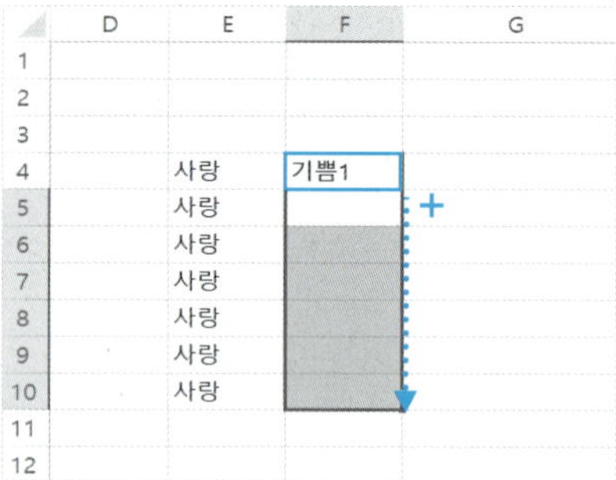

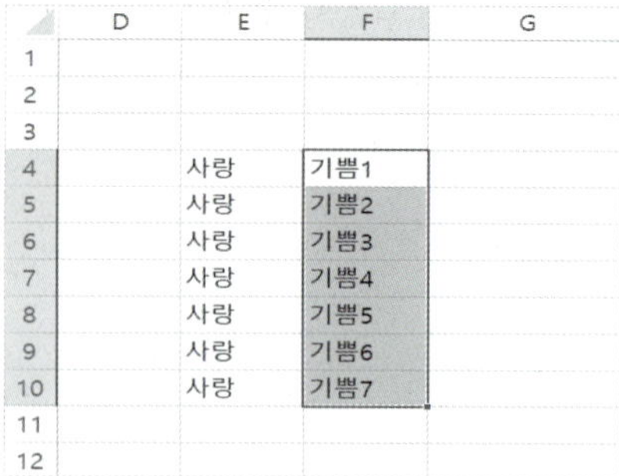

- **사용자 지정 목록**

엑셀에서 제공하는 사용자 지정 목록을 이용하여 데이터를 자동으로 채울 수 있다. [A14:E14] 영역을 블록 지정한 후 [E20] 셀까지 채우기 핸들을 드래그하면 다음과 같이 사용자 지정 목록의 데이터가 자동 채워진다.

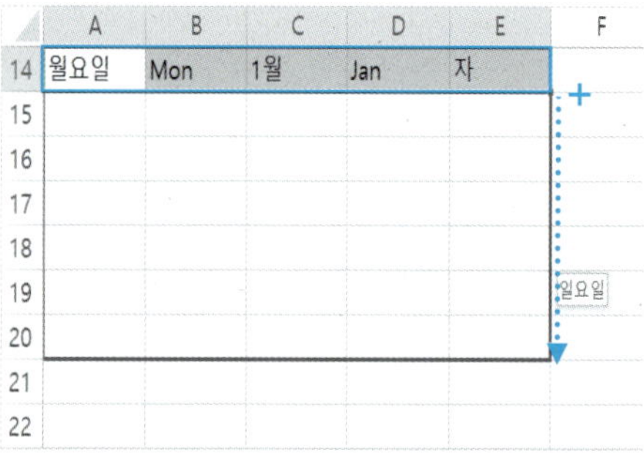

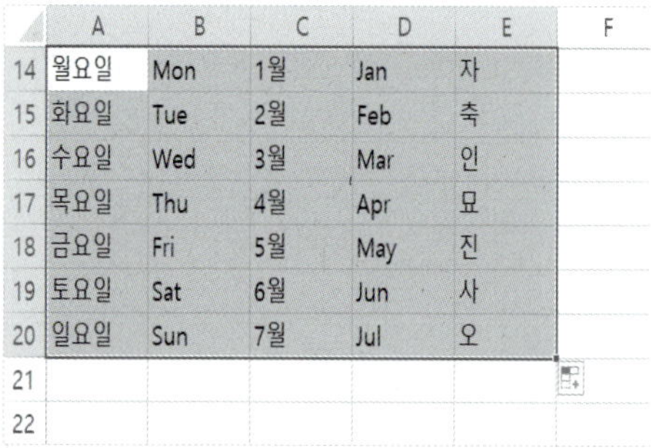

엑셀에 등록되어 있지 않은 목록은 사용자 지정 목록에 직접 등록하여 사용한다.

예제 사용자 지정 목록에 봄 → 여름 → 가을 → 겨울 등록하기

① **[파일]** 탭을 클릭하고 **[옵션]**을 선택한다.

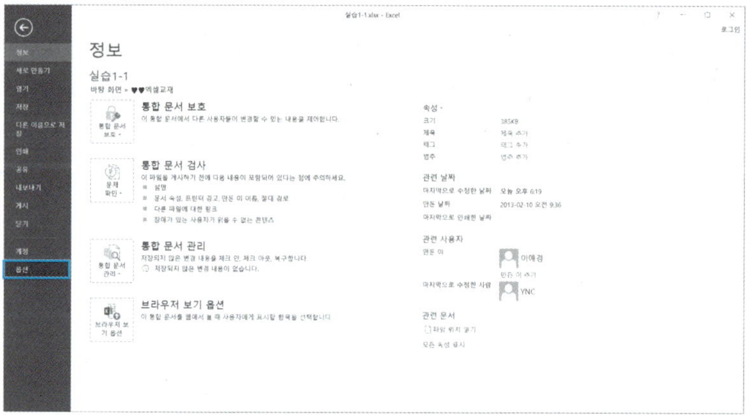

② [Excel 옵션] 창이 열리면 [**고급**] 탭의 '일반' 항목에서 [**사용자 지정 목록 편집**]을 클릭한다.

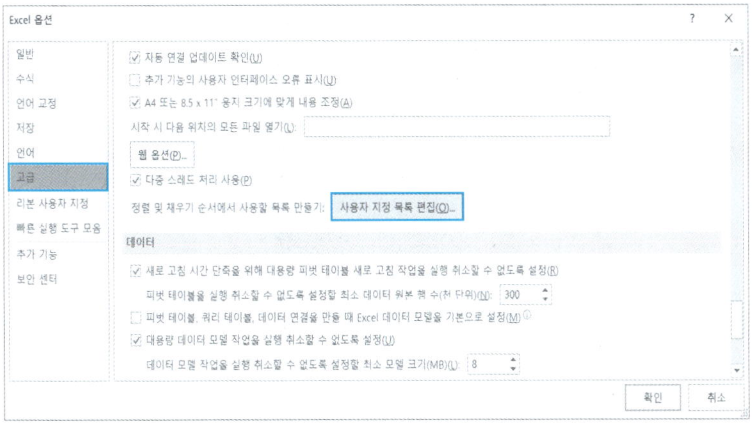

③ '목록 항목' 입력창에 사용자 지정 목록으로 만들 데이터를 다음과 같이 순서대로 입력하고 [**추가**]를 클릭한다.

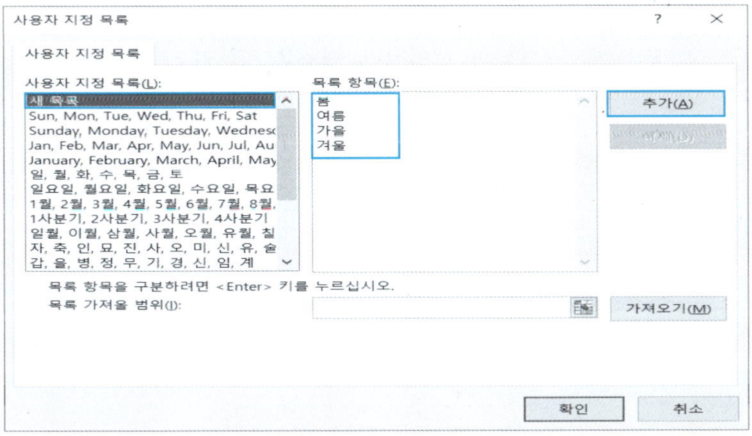

④ 왼쪽의 사용자 지정 목록에 데이터가 등록되면 [**확인**]을 클릭하여 대화상자를 닫고, [Excel 옵션] 창에서도 [확인]을 클릭하여 닫는다.

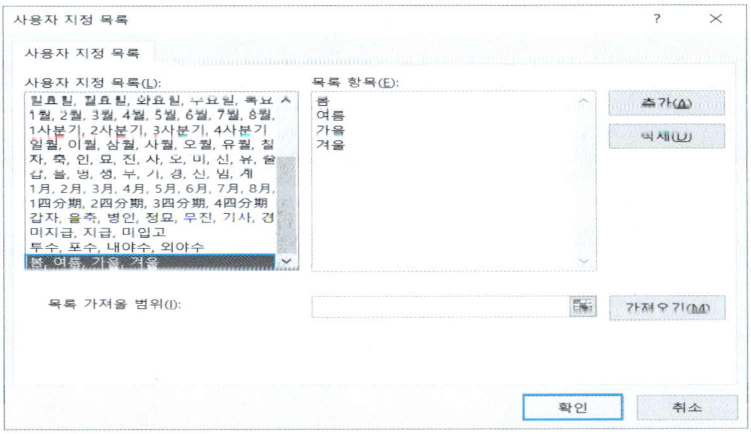

⑤ [G14] 셀에 '봄'을 입력한 후 [G20] 셀까지 채우기 핸들을 드래그하면 사용자 지정 목록이 다음과 같이 자동으로 채워진다.

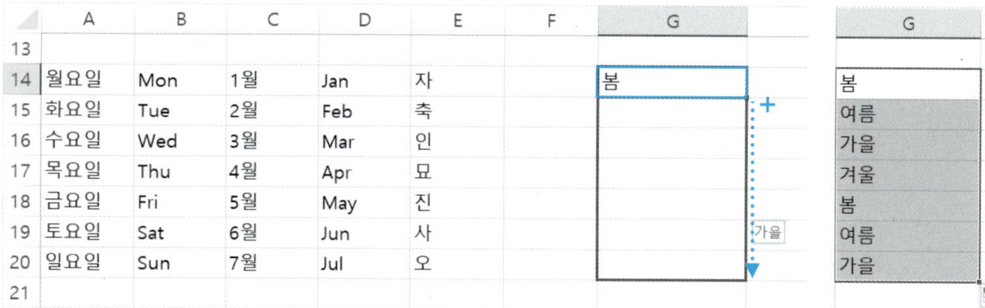

Section 03 데이터 유효성 검사

데이터 유효성 검사는 사용자가 미리 지정한 형식의 데이터만 입력할 수 있도록 제한을 설정해 두는 기능이다. 엑셀로 많은 양의 자료를 입력하거나 편집하는 도중 발생할 수 있는 오타 및 잘못된 데이터를 방지하기 위해서 반드시 알아야 할 엑셀의 필수 기능이다.

데이터 유효성 검사는 [**데이터**] 탭-[**데이터 도구**] 그룹-[**데이터 유효성 검사**]를 클릭한다.

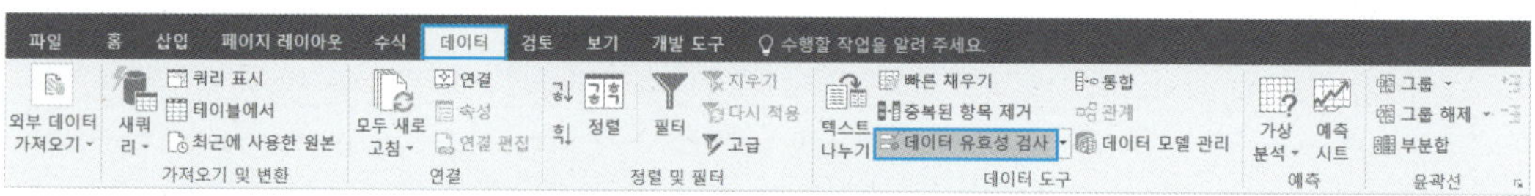

[데이터 유효성] 대화상자는 다음과 같다.

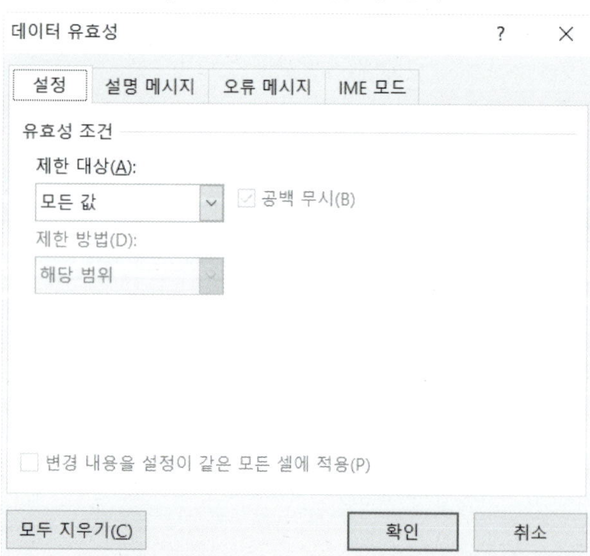

• [데이터 유효성] 대화상자에서 탭별 기능

탭	기능
설정	특정 셀이나 범위에 유효한 데이터가 입력되도록 제한 대상과 제한 방법을 설정
설명 메시지	셀을 선택하면 이 셀에 어떤 유효한 데이터 입력이 가능한지 설명할 내용을 입력
오류 메시지	셀에 유효하지 않은 데이터 값을 입력하면 오류 메시지 상자에 보여줄 내용을 입력
IME 모드	매번 입력할 때마다 [한/영] 키를 누르지 않도록 특정 범위에 영문 또는 한글 모드를 설정
모두 지우기	특정 셀이나 범위에 설정된 데이터 유효성 검사 기능 해제

• [설정] 탭 제한 대상

제한 대상	설명	예제
정수	정수만 입력 가능	10~200 사이 정수
소수점	소수 또는 정수만 입력 가능	0.5 보다 작은 소수
목록	지정된 범위(또는 직접 입력한 항목)의 값만 입력 가능	"남자", "여자"
날짜	특정 범위 안의 날짜만 입력 가능	2023/01/01~2023/12/31
시간	시간만 입력 가능	06:00 ~ 18:00
텍스트 길이	정해진 길이의 텍스트만 입력 가능	10글자 이하의 텍스트
사용자 지정	수식을 만족하는 조건의 값만 입력 가능	LEFT(셀,1)="김" : 첫 글자가 '김'으로 시작하는 문자

예제 **데이터 유효성 검사 설정**

'실습1-1.xlsx' 파일의 [유효성검사] 시트에 【출력 형태】와 같은 데이터가 입력되도록 다음의 조건에 맞는 데이터 유효성 검사 설정에 대해 알아본다.

【조건】

필드명	설정 영역	유효성 조건	오류 메시지
이름	[B4:B7]	텍스트 10글자로 입력 제한	'10 이하 길이의 이름을 입력하세요'
성별	[C4:C7]	"여자", "남자" 중 선택	
부서	[D4:D7]	"기획", "영업", "총무" 중 선택	
몸무게	[E4:E7]	10~200 사이의 숫자 값으로 입력 제한	'10~200 사이의 값을 입력 하세요!' 제목 : '몸무게 입력 오류'
아이디	[F4:F7]	[F4:F7] 영문 모드 설정	

【출력 형태】

건강검진 명단

이름	성별	부서	몸무게	아이디
강가람	남자	기획	73	gang1004
홍가람	남자	총무	69	hong12
김경탱	여자	총무	64	kim1004
오누리	남자	영업	71	ohkwang
박다온	여자	기획	72	park1004

유효성검사

1 '이름' 영역에 텍스트 길이 10 이하로 설정하기

① '실습1-1.xlsx' 파일의 **[유효성검사]** 시트에서 **'이름'** 영역 **[B3:B7]**을 선택하고 [데이터] 탭-[데이터 도구] 그룹-[데이터 유효성 검사]를 클릭한다.

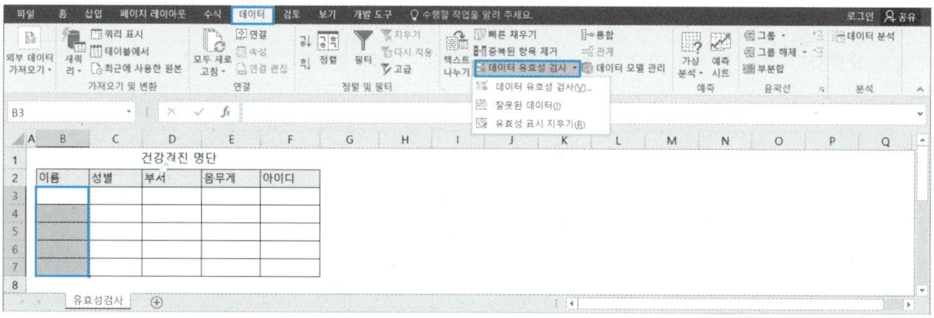

② [데이터 유효성] 대화상자의 [설정] 탭에서 제한 대상 **'텍스트 길이'**, 제한 방법 **'<='**, 최대값 **'10'**을 입력한다.

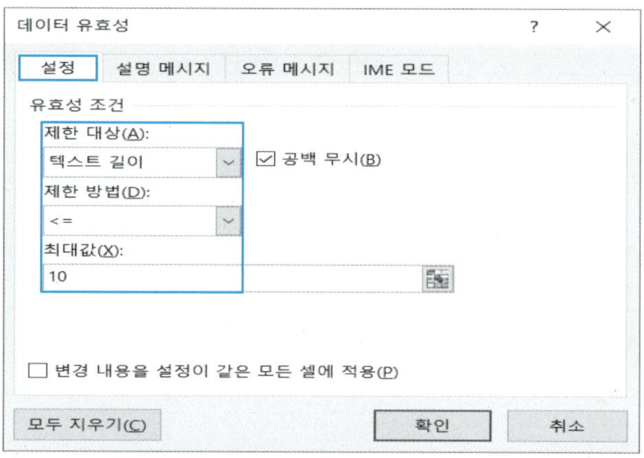

③ [오류 메시지] 탭에서 제목 **'입력오류'**, 오류 메시지 **'10 이하 길이의 이름을 입력하세요'**를 입력하고 [확인]을 클릭한다.

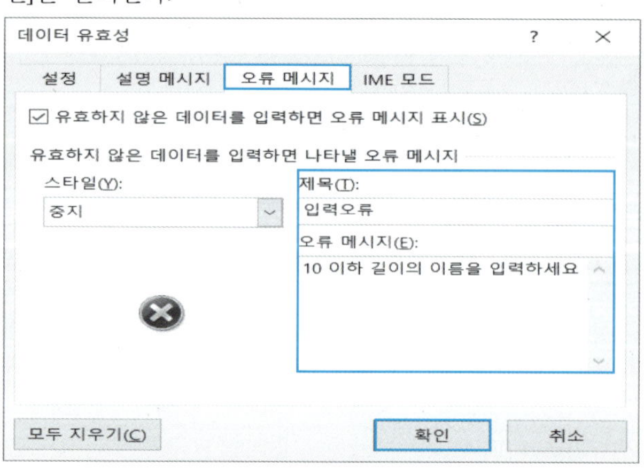

2 드롭다운 목록 요소를 대화상자에서 직접 입력하기(성별)

① '**성별**' 영역 [**C3:C7**]을 선택하고 [데이터 유효성] 대화상자의 [설정] 탭에서 제한 대상 '**목록**', 원본 "**남자, 여자**"를 입력한다.

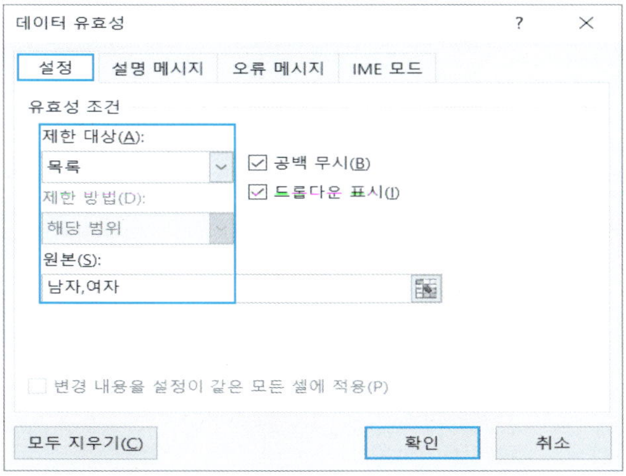

② '성별' 영역 [C3] 셀을 클릭하면 드롭다운 목록에 "남자", "여자"가 나타나면 해당 성별을 클릭하여 선택한다.

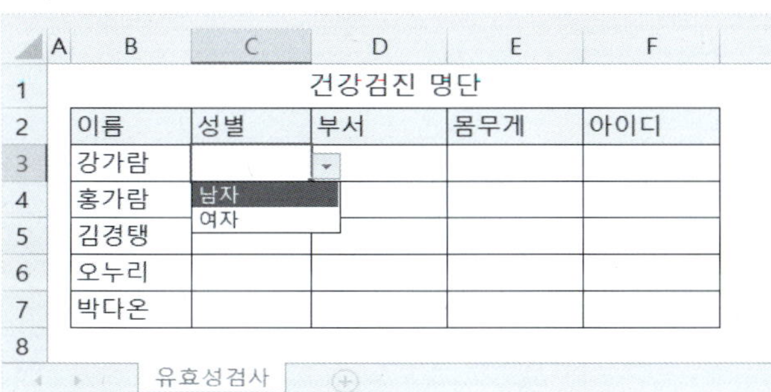

3 드롭다운 목록 요소를 동일한 시트에 입력하기(부서)

① 먼저 드롭다운 목록 요소를 [**L3:L5**] 영역에 "**기획**", "**총무**", "**영업**"을 입력한다.

② '**부서**' 영역 [**D3:D7**]을 선택하고 [데이터 유효성] 대화상자의 [설정] 탭에서 제한 대상 '**목록**', 원본 [**L3:L5**] 영역에 지정하고 [확인]을 클릭한다.

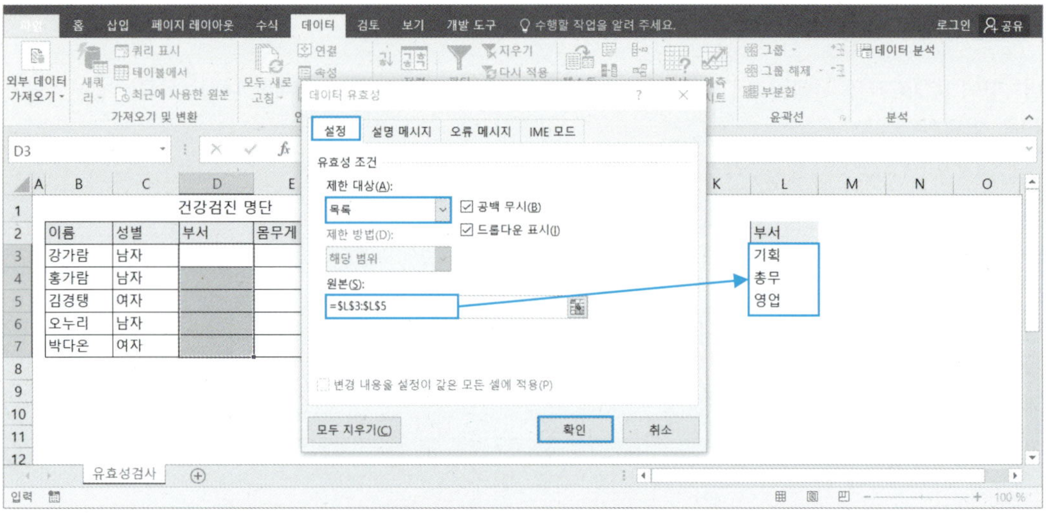

③ '부서' 영역 [D3] 셀을 클릭하면 드롭다운 목록에 "기획", "총무", "영업"이 나타나면 해당 부서를 선택한다.

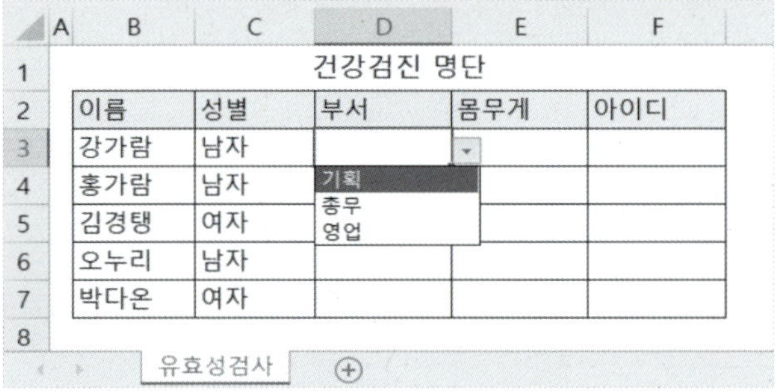

4 정수 범위 설정하기(몸무게)

① '몸무게' 영역 **[E3:E7]**을 선택하고 [데이터 유효성] 대화상자의 [설정] 탭에서 제한 대상 '**정수**', 제한 방법 '**해당 범위**', 최소값 '**10**', 최대값 '**200**'을 입력하고 [확인]을 클릭한다.

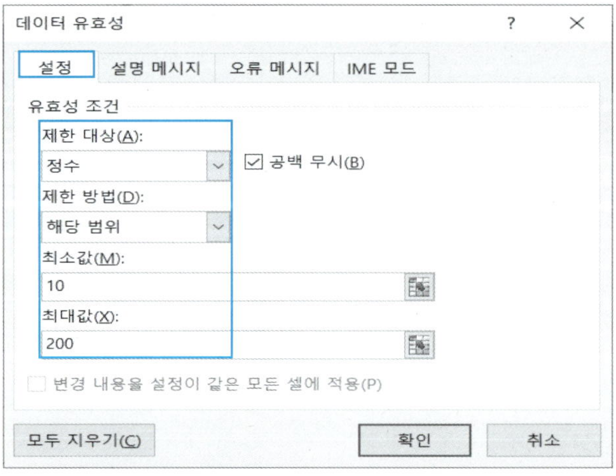

② [오류 메시지] 탭에서 제목 '**몸무게 입력 오류**', 오류 메시지 '**10~200 사이의 값을 입력 하세요!**'를 입력하고 [확인]을 클릭한다.

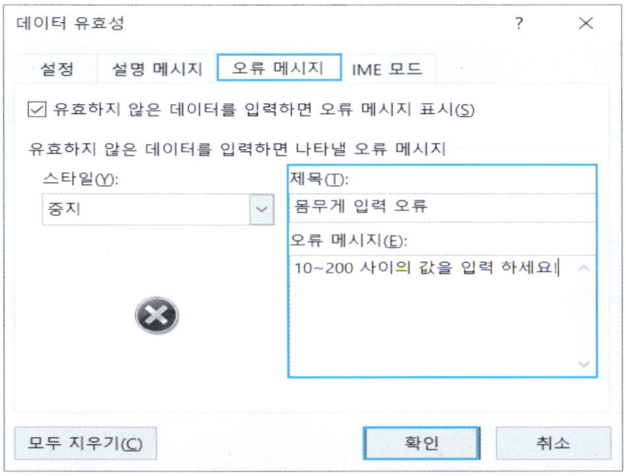

③ '몸무게' 영역에 10~200 범위를 벗어나는 값이 입력되면 다음의 오류 메시지가 표시된다. [**다시 시도**]를 클릭하고 범위의 값을 다시 입력한다.

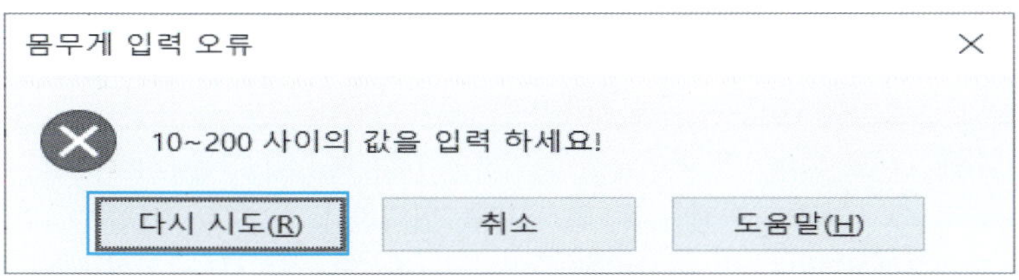

5 키보드 한/영 자동 변환하기(아이디)

① '아이디' 영역 [**F3:F7**]이 자동으로 영문 입력모드로 변환하도록 [**F3:F7**] 영역을 선택하고 [데이터 유효성] 대화상자의 [**IME 모드**] 탭에서 모드 '**영문**'을 선택하고 [확인]을 클릭한다.

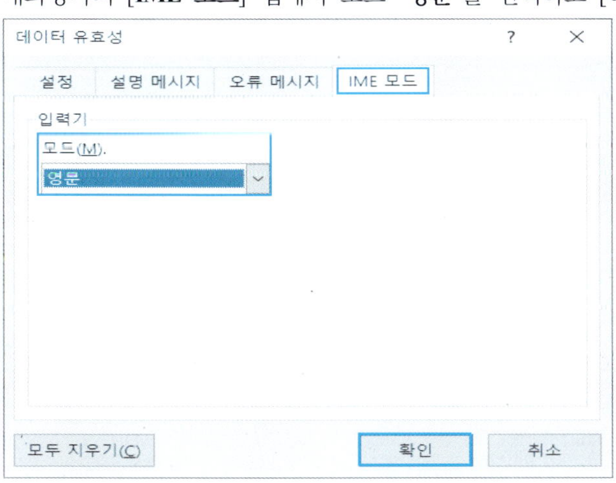

② '아이디' 영역으로 이동하면 한글 입력모드에서 영문 입력모드로 변환된다.

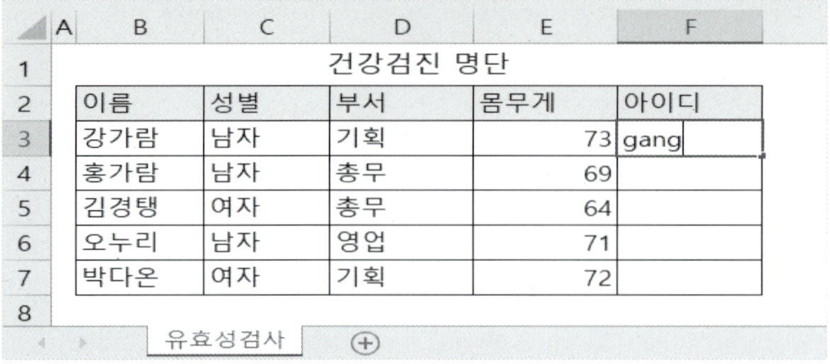

Section 04 워크시트 관리

행과 열의 크기를 지정하거나 삽입/삭제하는 방법을 살펴보고, 워크시트의 이름 변경, 시트 복사/이동, 삽입/삭제 방법도 알아본다.

1 행 높이와 열 너비

- 열 너비 지정 : 열 머리글 사이를 드래그해도 되며, 열 머리글을 클릭하고 [홈] 탭-[셀] 그룹-[서식]-[열 너비]를 선택하거나 바로 가기 메뉴에서 [열 너비]를 선택한 후 열 너비를 입력한다.
- 행 높이 지정 : 행 머리글 사이를 드래그해도 되며, 행 머리글을 클릭하고 [홈] 탭-[셀] 그룹-[서식]-[행 높이]를 선택하거나 바로 가기 메뉴에서 [행 높이]를 선택한 후 행 높이를 입력한다.

2 행과 열 삽입/삭제

- 행/열 삽입 : 삽입할 행/열 위치의 행/열 머리글을 선택한 후 바로가기 메뉴에서 [삽입]을 선택한다(또는 Ctrl+[+]).
- 행/열 삭제 : 삭제할 행/열 위치의 행/열 머리글을 선택한 후 바로가기 메뉴에서 [삭제]를 선택한다(또는 Ctrl+[-]).

3 시트 이름 변경 및 이동과 복사

- 시트 이름 변경 : 해당 시트 탭을 더블클릭하거나, 시트 탭을 선택하고 바로 가기 메뉴에서 [이름 바꾸기]를 선택한 후 변경할 이름을 입력한다.
- 시트 이동 : 시트를 해당 위치로 드래그하거나, 바로 가기 메뉴에서 [이동/복사]를 클릭한다.
- 시트 복사 : Ctrl을 누른 채로 해당 위치로 드래그하거나, 바로 가기 메뉴에서 [이동/복사]를 클릭한다.

4 시트 삽입과 삭제

- 시트 삽입 : 삽입할 위치에 있는 시트 탭을 선택하고 바로 가기 메뉴의 [삽입]을 선택하거나, 시트 탭 우측에 있는 [워크시트 삽입](⊕)를 클릭한다(또는 Shift+F11).
- 시트 삭제 : 바로 가기 메뉴에서 [삭제]를 클릭, 삭제된 시트는 실행 취소가 되지 않는다.

Section 05 워크시트 꾸미기

데이터의 글꼴, 테두리, 음영 등을 지정하는 방법과 다양한 데이터 표시 형식을 바꾸는 방법을 알아보자. 이러한 서식과 표시 형식은 [홈] 탭의 [글꼴] 그룹, [맞춤] 그룹, [표시 형식] 그룹에서 사용할 수도 있고 [셀 서식] 대화상자에서도 지정할 수 있다.

[셀 서식] 대화상자

• 해당 영역을 블록 지정한 후 각 그룹에서 대화상자( ) 버튼을 클릭(또는 Ctrl+1)

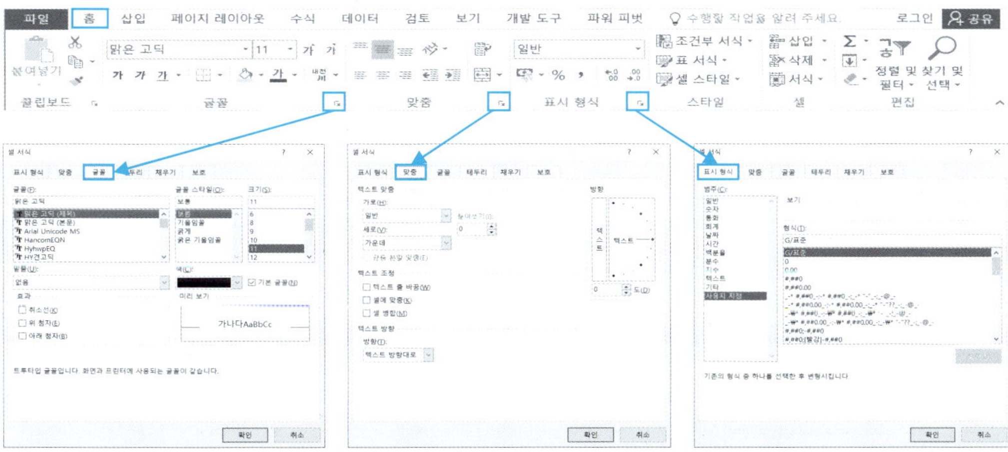

1 서식 지정

① **가운데 맞춤** : '실습1-2.xlsx' 파일을 열고 [B1] 셀을 선택하고 Ctrl을 누른 채 [B4:B11] 영역과 [C3:H11] 영역을 블록 지정한 후 [홈] 탭-[맞춤] 그룹-[가운데 맞춤](≡)을 선택한다.

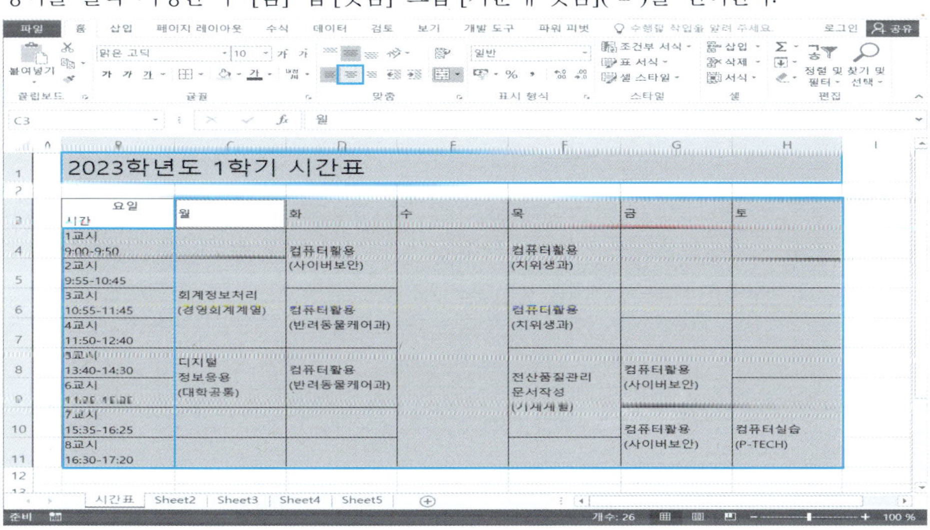

② **텍스트 회전** : 토요일 수업을 45도 회전하기 위해 [H10:H11]을 블록 지정한 후
방법(1) [홈] 탭-[맞춤] 그룹-[방향]-[시계 반대 방향 각도]를 클릭하거나
방법(2) Ctrl+1을 눌러 [셀 서식] 대화상자가 나타나면 [맞춤] 탭의 방향에서 '45'를 입력한다.

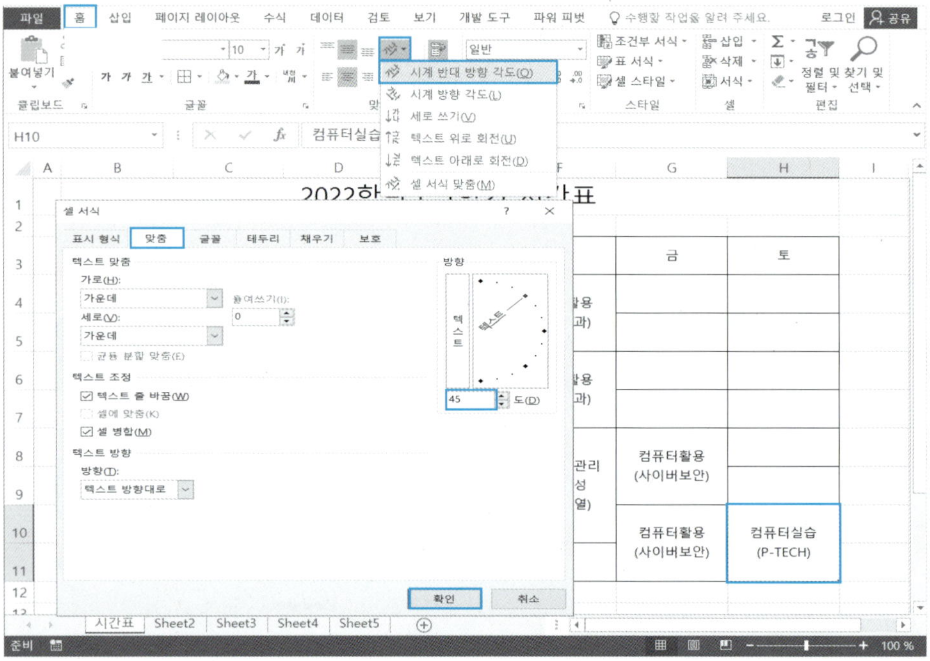

③ **제목 서식 :** 제목 서식 수정을 위해 [B1] 셀을 선택하고 [홈] 탭에서 글꼴 'HY헤드라인M', 글꼴 색 '주황'을 선택한다.

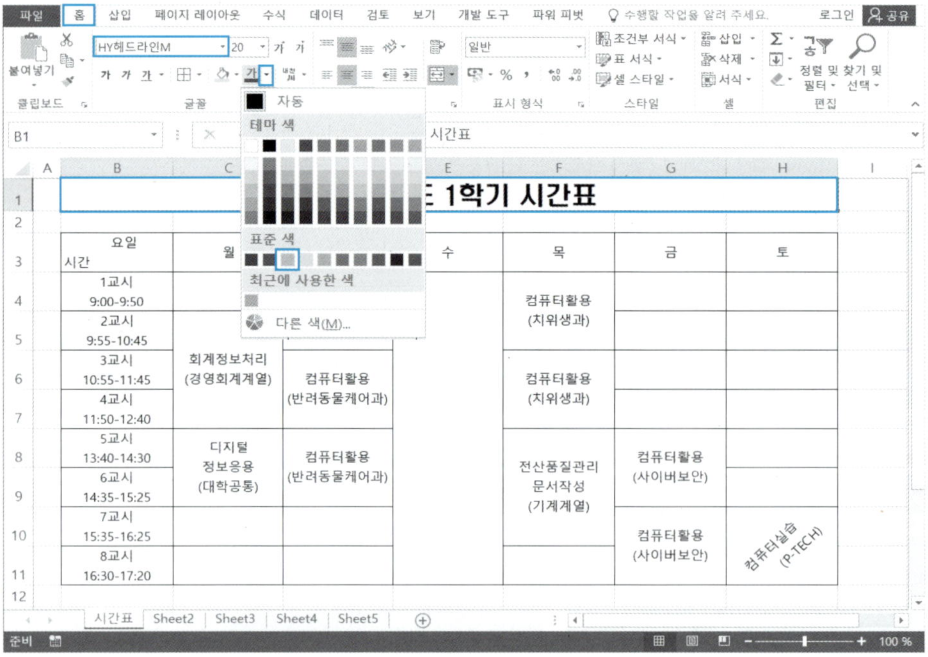

④ **대각선 :** 대각선을 넣을 [B3] 셀을 선택하고, Ctrl+1을 눌러 [셀 서식] 대화상자가 나타나면 [테두리] 탭에서 테두리 [대각선]( )을 선택한 후 [확인]을 클릭한다.

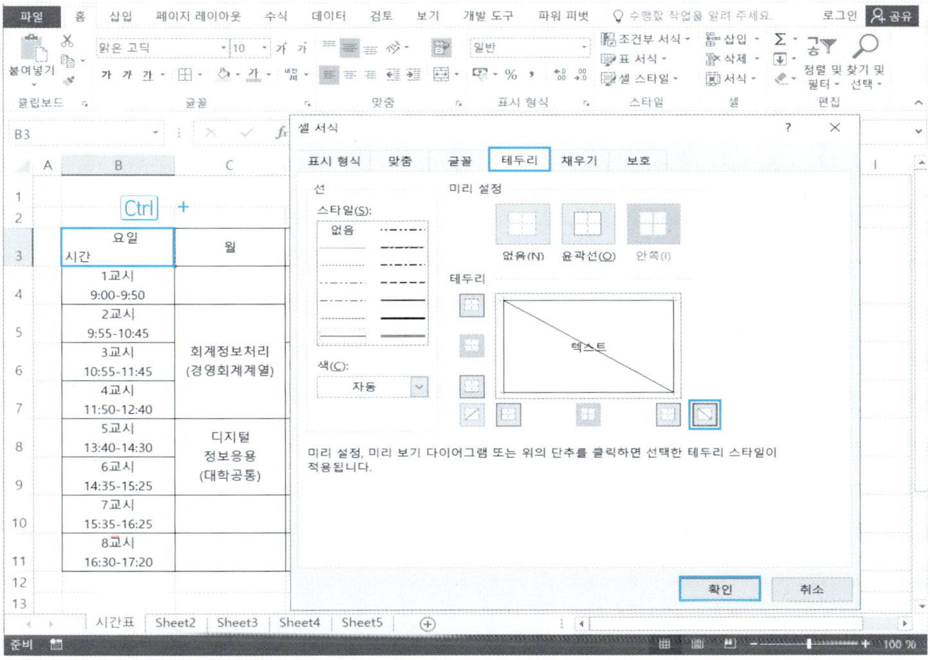

⑤ **아래쪽 이중 테두리 :** [B3] 셀에 대각선이 삽입되었다. [B3:H3]를 블록 지정하고, [홈] 탭에서 [테두리] 목록 단추 ▼을 클릭한 후 [아래쪽 이중 테두리]를 선택한다.

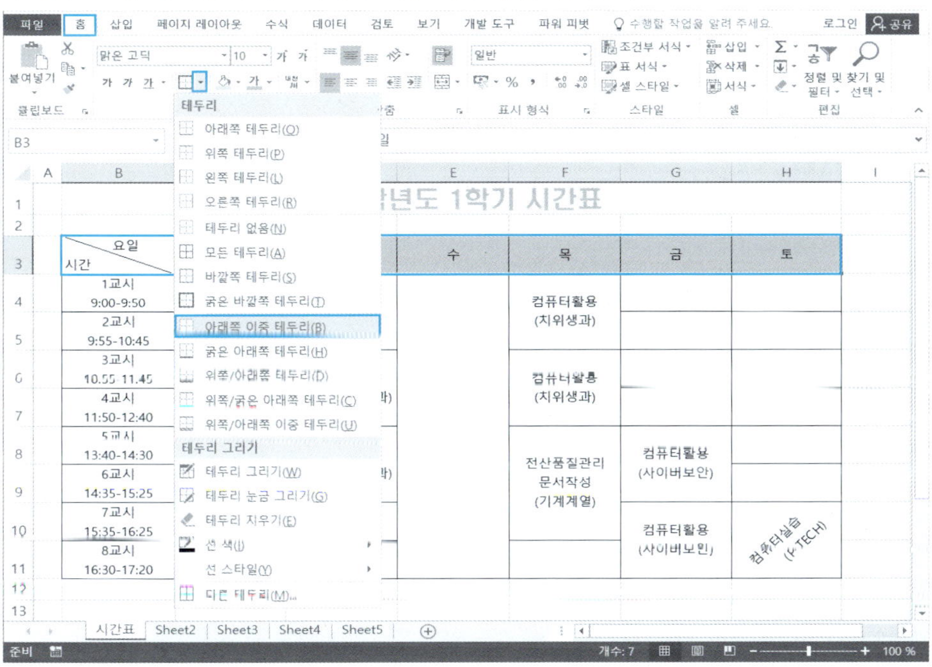

⑥ **굵은 바깥쪽 테두리** : [B3:H11]을 블록 지정하고, [홈] 탭에서 [테두리] 목록 단추 ▾을 클릭한 후 [굵은 바깥쪽 테두리]를 선택한다.

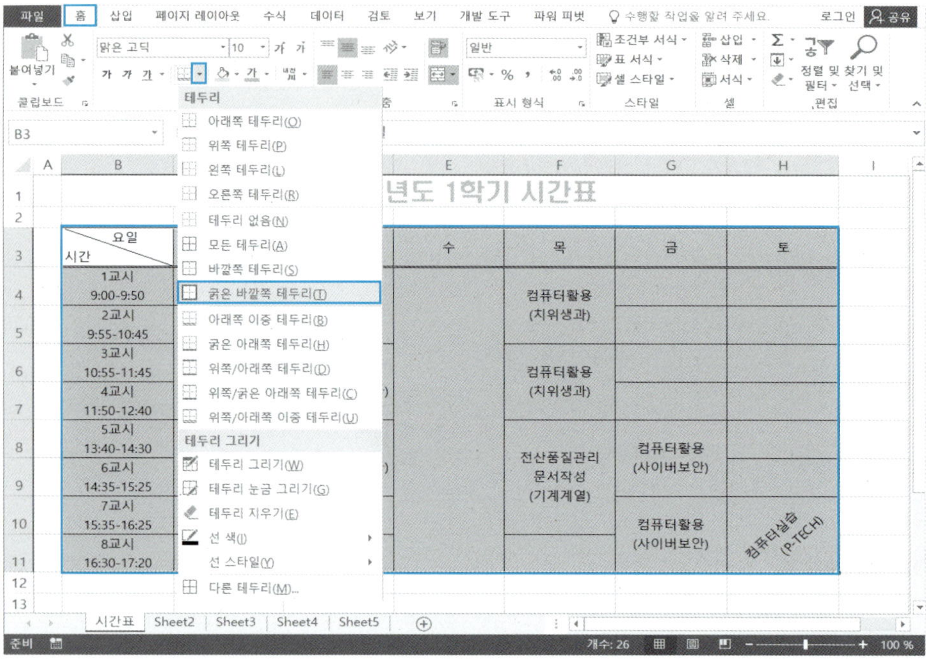

⑦ [B1] 셀을 선택하고 [홈] 탭에서 [채우기] 목록 단추 ▾을 클릭한 후 임의의 색을 지정한다. 같은 방법으로 다른 셀에도 채우기 색을 넣는다.

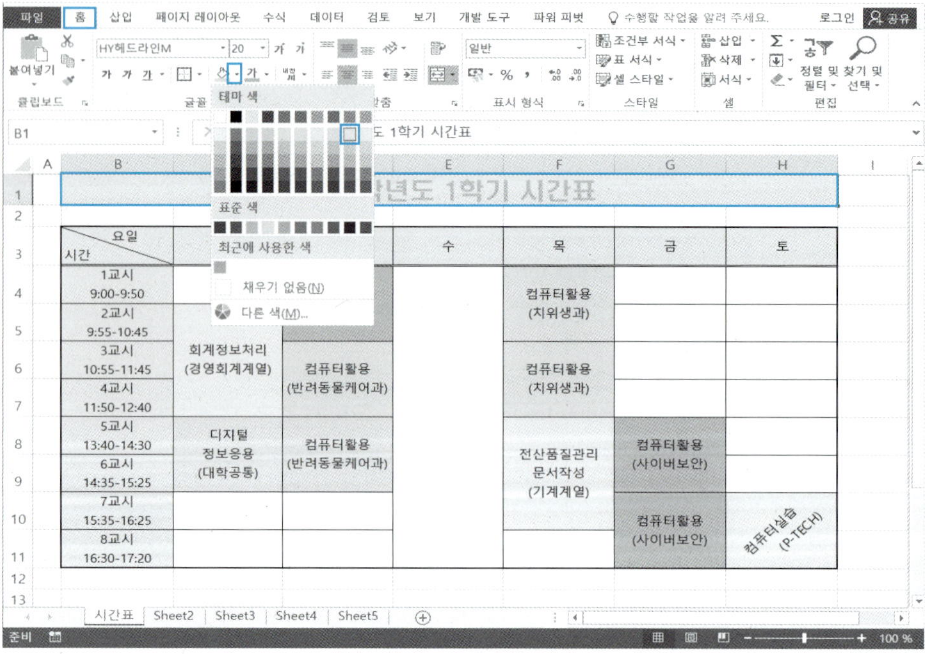

2 표시 형식 지정하기

표시 형식을 지정할 때는 [홈] 탭의 [표시 형식] 그룹에 있는 표시 형식을 지정하거나 [셀 서식] 대화상자의 [표시 형식] 탭에서 지정할 수도 있다.

- **[홈] 탭의 [표시 형식] 그룹**

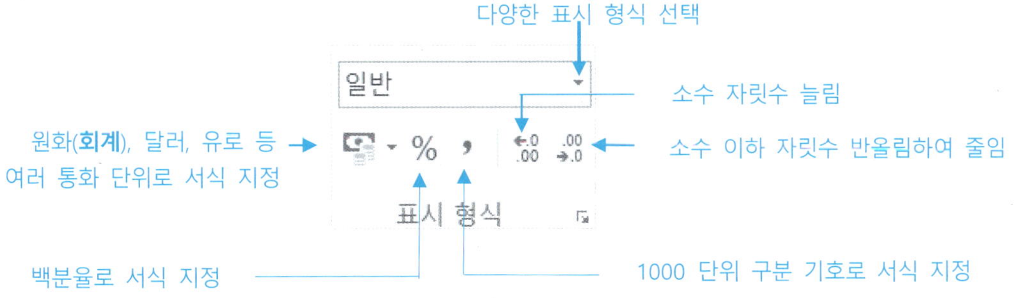

- **[셀 서식] 대화상자(Ctrl+1)의 [표시 형식] 탭**

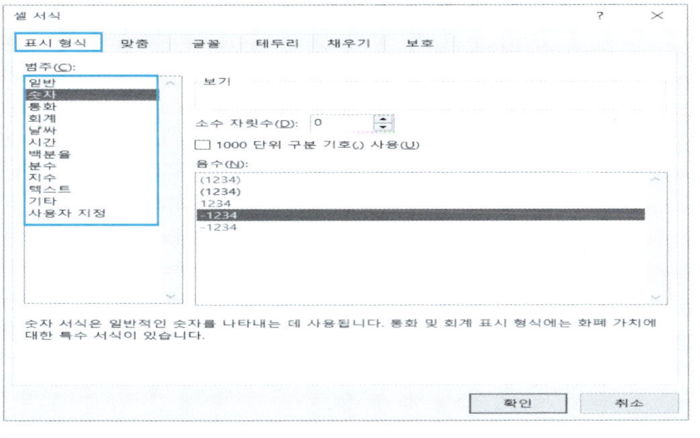

예제 표시 형식 지정

문화센터 회원 현황에 【출력 형태】의 표시 형식 지정에 대해 알아본다.

【출력 형태】

	A	B	C	D	E	F	G
1	문화센터 회원 현황						
2							
3	회원명	수강일	수강시간	수강일수	수강료	수강율	
4	조강지님	17年 3月 15日	9:30 AM	950	₩45,000	65%	
5	마포대님	16年 11月 5日	2:00 PM	1,650	₩55,000	80%	
6	국정우님	17年 7月 7日	10:30 AM	500	₩70,000	95%	
7	이심천님	16年 5月 20日	11:00 AM	2,010	₩85,000	70%	
8	박장대님	17年 9月 12日	3:30 PM	650	₩60,000	55%	
9	ⓕ	ⓐ	ⓑ	ⓒ	ⓓ	ⓔ	

① ⓐ **수강일** : '실습1-3.xlsx' 파일을 열고 표시형식 [B4:B8]을 블록 지정한 후 Ctrl+1을 누른다. [셀 서식] 대화상자의 [표시 형식] 탭에서 범주는 '날짜'를, 형식은 '12年 3月 14日'로 선택하고 [확인]을 클릭한다.

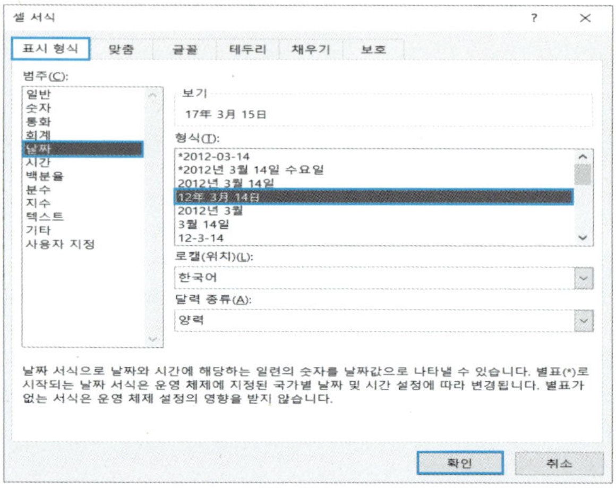

② ⓑ ⓒ ⓓ ⓔ : [셀 서식] 대화상자에서 다음과 같이 해당 범주와 형식을 지정한다.

ⓑ 범주 : 시간
형식 : 1:30 PM

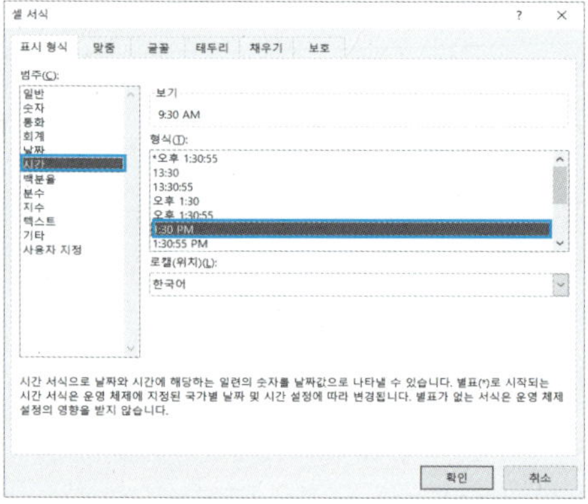

ⓒ 범주 : 숫자 ,
형식 : 천 단위 구분 기호 표시
* [표시 형식] 그룹의 쉼표 스타일과 동일

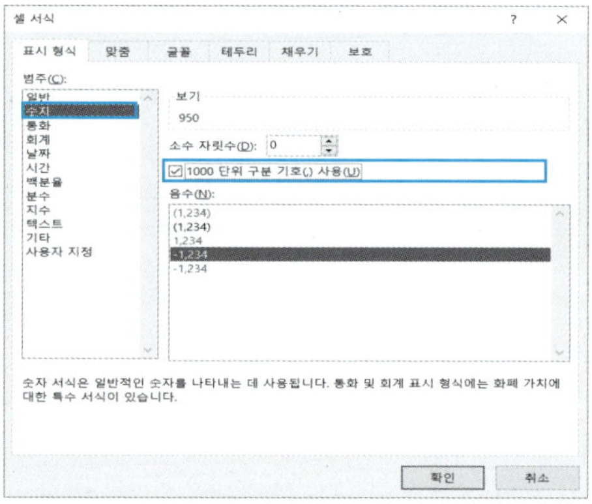

ⓓ 범주 : 통화

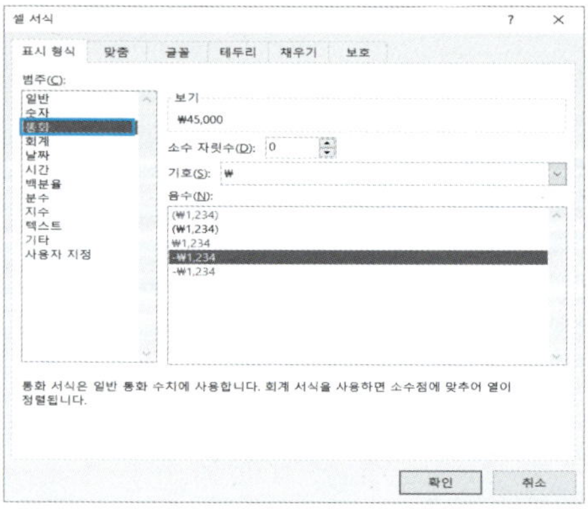

ⓔ 범주 : 백분율 %
*[표시 형식] 그룹의 백분율 스타일과 동일

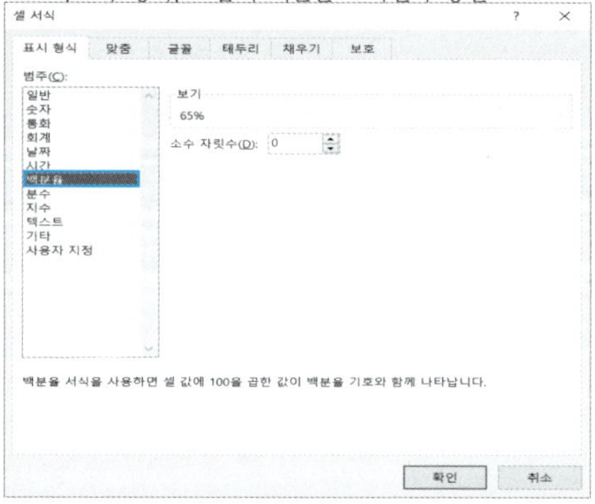

③ ⓕ **회원명** : 회원명 뒤에 '님'을 표시하고자 할 때는 [A4:A8]을 블록 지정한 후 Ctrl+1을 누른다. [셀 서식] 대화상자의 [표시 형식] 탭에서 범주는 '사용자 지정'을, 형식에 「@"님"」을 입력하고 [확인]을 클릭한다.

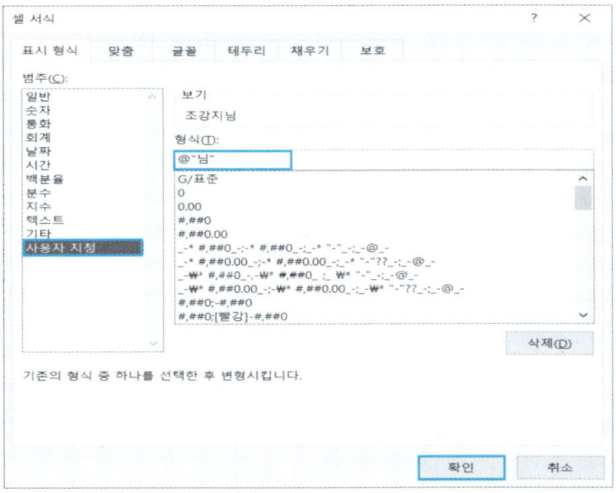

- **사용자 지정 표시 형식**

구분	기호	설명
숫자	G/표준	숫자를 입력된 그대로 표시 지정된 서식 해제하여 표시
숫자	#	유효한 자릿수만 표시 유효하지 않은 '0'은 화면에 표시하지 않음
숫자	0	유효하지 않은 자릿수를 0으로 표시
숫자	?	유효하지 않은 자릿수를 공백으로 표시
숫자	,	천 단위 구분 기호를 표시
숫자	%	숫자에 100을 곱한 다음 % 붙임
문자	@	문자 데이터의 표시 위치 지정
문자	*	* 기호 다음에 있는 특정 문자를 셀의 너비만큼 반복하여 채움

구분	세부	기호	설명
시간		hh	시간을 00~23로 표시
시간		mm	시간에서 분을 00~59로 표시
시간		ss	시간에서 초를 00~59로 표시
날짜	연도	yy	연도 중 뒤의 2자리만 표시
날짜	연도	yyyy	연도를 4자리로 표시
날짜	월	m	월을 1~12로 표시
날짜	월	mm	월을 01~12로 표시
날짜	월	mmm	월을 Jan~Dec로 표시
날짜	월	mmmm	월을 January~December로 표시
날짜	일	d	일을 1~31로 표시
날짜	일	dd	일을 01~31로 표시
날짜	요일	ddd	요일을 Sun~Sat로 표시
날짜	요일	dddd	요일을 Sunday~Saturday로 표시
날짜	요일	aaa	요일을 일~토로 표시
날짜	요일	aaaa	요일을 일요일~토요일로 표시

예제 사용자 지정 표시 형식

구분	입력값	표시 형식	출력값	설명
서식 없는 숫자	33	G/표준“개”	33개	숫자를 입력된 그대로 표시
	123,45	G/표준“개”	12345개	지정된 서식을 해제하여 표시
서식 있는 숫자	0	0“개”	0개	유효하지 않은 ‘0’을 표시
	0	#“개”	개	유효하지 않은 ‘0’을 표시하지 않음
	0	?“개”	␣개	유효하지 않은 ‘0’을 공백으로 표시
	123.45	#.0“원”	123.5원	소수 첫째 자리까지 표시
	12345	#,##0“원”	12,345원	천 단위 콤마를 표시
	12345	#,“천원”	12천원	천 단위 생략하여 표시
문자	홍길동	@“님”	홍길동님	입력된 문자를 그대로 표시
날짜	2023-10-07	yyyy“년” mm“월” dd“일”	2023년 10월 07일	년도 4자리, 월 2자리, 일 2자리로 표시

Section 06 인쇄

현재 워크시트에 있는 내용을 인쇄하기 위해서 용지 방향, 용지 크기, 여백, 머리글/바닥글 등을 설정한 후 인쇄할 모양을 [페이지 나누기 미리 보기]나 [인쇄 미리 보기 및 인쇄 상태]에서 미리 확인한 후 인쇄하는 것이 효율적이다.

1 [페이지 설정] 대화상자

- **[페이지 설정] 대화상자 실행**

  방법(1) : **[페이지 레이아웃]** 탭-**[페이지 설정]** 그룹 대화상자 버튼( )을 클릭한다.

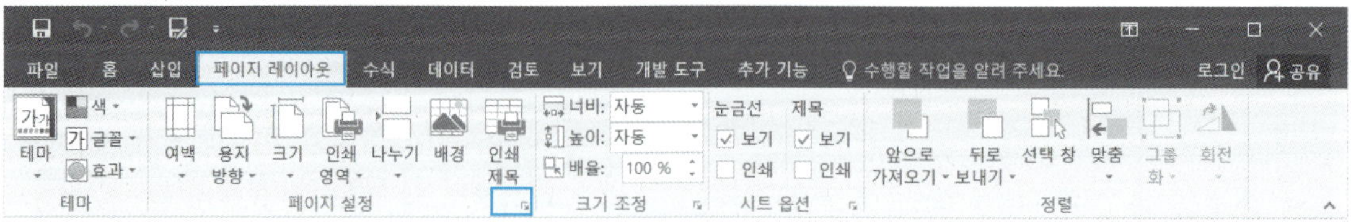

방법(2) : **[파일]-[인쇄]**-'인쇄 미리 보기 및 인쇄 상태'(Ctrl+F2)에서 **[페이지 설정]**을 클릭한다.

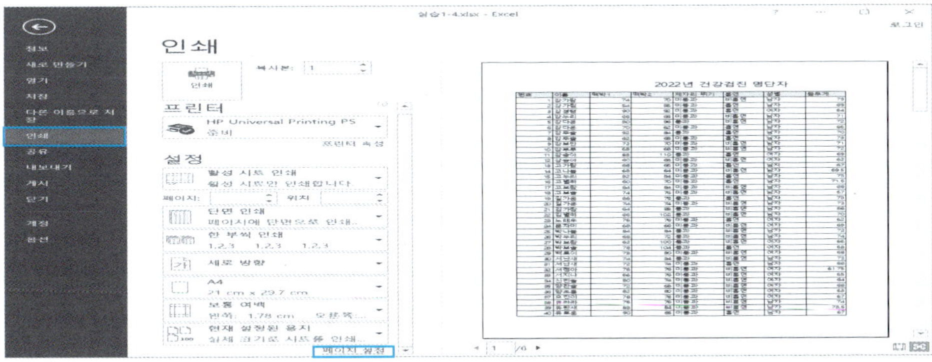

[Tip]
· '인쇄 미리 보기 및 인쇄 상태'에서는 [시트] 탭의 인쇄 영역과 인쇄 제목이 비활성화된다.

- **[페이지 설정] 탭별 기능**

탭	기능
페이지	• 용지 방향, 확대/축소 배율, 용지 크기, 인쇄 품질, 시작 페이지 번호 등을 설정함 • 자동 맞춤 : 지정한 페이지 수에 맞게 인쇄
여백	• 인쇄용지의 상·하·좌·우 여백 및 머리글/바닥글의 여백을 조정 • 페이지 가운데 맞춤: 수직·수평 가운데 맞춤
머리글/바닥글	• 문서 제목, 페이지 번호, 사용자 이름, 작성 날짜 등 고정적으로 표시되는 머리글이나 바닥글을 입력
시트	• 인쇄 영역, 인쇄 제목, 눈금선 인쇄 여부, 행/열 머리글, 메모 인쇄 여부, 페이지 순서 등을 설정 • 인쇄 제목: 페이지마다 제목으로 반복 인쇄할 행이나 열 지정 1~4 행 반복 : $1:$4로 지정 A~B 열 반복 : $A:$B로 지정

[페이지] 탭	[여백] 탭
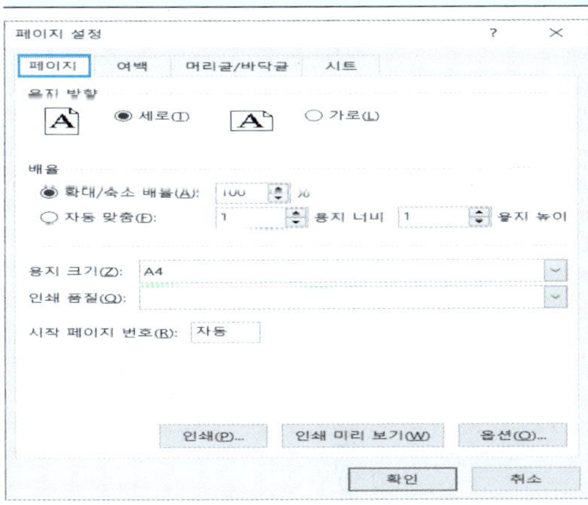	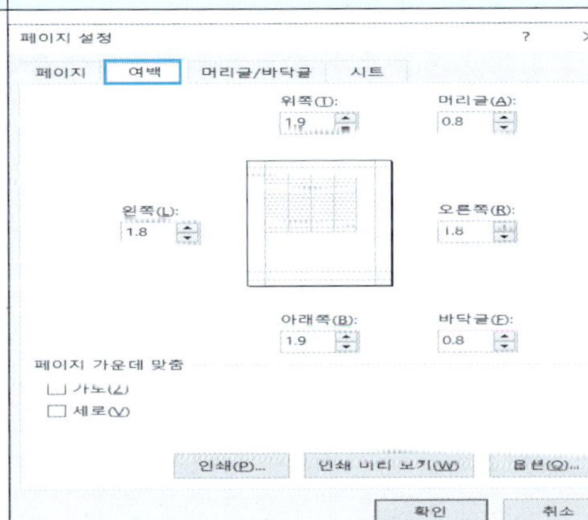

[머리글/바닥글] 탭	[시트] 탭
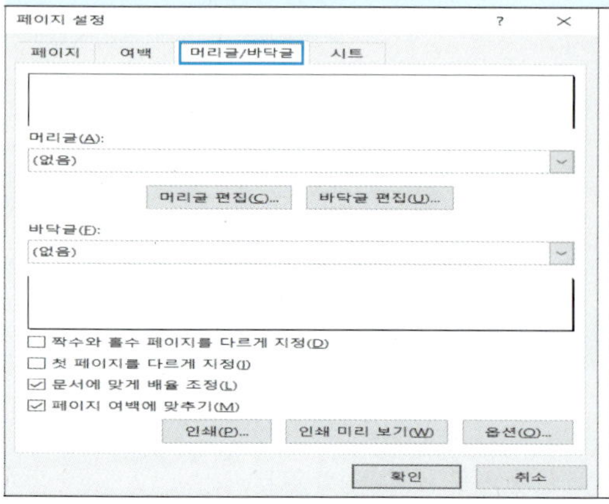	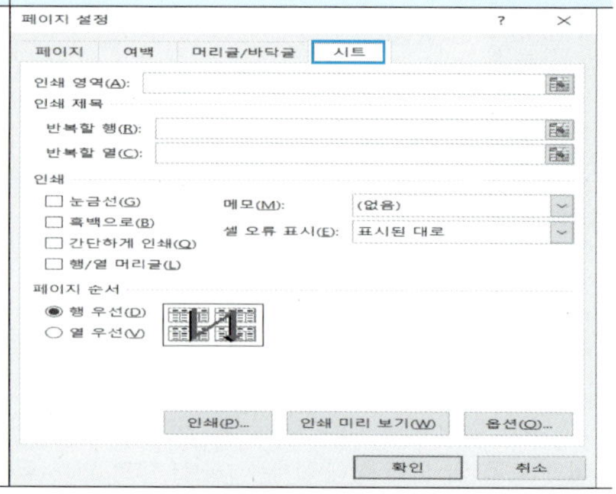

• [보기] 버튼

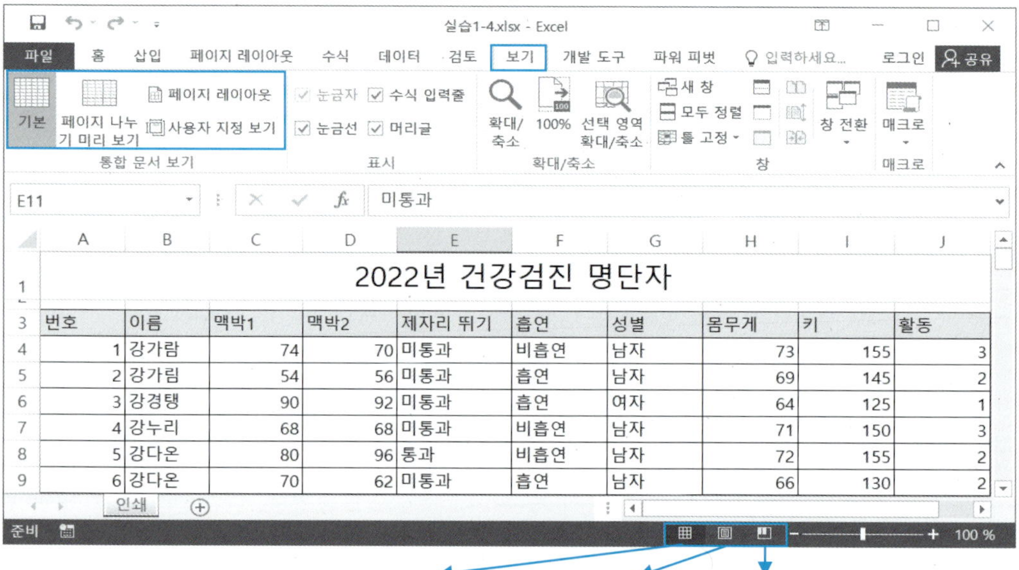

[기본] [페이지 레이아웃] [페이지 나누기 미리 보기]

2 인쇄하기

① **[페이지 레이아웃 보기] 및 용지 방향 변경 :** '실습1-4.xlsx' 파일을 열고 상태 표시줄에서 [페이지 레이아웃]을 클릭하면 데이터가 여러 페이지로 분리된다. [페이지 레이아웃] 탭-[페이지 설정] 그룹에서 [용지 방향]을 클릭하고 [가로] 또는 [세로] 방향을 선택한다.

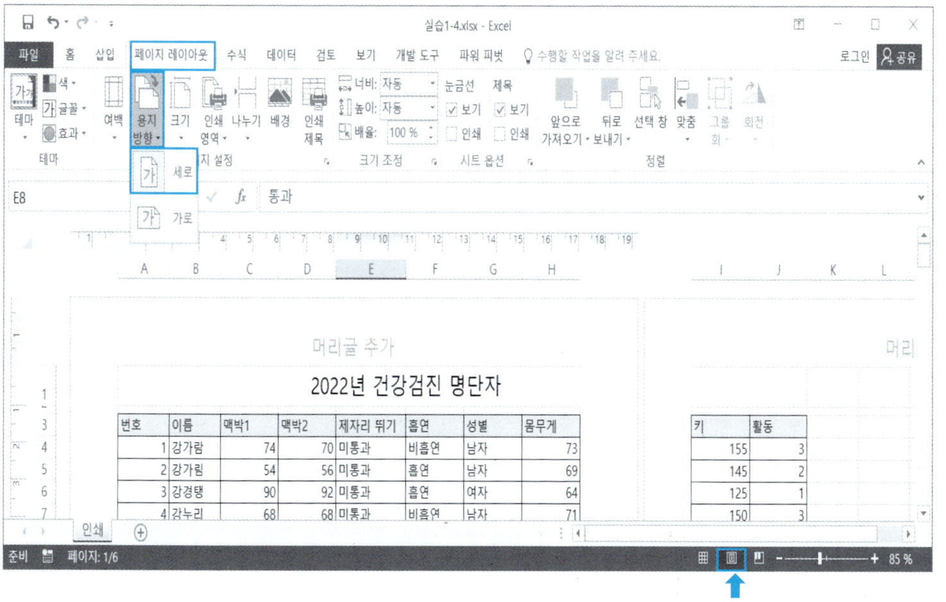

② 반복 인쇄할 제목 행 지정하기 : [페이지 레이아웃] 탭-[페이지 설정] 그룹에서 [인쇄 제목]을 클릭한다. [페이지 설정] 대화상자의 반복할 행을 클릭하고 3행을 클릭하여 지정한 후 [확인]을 클릭한다. 각 페이지를 인쇄할 때마다 설정한 부분이 제목으로 인쇄된다.

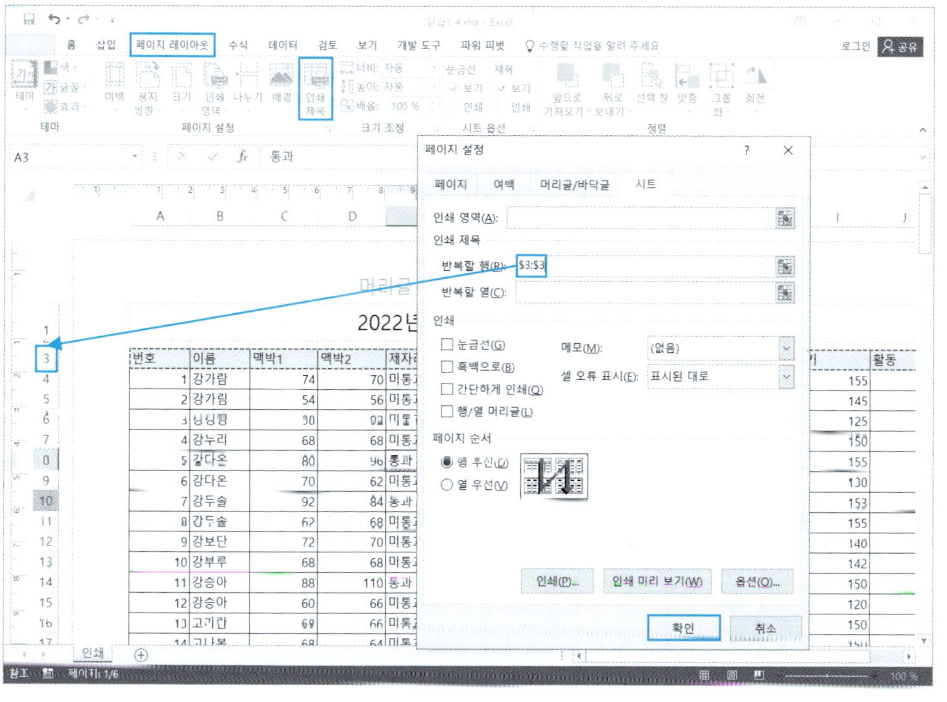

③ **머리글에 현재 날짜 입력하기 :** 상태 표시줄에서 [페이지 레이아웃]을 클릭한다. [머리글 추가] 영역 오른쪽 빈칸을 클릭하고 '작성일자 :'을 입력한다. [머리글/바닥글 도구]-[디자인] 탭-[머리글/바닥글 요소] 그룹에서 [현재 날짜]를 클릭하여 날짜를 표기한다.

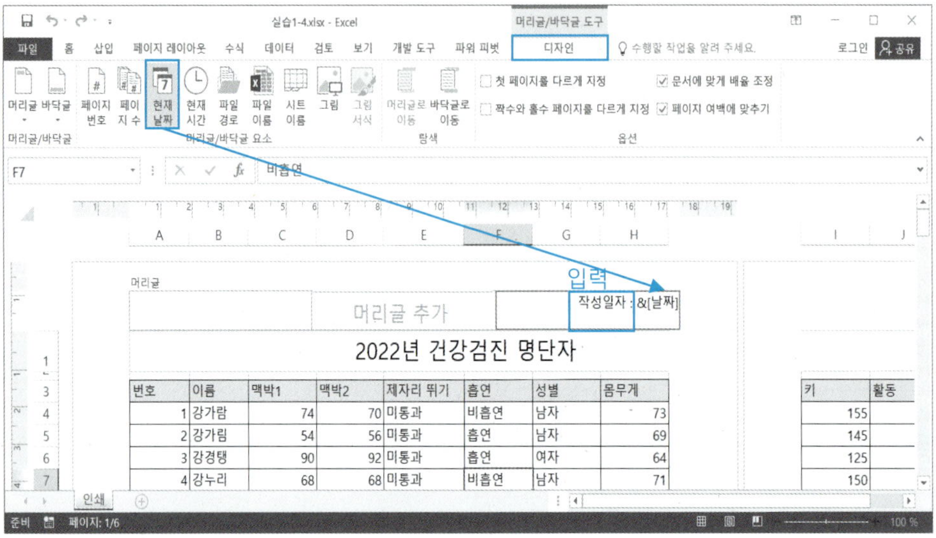

④ **바닥글에 페이지 번호 입력하기 :** [머리글/바닥글 도구]-[디자인] 탭-[탐색] 그룹에서 [바닥글로 이동]을 클릭하여 바닥글로 이동한다.

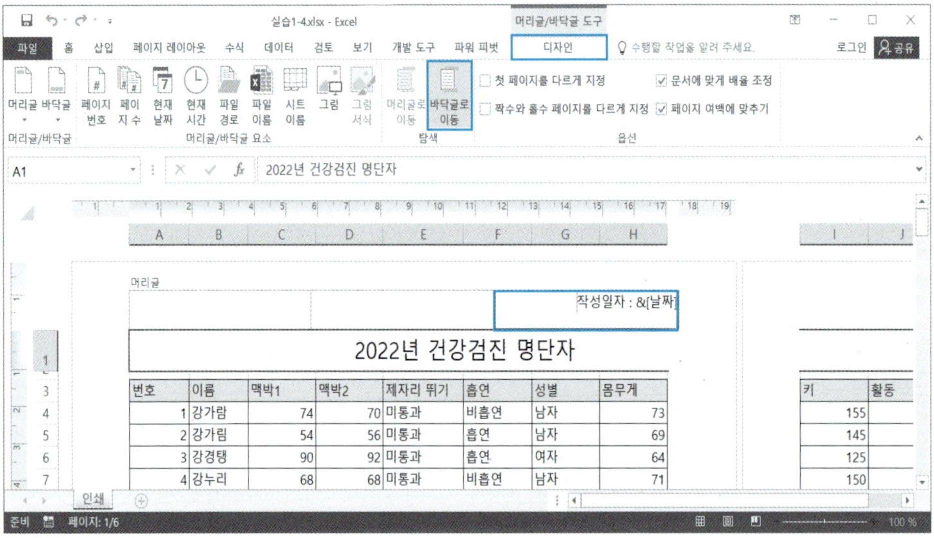

⑤ 바닥글 가운데 영역을 클릭한다. [머리글/바닥글 도구]-[디자인] 탭-[머리글/바닥글 요소] 그룹에서 [페이지 번호]를 클릭하고 '/'를 입력한 후 [페이지 수]를 클릭한다. 바닥글이 '페이지 번호/전체 페이지 수' 형식으로 표기된다.

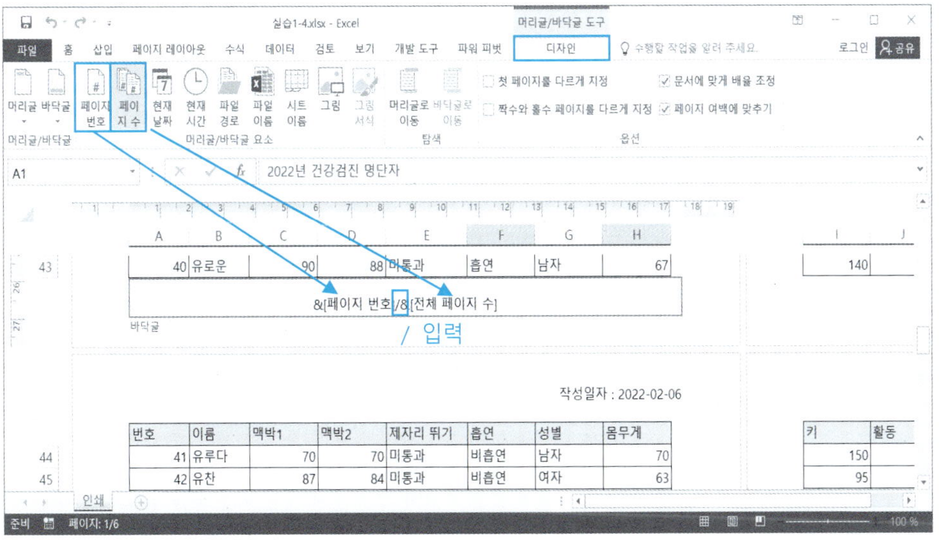

⑥ **[페이지 나누기 미리 보기] 및 인쇄 배율 지정하기(열 너비 조정)** : 상태 표시줄에서 [페이지 나누기 미리 보기]를 클릭한다. 페이지 나누기 창에서 인쇄 영역 전체는 파란색 실선으로, 자동으로 나누어진 페이지 구분선은 파란색 점선으로 표시된다. 페이지 나누기를 제거하는 방법은 다음과 같다.

방법(1) 파란색 점선을 드래그하여 오른쪽 가장자리에 있는 파란색 실선 위치로 이동시킨다.

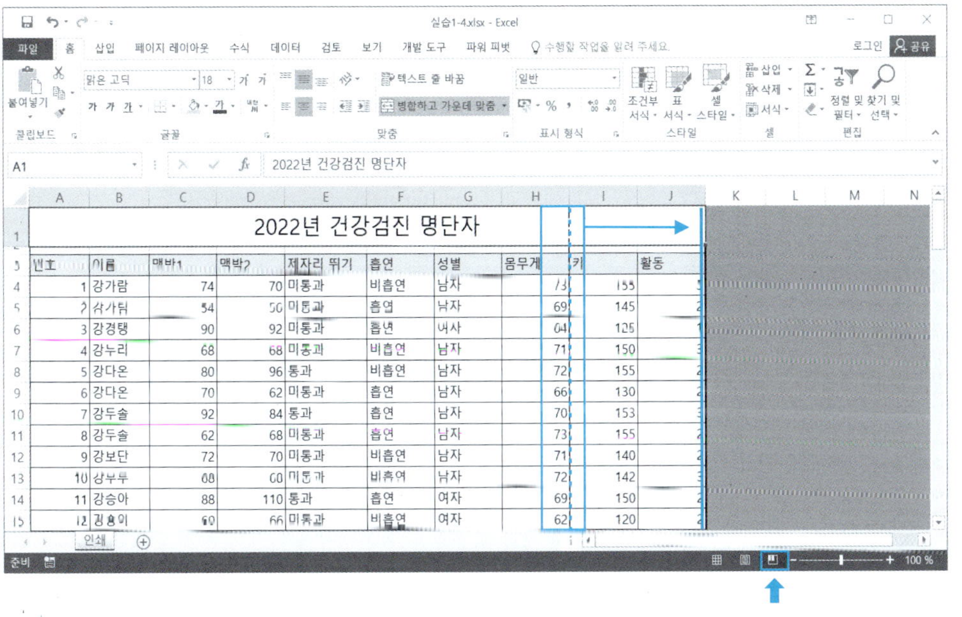

방법⑵ [페이지 레이아웃] 탭-[크기 조정] 그룹에서 너비를 [1페이지]로 선택하면 가로 배율이 81%로 조정된다.

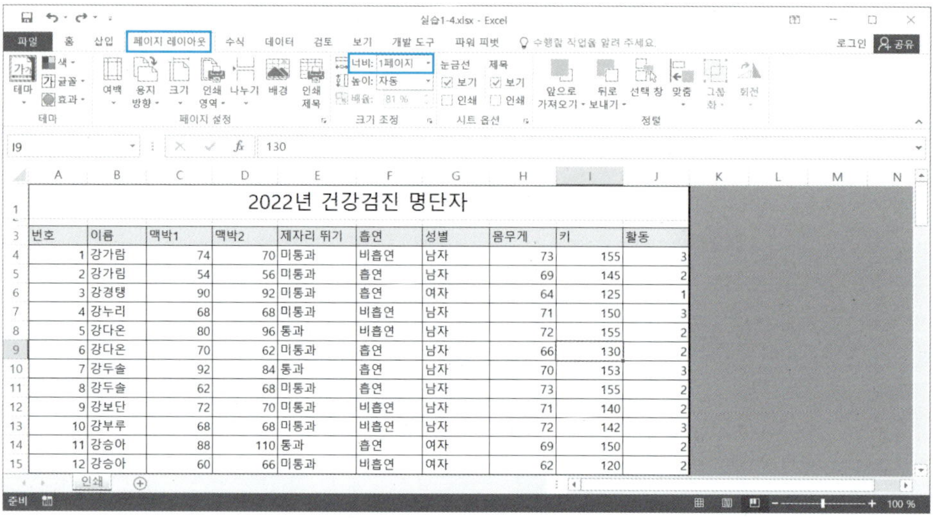

⑦ **페이지 나누기 구분선 수정하기 :** 54행에 있는 1페이지 나누기 구분선을 48행 위치로 드래그하여 페이지 나누기 구분선 위치를 수정한다.

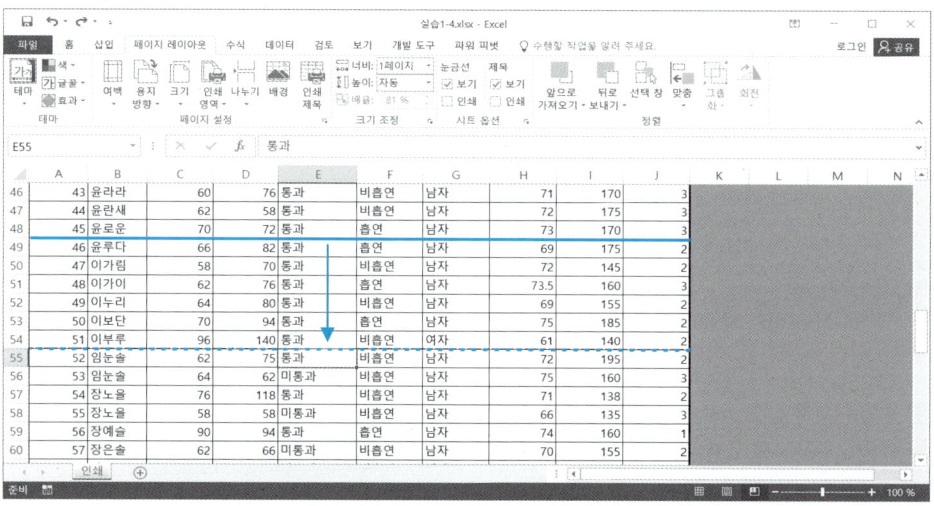

[Tip]

· 페이지 나누기 구분선 삽입하기 : 삽입을 원하는 다음 행에서 [페이지 레이아웃] 탭-[페이지 설정] 그룹에서 [나누기]-[페이지 나누기 삽입]

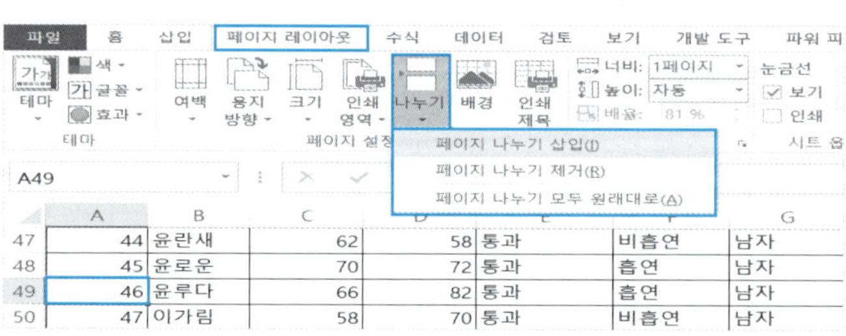

⑧ **여백 설정 및 인쇄하기** : [인쇄 미리 보기 및 인쇄 상태] 단축키 Ctrl+F2을 클릭하여 [설정]의 여백에서 원하는 여백 유형을 선택한다. 【출력 형태】를 확인하고 [인쇄] 단추를 클릭한다.

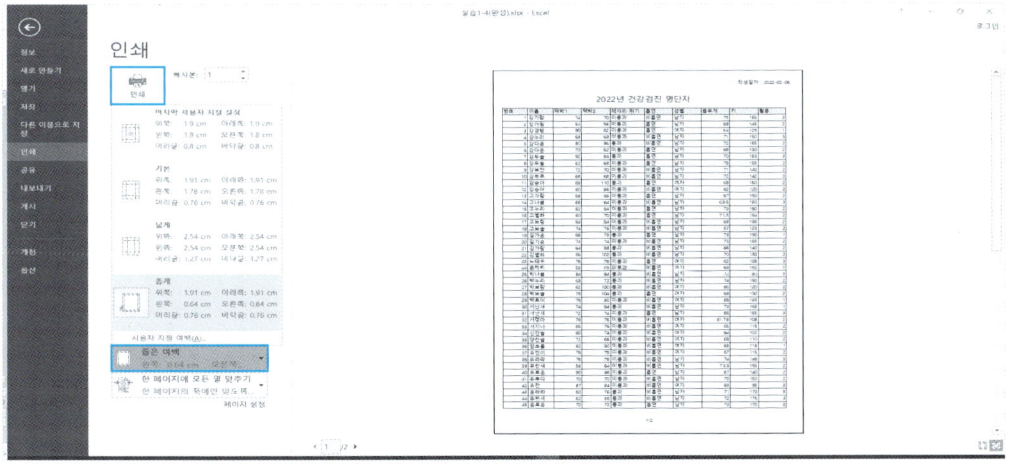

연습문제

1. 실습1-1.xlsx 파일의 [데이터입력2] 시트에 아래 조건에 맞게 완성하시오.

【조건】

⑴ 사각형 내에 있는 데이터만 입력하여 자동 채우기 기능으로 완성하시오.

⑵ [K32:K37] 영역은 사용자 지정 목록에 등록하여(투수, 포수, 내야수, 외야수) 자동 채우기하시오.

【출력 형태】

	A	B	C	D	E	F	G	H	I	J	K
29	<자동 채우기 연습>										
30	문자		숫자			혼합(문자)			사용자지정목록		
31	연속	복사	복사	1씩 증가	10 증가	1달씩 증가	1씩 증가	5씩 증가	연속	복사	사용자 지정목록등록
32	월요일	홍길동	1	1	10	3월	1학년 1반 001번	1학년 1반 005번	Sunday	투수	투수
33	화요일	홍길동	1	2	20	4월	1학년 1반 002번	1학년 1반 010번	Monday	투수	포수
34	수요일	홍길동	1	3	30	5월	1학년 1반 003번	1학년 1반 015번	Tuesday	투수	내야수
35	목요일	홍길동	1	4	40	6월	1학년 1반 004번	1학년 1반 020번	Wednesday	투수	외야수
36	금요일	홍길동	1	5	50	7월	1학년 1반 005번	1학년 1반 025번	Thursday	투수	투수
37	토요일	홍길동	1	6	60	8월	1학년 1반 006번	1학년 1반 030번	Friday	투수	포수
38											

투수
포수
내야수
외야수

2. 실습1-1.xlsx 파일의 [일정표] 시트에 '3월 일정표'를 작성하시오(실습1-1(완성).xlsx).

【작성 방법】

① [B2:H2] [홈] 탭-[맞춤] 그룹-[병합하고 가운데 맞춤]을 클릭하고 '♣ 3월 일정표 ♣'을 입력

② [B4] 셀에 '일요일' 입력하고, [H4] 셀까지 자동 채우기

③ [B5] 셀에 '1'을 입력, [B6] 셀에 '8'을 입력하고,
[B5:B6]을 블록 지정한 후 [B9] 셀까지 자동 채우기

④ [B5] 셀을 클릭한 후 Ctrl 을 누르고 [H5] 셀까지 자동 채우기
같은 방법으로 [B6],[B7],[B8],[B9] 각각 셀을 클릭한 후 Ctrl 을 누르고 자동 채우기

⑤ [B4:H9]을 블록 지정하고 [홈] 탭-[스타일] 그룹-[표 스타일 보통7] 선택

【출력 형태】

	A	B	C	D	E	F	G	H	I
1									
2		♣ 3월 일정표 ♣							
3									
4		일요일	월요일	화요일	수요일	목요일	금요일	토요일	
5		1	2	3	4	5	6	7	
6		8	9	10	11	12	13	14	
7		15	16	17	18	19	20	21	
8		22	23	24	25	26	27	28	
9		29	30	31					
10									

3. 다음은 '우리 주방기기 판매 현황'에 대한 자료이다. 새 통합 문서를 열어 자료를 입력하고 조건에 맞도록 작업하시오(연습1-3(완성).xlsx).

풀이 동영상

【출력 형태】

우리 주방기기 판매 현황

결재	담당	팀장	부장

품목코드	구분	품명	계약일	제품가격 (단위:원)	판매수량	적립금 (단위:원)	판매금액 (단위:원)	재질
P1-01	냄비류	삼중소스팬	2018-07-10	40,330	29	760		
D3-01	접시류	뷔페볼세트	2020-09-20	18,850	33	250		
P2-02	냄비류	미니양수	2018-08-20	21,550	17	360		
S2-01	보조기구	계량컵세트	2019-08-01	11,220	23	150		
D3-02	접시류	샐러드접시	2020-09-10	25,680	45	530		
D1-03	접시류	그라탕볼	2018-09-01	15,300	27	280		
P1-03	냄비류	전골냄비	2019-07-20	51,850	19	1,010		
S1-02	보조기구	서빙집게	2020-08-10	10,730	37	330		
미니양수 제품가격(단위:원) 순위평가					냄비류 판매수량 합계			
최다 판매수량					품명	삼중소스팬	판매수량	

【조건】

(1) 모든 데이터의 서식에는 글꼴(굴림, 11pt), 정렬은 숫자 및 회계 서식은 오른쪽 정렬, 나머지 서식은 가운데 정렬로 작성하며 예외적인 것은【출력 형태】를 참조하시오.

(2) 제 목 ⇒ 모서리가 둥근 직사각형과 바깥쪽 그림자 스타일(오프셋 대각선 오른쪽 아래)을 이용하여 작성하고 "우리 주방기기 판매 현황"을 입력한 후 다음 서식을 적용하시오(글꼴–굴림, 24pt, 굵게, 채우기–노랑).

(3) 임의의 셀에 결재란을 작성하여 그림으로 복사 기능을 이용하여 붙이기 하시오(단, 원본 삭제).

(4)「B4:J4, G14, I14」영역은 '주황'으로 채우기 하시오.

(5) 유효성 검사를 이용하여 「H14」셀에 품명(「D5:D12」 영역)이 선택 표시되도록 하시오.

(6) 셀 서식 ⇒「G5:G12」영역에 셀 서식을 이용하여 숫자 뒤에 '개'를 표시하시오 (예: 29 → 29개).

(7)「F5:F12」영역에 대해 '제품가격'으로 이름 정의를 하시오.

【작성 방법】

(3) 결재란

① [L17] 셀에 결재란 작성

② 결재란을 블록 지정한 후 [홈] 탭–[클립보드] 그룹의 [복사] 목록 단추를 클릭–[그림으로 복사]

③ [H1] 셀을 클릭하고 붙여넣기(Ctrl+V)

(5) 유효성 검사

① [H14] 셀을 클릭하고 [데이터] 탭–[데이터 도구] 그룹–[데이터 유효성 검사]

② [데이터 유효성 검사] 대화상자 [설정] 탭 : 제한 대상–목록, 원본–[D5:D12] 영역 지정

CHAPTER 02 데이터 계산

Excel

엑셀에서 계산을 실행하려면 계산 수식이 필요하다. 값을 수식에 일일이 입력해야 하는 계산기와 달리 엑셀은 셀 주소를 참조해 수식을 만든다. 수식의 기본연산과 셀 참조 유형에 대해 알아보고, 함수 사용 방법과 기본 함수 활용 그리고, 조건부서식에 대해 학습한다.

Section 01 수식 입력

1 수식의 기본연산

'실습 2-1.xlsx' 파일을 불러온다.

- **수식의 사용**

  수식을 입력할 때 먼저 등호(=)를 입력해야 한다.

  수식에서 해당 셀을 클릭하거나 직접 입력할 수도 있다.

  (예) = B2 + C2 또는 = B2 + C2

  입력 셀 클릭 입력 셀 클릭 모두 입력

	A	B	C	D	E	F	G
1	번호	값1	값2	더하기	빼기	곱하기	나누기
2	1	100	10	=B2+C2	=B2-C2	=B2*C2	=B2/C2
3	2	200	11				
4	3	300	12				

- **연산자**

  - **산술 연산자** : 수치에 대한 기본적인 연산을 수행한다.

연산자	기능	적용 예	
		입력식	결과
+	더하기	=B2+C2	110
−	빼기	=B2−C2	90
*	곱하기	=B2*C2	1000
/	나누기	=B2/C2	10
^	거듭제곱	=B2^2	10000

- **비교 연산자** : 두 값을 비교하여 참이면 TRUE, 그렇지 않으면 FALSE를 표시한다.

연산자	기능	적용 예	
		입력식	결과
=	같다(일치)	=B2=C2	FALSE
〉	크다(초과)	=B2〉C2	TRUE
〉=	크거나 같다(이상)	=B2〉=C2	TRUE
〈〉	같지 않다(다름)	=B2〈〉C2	TRUE
〈	작다(미만)	=B2〈C2	FALSE
〈=	작거나 같다(이하)	=B2〈=C2	FALSE

- **데이터 연결 연산자** : 여러 데이터를 하나로 연결하여 표시한다.

연산자	기능	적용 예	
		입력식	결과
&	여러 값을 연결	=B2&"점"	100점

- **참조 연산자** : 함수 범위를 지정할 때 사용한다.

연산자	기능	적용 예	
		입력식	결과
: (콜론)	연속된 영역 지정	=SUM(B2:B4)	600
, (쉼표)	흩어진 영역을 지정	=SUM(B2:B4,C2:C4)	633
␣(공백)	두 영역의 공통 범위 지정	=SUM(B2:B4 B2:C4)	1233

2 셀 참조 유형

- **셀 참조 유형**

상대 참조 : 수식을 복사하면 셀 주소가 상대적으로 변경된다. (예: A1)

절대 참조 : 수식을 복사해도 셀 주소가 변경되지 않는다. (예: $A$1)

혼합 참조 : 상대 참조와 절대 참조가 혼합되어 수식의 복사 방향에 따라 셀 주소가 다르게 적용된다 (예: $A1 열 고정, A$1 행 고정)

[F4] 키 : 주소를 입력하고 [F4] 키를 누를 때마다 다음 순서대로 '$' 기호가 붙여진다.

A1	→([F4])	$A$1	→([F4])	A$1	→([F4])	$A1
상대 참조		절대 참조		혼합 참조(행 고정)		혼합 참조(열 고정)

3 상대 참조

예제 **[D2] 셀에 '미수검자수' 계산하기 『=C2-B2』**

① **[참조유형]** 시트에서 미수검자수 계산을 위해 **[D2]** 셀에 수식 **'=C2-B2'**를 입력하고 [Enter↵]을 누른다.

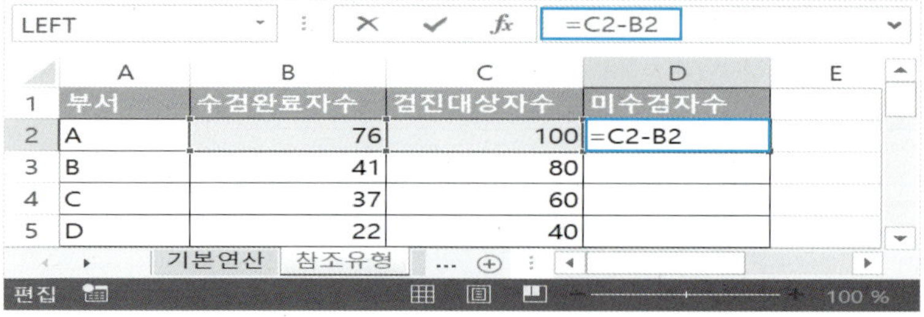

② **[D2]** 셀을 클릭하고 **[D5]** 셀까지 채우기 핸들을 드래그하여 수식을 복사한다.

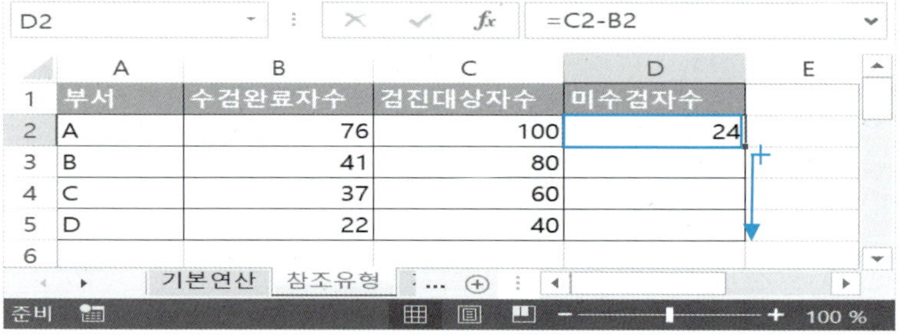

③ [D2] 셀의 수식을 복사하면 서식도 함께 복사되어 테두리가 변경되므로 [자동 채우기 옵션]( )에서 **[서식 없이 채우기]**를 클릭하여 테두리가 변경되지 않게 한다.

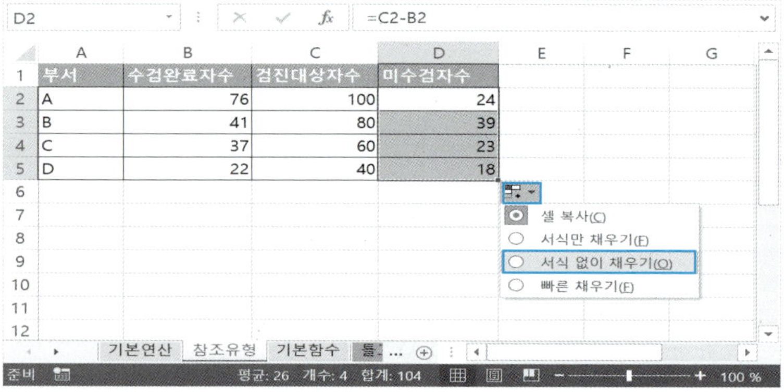

④ **수식 표시하기** : [수식] 탭-[**수식 분석**] 그룹-[**수식 표시**]를 클릭한다(또는 Ctrl+`).

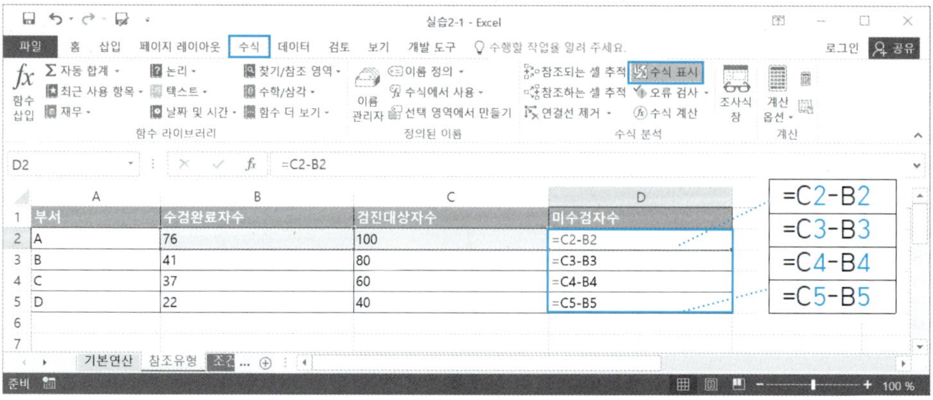

4 절대 참조

예제 **[C14] 셀에 '판매율' 계산하기 『=B14/$B$17』**

① 유형 A의 판매율 계산을 위해 [C14] 셀에 수식 '=B14/$B$17'을 입력한 후 [C16] 셀까지 채우기 핸들을 드래그하여 수식을 복사한다.

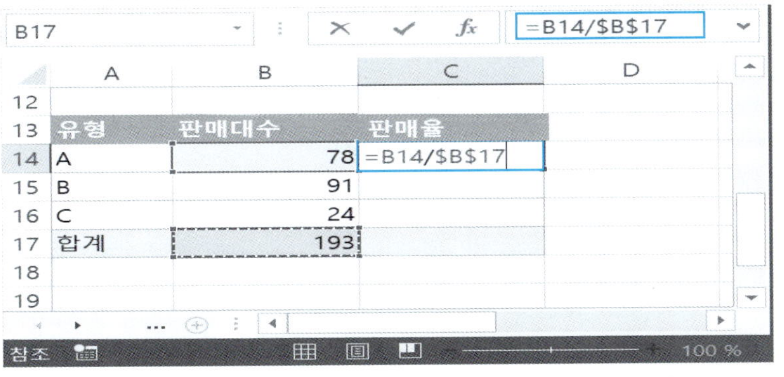

② [C14:C16] 영역을 블록 설정하고 [홈] 탭-[표시 형식] 그룹에서 백분율(%) 단추를 클릭한다.

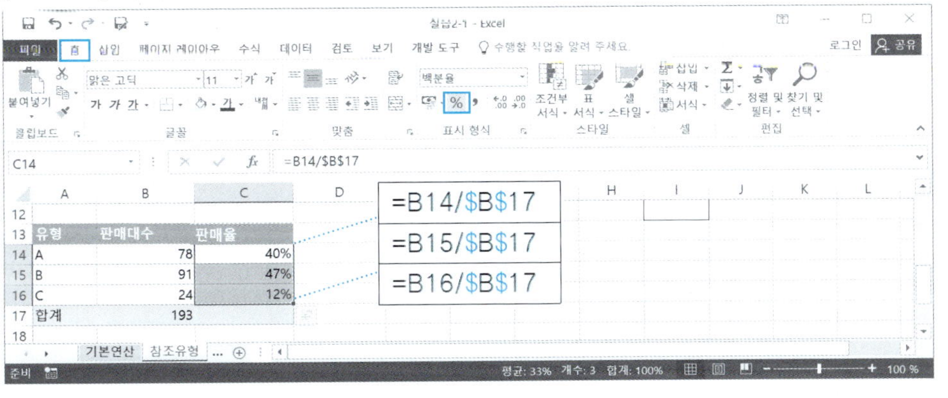

5 혼합 참조

예제 **[C22] 셀에 10% 추가 판매대수 계산하기** 『=$B22*C$21』

① 10% 추가 판매대수 계산을 위해 [C22] 셀에서 '**=$B22*C$21**'을 입력한 후 [**C24**] 셀까지 채우기 핸들을 드래그하여 수식을 복사한다.

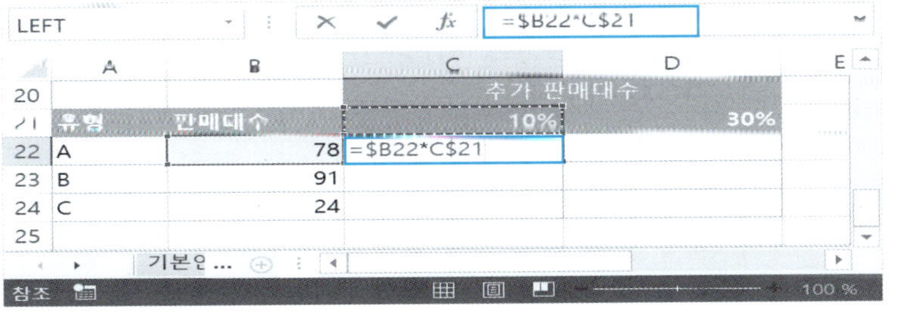

② 30% 추가 판매대수 계산을 위해 **[C22:C24]** 영역을 블록 설정한 후 **[D22:D24]** 영역까지 채우기 핸들을 드래그하여 수식을 복사한다.

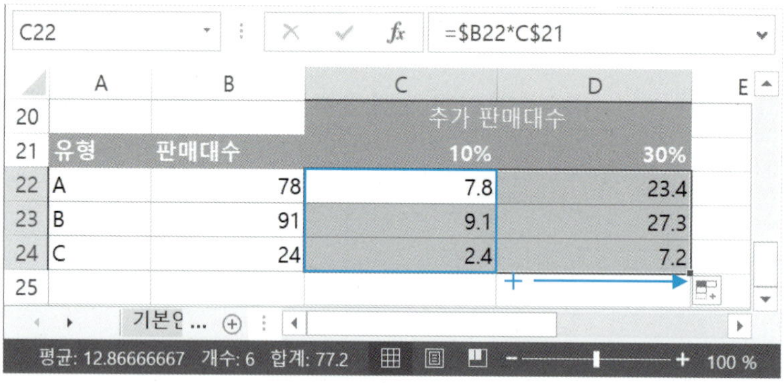

③ [수식] 탭-[수식 분석] 그룹-**[수식 표시]**를 클릭하여 수식을 표시한다(또는 Ctrl+`).

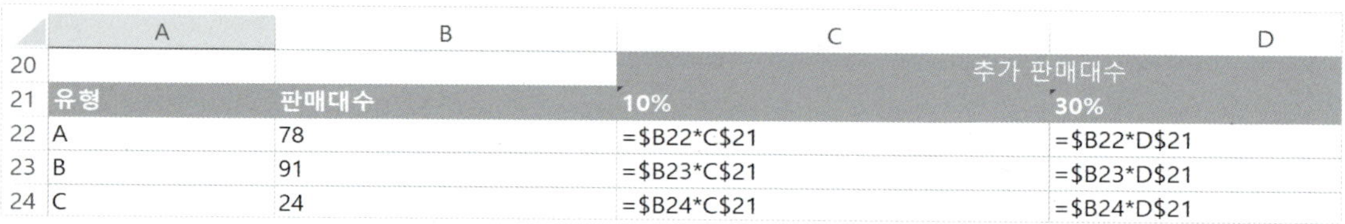

Section 02 조건부 서식

엑셀의 조건부 서식을 사용하면 셀에 입력된 값이 정해진 조건을 만족하면 원하는 서식(배경색, 폰트 색상, 아이콘 등)으로 강조 표시를 할 수 있으므로 조건부 서식을 활용하면 중요한 데이터를 빠르게 파악하거나, 잘못 입력된 데이터를 손쉽게 찾아낼 수 있다.

조건부 서식은 적용 영역에 따라 (1) 미리 정의된 규칙을 선택하여 특정 영역에 서식을 주는 경우 (2) 수식을 사용하여 행 전체에 서식을 적용하는 경우로 나누어 볼 수 있다.

(1) 셀 강조 규칙	셀에 입력된 숫자가 정해진 기준을 만족하거나, 셀에 특정 텍스트가 포함되어 있거나, 셀의 값이 중복인 조건 등으로 만족하면 셀에 강조 표시
(2) 상위/하위 규칙	셀에 입력된 값의 순위 조건을 만족하는 셀에 강조 표시
(3) 데이터 막대	데이터 막대를 사용하면 셀 값의 크기에 따라 가로 막대의 너비가 달라진다. 값이 크면 넓게, 작으면 좁게 표시되어 값의 크기를 시각적으로 바로 확인
(4) 색조	셀 값의 크기에 따라 배경색이 달라진다. 예를 들어 셀 값이 크면 배경색을 진하게 작으면 연하게 표시하여 값의 크기, 값의 변화 정도를 시각적으로 바로 확인
(5) 아이콘 집합	아이콘 집합에는 방향 화살표, 신호등, 깃발 등 여러 모양이 있다. 아이콘 집합을 사용하면 셀 값의 크기에 따라 아이콘의 모양이나 색을 다르게 표시
(6) 새 규칙	새로운 조건부 서식을 작성할 때 사용
(7) 규칙 지우기	작성된 조건부 서식을 모두 제거할 때 사용
(8) 규칙 관리	새로운 조건부 서식의 작성, 또는 작성된 조건부 서식을 수정할 때 사용

조건부 서식

- 특정 영역에 서식 적용
  - 범위 설정: 해당 필드의 데이터만 범위로 지정
  - [홈] 탭–[스타일] 그룹–[조건부 서식]–[셀 강조 규칙/상하위 규칙/데이터 막대/색조/아이콘 집합] 선택
  - 예) 적립금(단위:원) 셀에 데이터 막대 스타일 녹색 적용하기 ☞ [H5:H12] 블록 지정

	품목코드	구분	품명	계약일	제품가격(단위:원)	판매수량	적립금(단위:원)	판매금액(단위:원)	재질
5	P1-01	냄비류	삼중소스팬	2018-07-10	40,330	29개	760		
6	D3-01	접시류	뷔페볼세트	2020-09-20	18,850	33개	250		
7	P2-02	냄비류	미니양수	2018-08-20	21,550	17개	360		
8	S2-01	보조기구	계량컵세트	2019-08-01	11,220	23개	150		
9	D3-02	접시류	샐러드접시	2020-09-10	25,680	45개	530		
10	D1-03	접시류	그라탕볼	2018-09-01	15,300	27개	280		
11	P1-03	냄비류	전골냄비	2019-07-20	51,850	19개			
12	S1-02	보조기구	서빙집게	2020-08-10	16,730	37개	330		

- 행 전체에 서식 적용(수식 이용)
  - 범위 설정: 모든 필드명을 제외한 행 전체 [B5:J12] 영역을 설정
  - 실행: [홈] 탭–[스타일] 그룹–[조건부 서식]–[새 규칙]–[수식을 사용하여 서식을 지정할 셀 결정]
  - 예) 판매수량이 20 이하인 행 전체에 글꼴 파랑 적용하기 ☞ [B5:J12] 블록 설정

	품목코드	구분	품명	계약일	제품가격(단위:원)	판매수량	적립금(단위:원)	판매금액(단위:원)	재질
5	P1-01	냄비류	삼중소스팬	2018-07-10	40,330	29개	760		
6	D3-01	접시류	뷔페볼세트	2020-09-20	18,850	33개	250		
7	P2-02	냄비류	미니양수	2018-08-20	21,550	17개	360		
8	S2-01	보조기구	계량컵세트	2019-08-01	11,220	23개	150		
9	D3-02	접시류	샐러드접시	2020-09-10	25,680	45개	530		
10	D1-03	접시류	그라탕볼	2018-09-01	15,300	27개	280		
11	P1-03	냄비류	전골냄비	2019-07-20	51,850	19개			
12	S1-02	보조기구	서빙집게	2020-08-10	16,730	37개	330		

※ 주의사항
- 범위 설정 : 필드명을 제외하고 서식을 적용 범위를 지정
- 조건식(행 전체에 서식 적용)
  : 첫 번째 데이터에 대한 조건식을 열 고정 형식(F4를 두 번 누름)으로 작성
  예) =$G5<=20

1 특정 영역에 조건부 서식 적용하기

특정 영역에 조건을 지정하고 그 조건에 맞는 셀을 검색하여 셀의 색, 글꼴, 무늬 등을 지정할 수 있다. 이때 조건부 서식 적용 범위는 필드명을 제외한 해당 데이터만 지정한다.

예제 분류코드에서 'F'를 포함하는 데이터에 '진한 빨강 텍스트가 있는 연한 빨강 채우기' 서식 적용

① **[조건부서식1]** 시트에서 분류코드 중 'F'를 포함하는 데이터에 서식을 변경하기 위해 [A2] 셀을 선택하고 Ctrl+Shift+↓을 눌러 [A2:A83]을 블록 지정한다. [홈] 탭-[스타일] 그룹-[조건부 서식]-[셀 강조 규칙]-[텍스트 포함]을 선택한다.

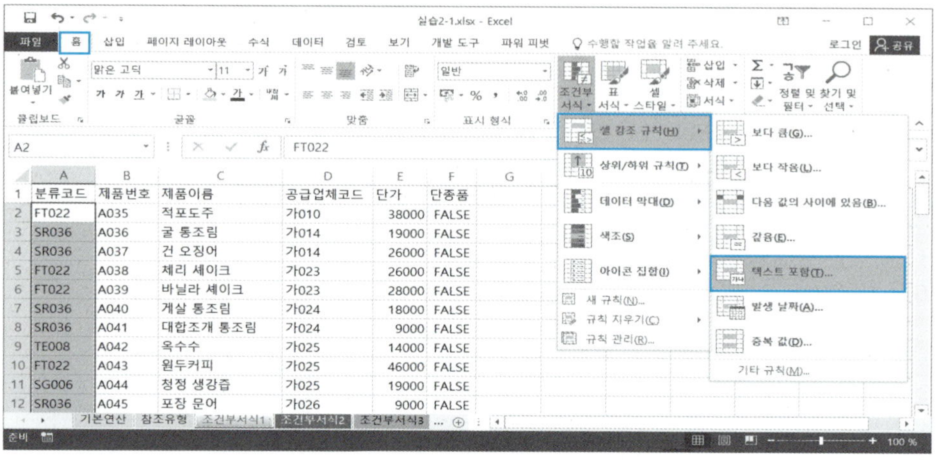

② [텍스트 포함] 대화상자에서 다음 텍스트를 포함하는 셀의 서식 지정을 **'F'**로 지정하고 [확인] 버튼을 클릭한다.

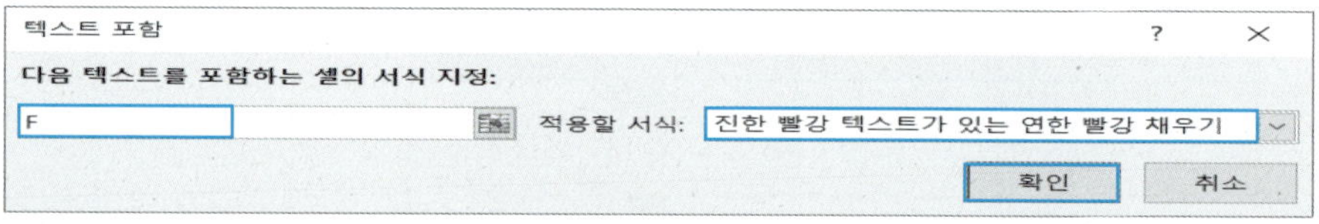

예제 단가의 상위 30% 데이터에 굵은 기울임꼴, 빨간색 서식으로 변경하기

① [E2] 셀을 선택하고 Ctrl+Shift+↓을 눌러 [E2:E83]을 블록 지정한다. [홈] 탭-[스타일] 그룹-[조건부 서식]-[상위/하위 규칙]-[상위 10%]을 선택한다.

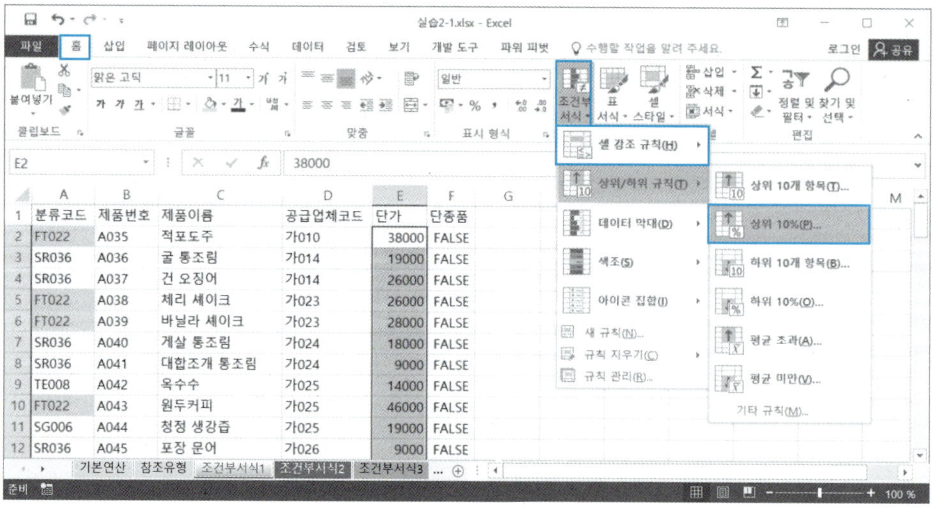

② [상위 10%]] 대화상자에서 다음 상위 순위에 속하는 셀의 서식 지정에서 '**30%**', 적용할 서식에서 '**사용자 지정 서식**'을 선택한다. [셀 서식] 대화상자의 [글꼴] 탭에서 글꼴 스타일은 '**굵은 기울임꼴**', 색을 '**빨강**'으로 지정하고 [확인]을 클릭한다.

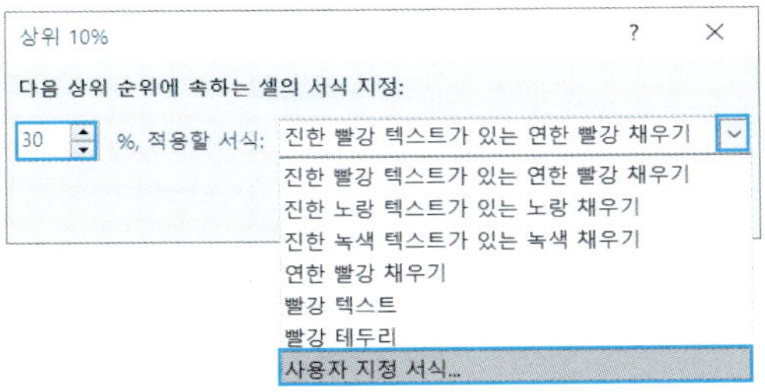

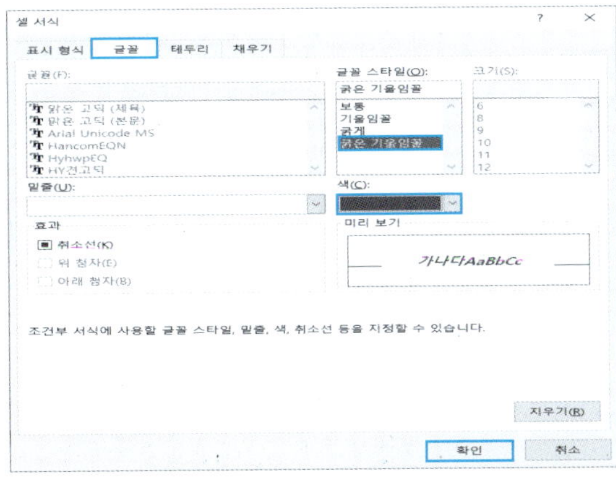

③ 분류 코드가 'F'로 시작하는 데이터가 상위 '30%'일 때 서식이 변경된 것을 확인할 수 있다.

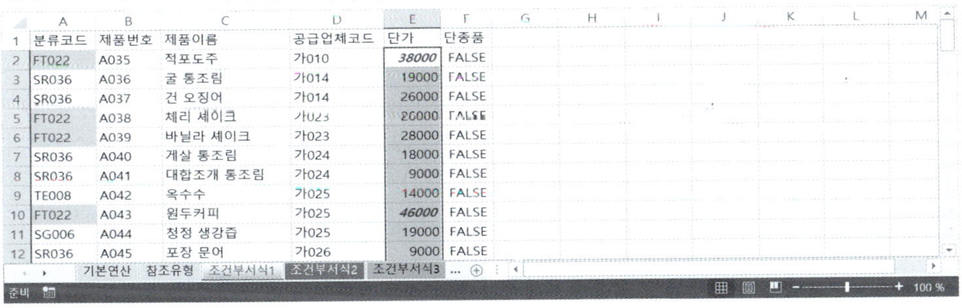

예제 **입금액을 '녹색 데이터 막대' 서식으로 변경하기**

① **[조건부 서식 2]** 시트에서 **[C4:C11]**을 선택하고 [홈] 탭-[스타일] 그룹-[조건부 서식]-[데이터 막대]-[녹색 데이터 막대]를 클릭한다.

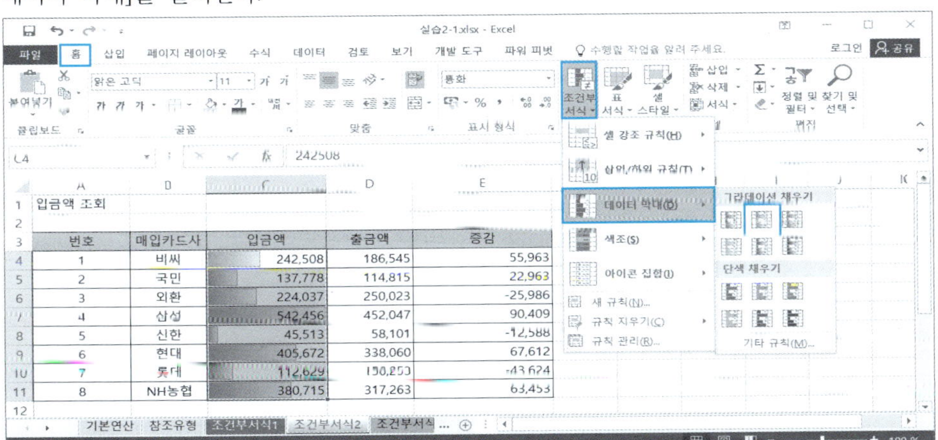

예제 증감을 '파랑 데이터 막대' 서식으로 변경하기

① **[E4:E11]** 영역을 선택하고 [홈] 탭-[스타일] 그룹-[조건부 서식]-[데이터 막대]-[파랑 데이터 막대]를 클릭한다.

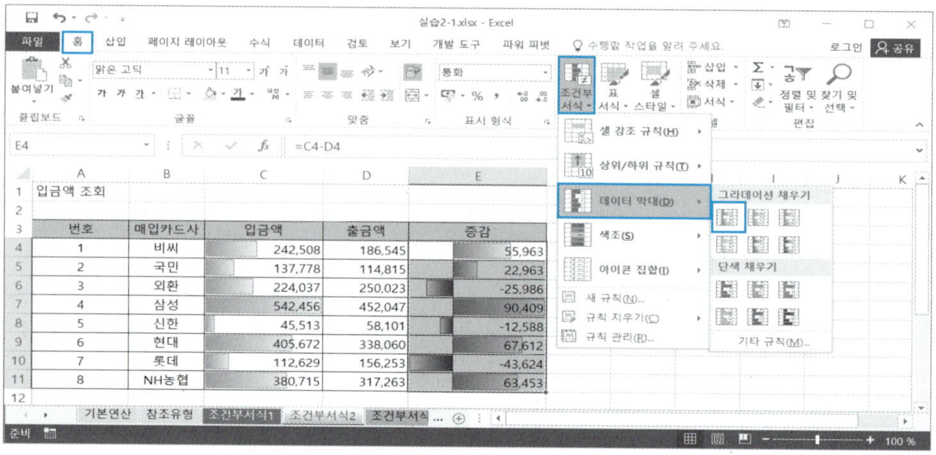

2 행 전체에 조건부 서식 적용하기

행 전체에 조건부 서식을 적용하려면 수식을 사용한다. 이때 수식은 반드시 '='으로 시작하고 셀 참조 유형은 열 고정 혼합 참조로 한다. 조건부 서식 적용 범위는 필드명을 제외한 데이터 전체를 지정한다.

예제 수식을 이용하여 판매수량이 20 이하인 행 전체에 글꼴 파랑 적용하기 『=$G5<=20』

① **[조건부 서식 3]** 시트에서 행 전체에 조건부 서식을 적용하기 위해 필드명을 제외한 [B5:J12] 영역을 블록 설정한 후 [홈] 탭 -[스타일] 그룹에서 [조건부 서식]-[새 규칙]을 클릭한다.

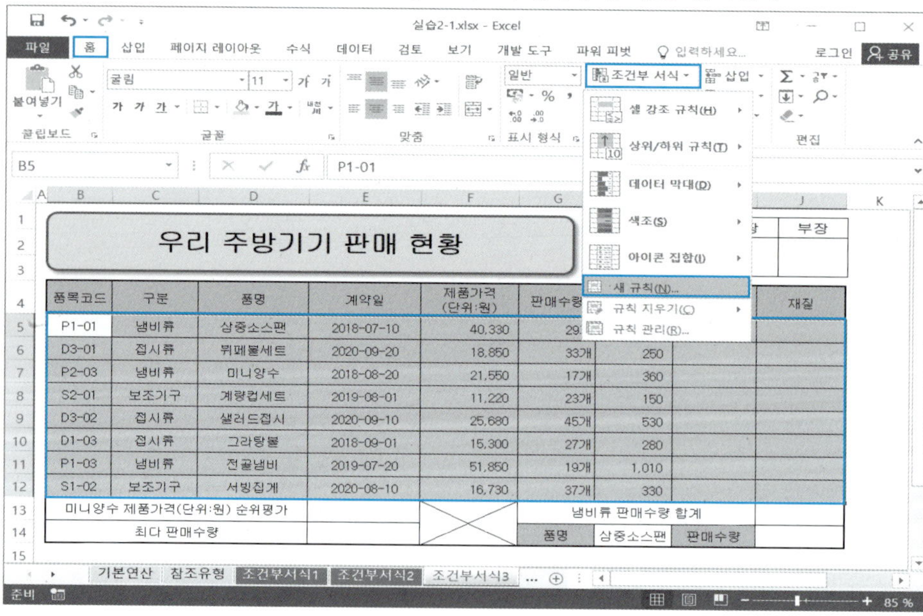

② [새 서식 규칙] 대화상자에서 '**수식을 사용하여 서식을 지정할 셀 결정**'을 클릭하고 수식 입력란에 **[G5]** 셀을 지정한 후 F4키를 두 번 눌러 '$G5'의 열 고정 혼합 참조로 변경하고 '**<=20**'을 입력하여 수식 『**=$G5<=20**』이 완성되면 [서식]을 클릭한다.

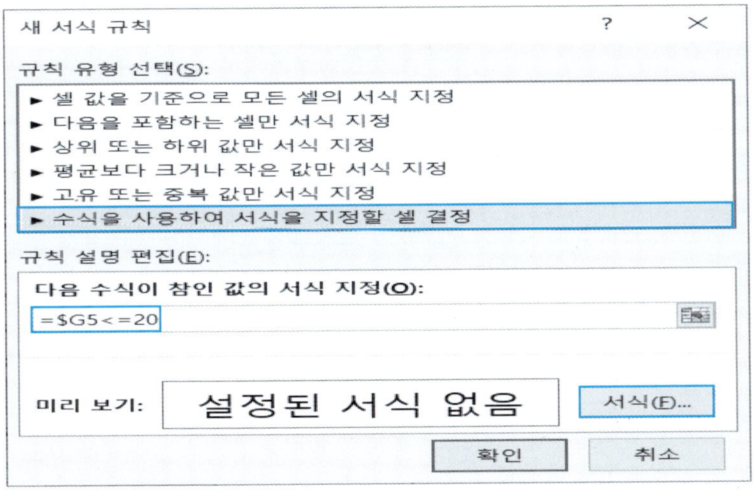

③ [셀 서식] 대화상자의 [글꼴] 탭에서 [색]의 목록 단추 ▾을 클릭한 후 '**파랑**'을 선택하고 [확인]을 클릭한다.

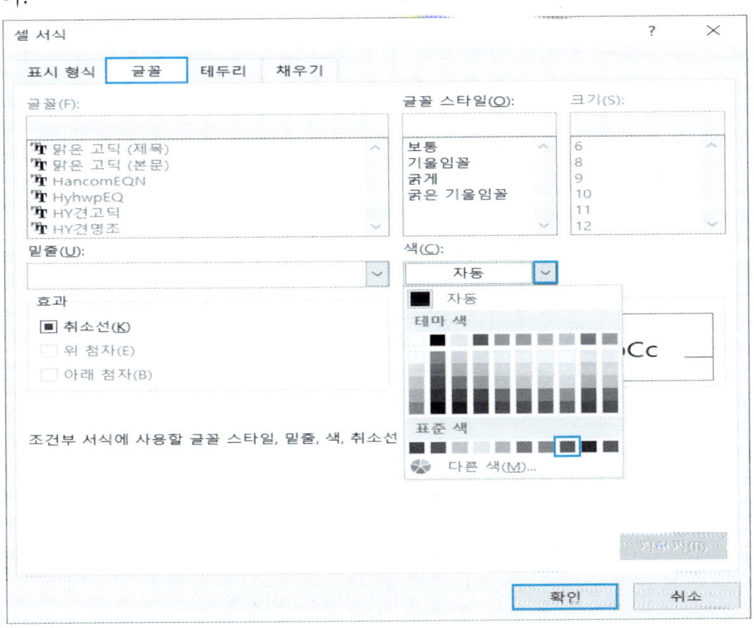

④ [새 서식 규칙] 대화상자로 돌아와서 [확인]을 클릭하면 **판매수량이 20 이하인** 7행과 11행의 **행 전체**에 글꼴 색 **파랑**이 적용되었다.

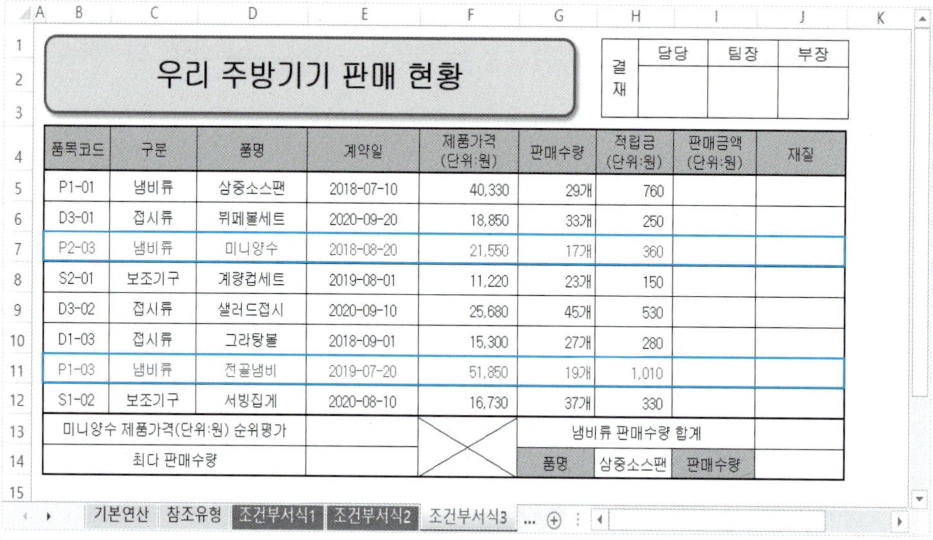

우리 주방기기 판매 현황

결재	담당	팀장	부장

품목코드	구분	품명	계약일	제품가격 (단위:원)	판매수량	적립금 (단위:원)	판매금액 (단위:원)	재질
P1-01	냄비류	삼중소스팬	2018-07-10	40,330	29개	760		
D3-01	접시류	뷔페볼세트	2020-09-20	18,850	33개	250		
P2-03	냄비류	미니양수	2018-08-20	21,550	17개	360		
S2-01	보조기구	계량컵세트	2019-08-01	11,220	23개	150		
D3-02	접시류	샐러드접시	2020-09-10	25,680	45개	530		
D1-03	접시류	그라탕볼	2018-09-01	15,300	27개	280		
P1-03	냄비류	전골냄비	2019-07-20	51,850	19개	1,010		
S1-02	보조기구	서빙집게	2020-08-10	16,730	37개	330		
미니양수 제품가격(단위:원) 순위평가					냄비류 판매수량 합계			
최다 판매수량					품명	삼중소스팬	판매수량	

Section 03 함수 다루기

엑셀에서 제공하는 함수의 구조와 입력 방법, 그리고 일반적으로 자주 사용되는 통계함수, 수학/삼각함수, 논리함수, 날자/시간 함수, 찾기/참조함수를 알아보자.

- **함수 구조**

=함수명(인수1, 인수2, …)

등호(=) : 함수명 앞에 입력한다.
함수명 : 특정한 작업을 수행하는 기능을 가진 것으로 서로 구별되는 이름이다.
괄호 : 함수명 다음에 위치하며 인수가 괄호 안에 들어간다.
인수 : 계산을 위해 사용되는 값이다.

- **다양한 함수 입력 방법**

방법(1) 함수명을 직접 입력한 후 Ctrl+A을 누르고, [함수 인수] 대화상자를 이용한다.

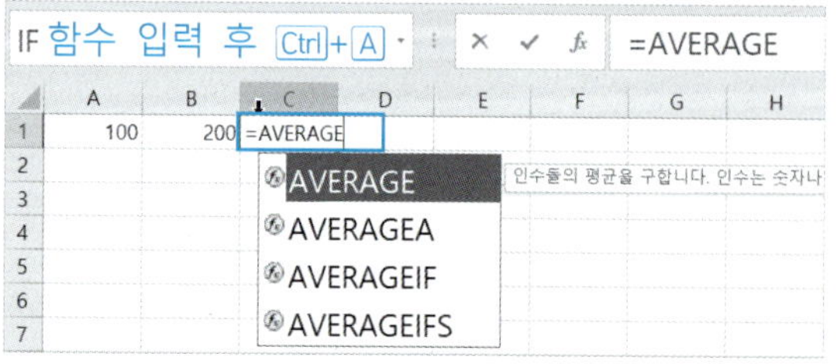

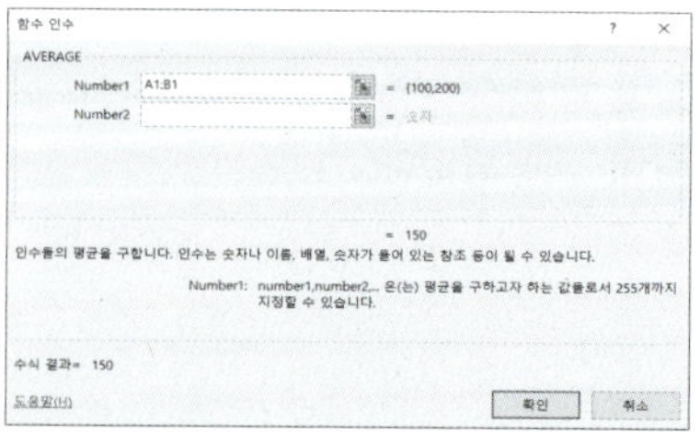

방법(2) 함수 마법사를 사용한다(수식 입력줄의 [함수 삽입](fx)을 클릭 또는 Shift+F3).

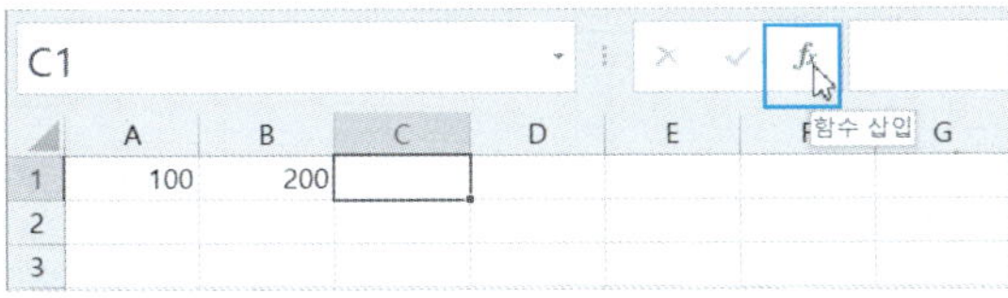

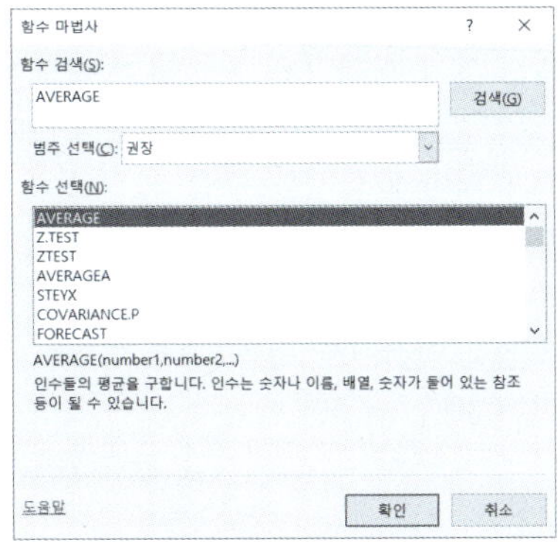

방법(3) 함수를 직접 입력하여 함수식을 완성한다(함수 스크린 팁 활용).

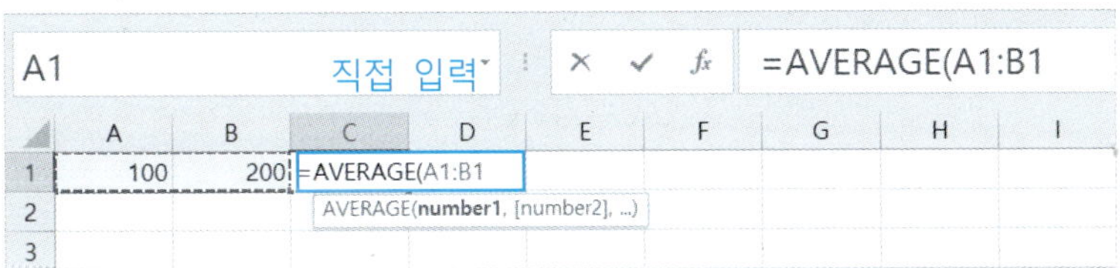

예제 **'실습2-2.xlsx' 파일을 열어서 다음의 함수를 실습해 본다.**

1 날짜와 시간 함수

1) NOW() : 현재 시스템의 날짜와 시간을 구함
- 괄호 안에 인수가 없음
- =NOW() → 2023-09-21 15:33
- 현재 시간을 표시하는 바로 가기 키 : <Ctrl>+<Shift>+<;>

2) TODAY() : 현재 시스템의 날짜를 구함
- 괄호 안에 인수가 없음
- =TODAY() → 2023-09-21
- 현재 날짜를 표시하는 바로 가기 키 : <Ctrl>+<;>

3) YEAR(날짜) : 날짜에서 연도를 구함
- =YEAR("2023-09-21") → 2023

4) MONTH(날짜) : 날짜에서 월을 구함
- =MONTH("2023-09-21") → 9

5) DAY(날짜) : 날짜에서 일을 구함
- =DAY("2023-09-21") → 21

6) DATE(년,월,일) : 년, 월, 일을 조합하여 날짜를 구함(날짜 일련번호)

- =DATE(2023,09,21) → 2023-09-21(날짜 일련번호 : 45190)
- 날짜 일련번호는 1900-1-1을 1로 하면 하루가 지날 때마다 1씩 증가

7) HOUR(시간) : 시간에서 시를 구함

- =HOUR("15:30") → 15

8) MINUTE(시간) : 시간에서 분을 구함

- =MINUE("15:30") → 30

9) SECOND(시간) : 시간에서 초를 구함

- =SECOND("15:30:45") → 45

10) TIME(시,분,초) : 시, 분, 초를 조합하여 시간을 구함

- =TIME(15,30,45) → 3:30 PM
- 시간은 낮 12시가 숫자로 0.5

11) WEEKDAY(날짜,옵션) : 날짜의 요일 번호를 구함

- =WEEKDAY(날짜,**1**) : 1(일요일), 2(월요일) ~ 7(토요일)
- =WEEDDAY(날짜,**2**) : 1(월요일), 2(화요일) ~ 7(일요일)
- =WEEKDAY("2023-09-21",1) → 5 (목요일)
- =WEEKDAY("2023-09-21",2) → 4 (목요일)

12) DAYS(종료일,시작일) : 종료일에서 시작일을 뺀 일수를 구함

- =DAYS("2023-05-25","2023-05-05") → 20

13) EDATE(날짜,K) : 날짜의 월에 K를 더한 날짜를 구함

- =EDATE("2023-05-025",4) → 2023-09-25

14) EOMONTH(날짜,K) : 날짜의 월에 K를 더한 달의 마지막 날짜를 구함

- =EOMONTH("2023-05-25",4) → 2023-09-30

2 텍스트 함수

1) LEFT(텍스트,K) : 텍스트의 왼쪽에서 K 번째까지 구함

- =LEFT("home cooking!",2) → ho

2) RIGHT(텍스트,K) : 텍스트의 오른쪽에서 K개 문자를 구함

- =RIGHT("home cooking!",5) → king!

3) MID(텍스트,시작위치,K) : 텍스트를 시작 위치에서 K개 문자를 구함

- =MID("home cooking!",8,2) → ok

4) LEN(텍스트) : 텍스트의 길이를 숫자로 구함

- =LEN("home cooking!") → 13
- 공백이나 특수문자도 모두 한 글자로 인식

5) UPPER(텍스트) : 텍스트(영어)를 대문자로 변환

- =UPPER("home cooking!") → HOME COOKING!

6) LOWER(텍스트) : 텍스트(영어)를 소문자로 변환

- =LOWER("HOME COOKING!") → home cooking!

7) PROPER(텍스트) : 텍스트(영어)의 첫 글자만 대문자로 변환

- =PROPER("home cooking!") → Home Cooking!

8) REPLACE(텍스트, 변경할 문자 시작 위치, 변경할 문자 수(k), 변경할 새 텍스트)
  : 텍스트의 특정 위치의 k개 문자를 새 텍스트로 변환

- =REPLACE("home cooking!", 1, 5, "happy") → happycooking!

9) SEARCH(찾을 문자,텍스트) : 텍스트에서 찾을 문자의 위치를 숫자로 변환(<u>대/소문자 구별하지 않음</u>)

- =SEARCH("O","home cOoking!") → 2

10) FIND("찾을 문자","텍스트") : 텍스트에서 찾을 문자의 위치를 숫자로 변환(<u>대/소문자 구별</u>)

- =FIND("O", "home cOoking!") → 7

11) TRIM(텍스트) : 텍스트의 양끝 공백을 제거하고 나머지 공백은 한 칸으로 만듦

- =TRIM(" home   cooking! ") → home cooking!

3 논리 함수

1) AND(조건1, 조건2) : 조건1과 조건2가 모두 참이면 TRUE를 표시

- =AND(30>20, 40>30) → TRUE
- =AND(30<20, 40>30) → FALSE

2) OR(조건1, 조건2) : 조건1과 조건2 중 하나라도 참이면 TRUE를 표시

- =OR(30<20, 40>30) → TRUE
- =OR(20>30, 30>40) → FALSE

3) IF(조건,참,거짓) : 조건을 만족하면 참을 실행하고, 그렇지 않으면 거짓을 실행

- =IF(80>=70, "크다", "작다") → 크다

4) IFERROR(값,오류값) : 값을 표시하되, 값에 오류가 발생하면 오류값을 표시

- =IFERROR(3*4,4*5) → 12
  : 첫 번째 인수가 정상적으로 계산이 되면 첫 번째 인수의 값을 표시

▸ =IFERROR(3/0,4*5) → 20

: 모든 수는 0으로 나눌 수 없어 #DIV/0! 오류가 발생하므로 두 번째 인수의 값을 표시

5) NOT(인수) : 인수가 TRUE이면 결과값은 FALSE를 변환하고, 인수가 FALSE이면 결과값은 TRUE로 변환

▸ =NOT(FALSE) → TRUE

▸ =NOT(10+10=20) → FALSE

▸ =NOT(20+20=50) → TRUE

4 통계 함수

1) AVERAGE(범위) : 범위 또는 인수들의 평균을 구함

▸ =AVERAGE(3, 4, 5) → 4

2) AVERAGEIF(조건범위,조건,**평균범위**)

: 조건범위에서 조건에 만족하는 값을 찾아서 평균범위에서 평균을 구함

3) AVERAGEIFS(**평균범위**,조건범위1,조건1,조건범위2,조건2,...)

: 조건범위1에서 조건1을 만족하고 조건범위2에서 조건2를 만족하는 값을 찾아서 평균범위에서 평균을 구함

【실습1】

	A	B	C	D	E	F
1	지점	제품명	판매량		판매량 평균	146
2	마포점	TV	128			
3	마포점	세탁기	112		TV 판매량 평균	142.6667
4	마포점	냉장고	137			
5	관악점	TV	168			
6	관악점	세탁기	154		관악점 TV 판매량 평균	168
7	관악점	냉장고	144			
8	노원점	TV	132			
9	노원점	세탁기	195			
10	노원점	냉장고	144			

- [F1] =AVERAGE(C2:C10) : 판매량[C2:C10]의 평균
- [F3] =AVERAGEIF(B2:B10,"TV",**C2:C10**) : 제품명[B2:B10]에서 TV를 찾아서 판매량[C2:C10]의 평균
- [F6] =AVERAGEIFS(**C2:C10**,A2:A10,"관악점",B2:B10,"TV")
  : 지점[A2:A10]이 '관악점'이면서 제품명[B2:B10]이 'TV'인 판매량[C2:C10]의 평균

4) COUNT(범위) : 범위에서 숫자(날짜, 시간 포함) 셀 개수를 구함

▸ =COUNT(3,"2023-04-04","KBS","12:30") → 3

: 'KBS'는 문자이므로 COUNT 함수가 인식하지 못함

5) COUNTA(범위) : 범위에서 빈 셀을 제외한 셀 개수를 구함(숫자, 날짜, 시간, 문자)

▸ =COUNTA(3,"2023-04-04","KBS","12:30") → 4

: 모든 데이터의 개수를 숫자로 표시

6) COUNTBLANK(범위) : 범위에서 빈 셀의 개수를 구함

7) COUNTIF(범위,조건) : 범위에서 조건을 만족하는 셀 개수를 구함

8) COUNTIFS(조건범위1,조건1,조건범위2,조건2,...)
: 조건범위1에서 조건1을 만족하고, 조건범위2에서 조건2를 만족하는 셀 개수를 구함

【실습2】

	A	B	C	D	E	F
1	지점	제품명	판매량		판매량 개수	9
2	마포점	TV	128			
3	마포점	세탁기	112		제품명 개수	9
4	마포점	냉장고	137			
5	관악점	TV	168		마포점 개수	3
6	관악점	세탁기	154			
7	관악점	냉장고	144		마포점 TV 개수	1
8	노원점	TV	132			
9	노원점	세탁기	195			
10	노원점	냉장고	144			

- [F1] =COUNT(C2:C10) : 숫자, 날짜, 시간이 입력된 셀 개수(텍스트의 개수는 셀 수 없음)
- [F3] =COUNTA(B2:B10) : 빈 셀을 제외한 셀 개수(데이터가 있는 모든 셀 개수)
- [F5] =COUNTIF(A2:A10,"마포점") : 지점[A2:A10]에서 '마포점'의 셀 개수
- [F7] =COUNTIFS(A2:A10,"마포점",B2:B10,"TV")
  : 지점[A2:A7]에서 '마포점'이면서 제품명[B2:B10]에서 "TV"인 셀 개수

9) MAX(범위) : 범위에서 최대값을 구함
- ▸ =MAX(7,6,3,9,2) → 9

10) MIN(범위) : 범위에서 최소값을 구함
- ▸ =MIN(7,6,3,9,2) → 2

11) LARGE(범위,K) : 범위에서 K 번째로 큰 값을 구함
- ▸ =LARGE(C2:C10,3) → 154

12) SMALL(범위,K) : 범위에서 K 번째로 작은 값을 구함
- ▸ =SMALL(C2:C10,3) → 132

13) RANK.EQ(기준셀,범위,옵션) : 범위 내에서 기준 셀의 크기 순위를 구함
- ▸ 옵션 : 순위를 정하는 방법
  - **0**이나 **생략** : 내림차순 순위(큰 값이 1위)
  - **0이 아닌 값** : 오름차순 순위(작은 값이 1위)
- ▸ =RANK.EQ(C2,$C$2:$C$10) → 8
- ▸ =RANK.EQ(C2,$C$2:$C$10,1) → 2

14) MODE(범위) : 범위에서 빈도수가 가장 많은 수를 구함

- =MODE(3,2,3,2,4,3) → 3

15) MEDIAN(범위) : 범위에서 중간값을 구함

- =MEDIAN(3,5,11,6,12) → 6

16) STDEV(범위) : 범위에서 표준편차를 구함

- =STDEV(8,2,13,9,12) → 4.32435...

17) VAR(범위) : 범위에서 분산을 구함

- =VAR(8,2,13,9,12) → 18.7

【실습3】

	A	B	C	D	E	F
1	지점	제품명	판매량			
2	마포점	TV	128		판매량의 최대값	195
3	마포점	세탁기	112		판매량의 최소값	112
4	마포점	냉장고	137		판매량의 3번째 큰값	154
5	관악점	TV	168		판매량의 3번째 작은값	132
6	관악점	세탁기	154		판매량에서 숫자 '154'의 순위	3
7	관악점	냉장고	144		판매량에서 빈도수가 많은 수	144
8	노원점	TV	132		판매량의 중간값	144
9	노원점	세탁기	195		판매량의 표준편차	24.27447219
10	노원점	냉장고	144		판매량의 분산	589.25

- [F2] =MAX(C2:C10) : 판매량[C2:C10]에서 최대값
- [F3] =MIN(C2:C10) : 판매량[C2:C10]에서 최소값
- [F4] =LARGE(C2:C10,3) : 판매량[C2:C10]에서 3번째로 큰 값
- [F5] =SMALL(C2:C10,3) : 판매량[C2:C10]에서 3번째로 작은 값
- [F6] =RANK.EQ(154,C2:C10) : 판매량[C2:C10]에서 숫자 '154'의 내림차순 순위
- [F7] =MODE(C2:C10) : 판매량[C2:C10]에서 빈도수가 많은 값
- [F8] =MEDIAN(C2:C10) : 판매량[C2:C10]에서 중간값
- [F9] =STDEV(C2:C10) : 판매량[C2:C10]에서 표준편차
- [F10] =VAR(C2:C10) : 판매량[C2:C10]에서 분산

5 수학과 삼각함수

1) ABS(숫자) : 숫자의 절대값을 구함

- =ABS(-7) → 7
- =ABS(7) → 7

2) INT(실수) : 실수를 가장 낮은 정수를 구함

- =INT(7.9) → 7
- =INT(-7.9) → -8

3) MOD(숫자,K) : 숫자를 K로 나눈 나머지를 구함

- =MOD(12,5) → 2

4) POWER(숫자,K) : 숫자를 K만큼 거듭제곱해서 구함

- =POWER(3,2) → 9 : 3의 2승 값

5) ROUND(숫자,자릿수) : 숫자를 반올림하여 자릿수까지 구함

> • ROUND/ROUNDUP/ROUNDDOWN 함수(반올림 / 올림 / 내림)
>
> · 숫 자　1 2 3 4 . 5 6 7
>
> 자릿수　-3 -2 -1 0　1 2 3
>
> 정수자리　소수자리
>
> · 소수자리: 지정된 자릿수 아래 자릿수를 반올림/올림/내림하여 지정된 소수 자리까지 표시
>
> · 정수자리: 지정된 자릿수 아래 자릿수를 반올림/올림/내림하여 지정된 자리에 표시하고 나머지 자리는 자릿수 개수만큼 0으로 표시

- =ROUND(1728.1728,3) → 1728.173

: 자릿수가 3이므로 소수 네 번째 자리에서 반올림하여 소수 세 번째 자리까지 표시

- =ROUND(1728.1728,0) → 1728

: 자릿수가 0이므로 소수 첫 번째 자리에서 반올림하여 정수로 표시

- =ROUND(1728.1728,-1) →1730

: 자릿수가 -1이므로 일의 자리에서 반올림하여 십의 자리까지 표시

6) ROUNDUP(숫자,자릿수) : 숫자를 올림하여 자릿수까지 구함

- =ROUNDUP(1728.1728,2) → 1728.18

: 자릿수가 2이므로 소수 세 번째 자리에서 올림하여 소수 두 번째 자리까지 표시

- =ROUNDUP(1728.1728,0) → 1729

: 자릿수가 0이므로 소수 첫 번째 자리에서 올림하여 정수로 표시

- =ROUNDUP(1728.1728,-2) →1800

: 자릿수가 -2이므로 십의 자리에서 올림하여 백의 자리까지 표시

7) ROUNDDOWN(숫자,자릿수) : 숫자를 내림하여 자릿수까지 구함

- =ROUNDDOWN(1728.1728,3) → 1728.172

: 자릿수가 3이므로 소수 네 번째 자리에서 내림하여 소수 세번째 자리까지 표시

- =ROUNDDOWN(1728.1728,0) → 1728

: 자릿수가 0이므로 소수 첫 번째 자리에서 내림하여 정수로 표시

- =ROUNDDOWN(1728.1728,-1) →1720

: 자릿수가 -1이므로 일의 자리에서 내림하여 십의 자리까지 표시

8) SUM(범위) : 범위 또는 인수들의 합계를 구함

- =SUM(3,4,5) → 12

9) SUMIF(조건범위,조건,**합계범위**)
 : 조건범위에서 조건에 만족하는 값을 찾아서 합계범위의 합계를 구함

10) SUMIFS(**합계범위**,조건범위1,조건1,조건범위2,조건2...)
 : 조건 범위1에서 조건1을 만족하고 조건 범위2에서 조건2를 만족하는 값을 찾아서 합계범위의 합계를 구함

6 데이터베이스 함수

1) DSUM(데이터베이스,계산필드,조건) : 조건을 만족하는 데이터베이스의 계산필드에서 합을 구함

2) DAVERAGE(데이터베이스,계산필드,조건) : 조건을 만족하는 데이터베이스의 계산필드에서 평균을 구함

3) DMAX(데이터베이스,계산필드,조건) : 조건을 만족하는 데이터베이스의 계산필드에서 최대값을 구함

4) DMIN(데이터베이스,계산필드,조건) : 조건을 만족하는 데이터베이스의 계산필드에서 최소값을 구함

5) DCOUNT(데이터베이스,계산필드,조건) : 조건을 만족하는 데이터베이스의 계산필드에서 숫자 셀의 개수를 구함(계산필드명 아래 데이터가 숫자, 날짜, 시간만 인식하고 문자는 인식하지 못함)

6) DCOUNTA(데이터베이스,계산필드,조건) : 조건을 만족하는 데이터베이스의 계산필드에서 비어 있지 않은 셀의 개수를 구함(계산필드명 아래 데이터가 숫자, 날짜, 시간, 문자 모두 인식)

【실습4】

	A	B	C	D	E	F	G
1	이름	성별	국어	영어			
2	이민영	여	82	94			
3	도홍진	남	63	83		여자들의 국어점수	
4	박수진	여	76	86		합	231
5	최만수	남	62	88		평균	77
6	조용덕	남	92	96		최대값	82
7	김태훈	남	85	80		최소값	73
8	편승주	남	62	77		여자의 수	3
9	곽나래	여	73	68		여자의 수	3

- [G4] =DSUM(A1:D9,C1,B1:B2)
 : [A1:D9]에서 성별이 '여' [B1:B2]인 데이터의 국어[C1] 점수의 합계
 계산필드 C1 위치에 열번호 3, 필드명 "국어" 가능
 =DSUM(A1:D9,**C1**,B1:B2)
 =DSUM(A1:D9,**3**,B1:B2)
 =DSUM(A1:D9,**"국어"**,B1:B2)
- [G5] =DAVERAGE(A1:D9,C1,B1:B2) : [A1:D9]에서 성별이 '여' [B1:B2]인 데이터의 국어[C1] 점수 평균
- [G6] =DMAX(A1:D9,C1,B1:B2) : [A1:D9]에서 성별이 '여' [B1:B2]인 데이터의 국어[C1] 점수 최대값
- [G7] =DMIN(A1:D9,C1,B1:B2) : [A1:D9]에서 성별이 '여' [B1:B2]인 데이터의 국어[C1] 점수 최소값

- [G8] =DCOUNT(A1:D9,C1,B1:B2) : [A1:D9]에서 성별이 '여' [B1:B2]인 데이터의 개수
  계산필드 C1 또는 D1 만 가능(숫자필드)
  =DCOUNT(A1:D9,**C1**,B1:B2) 또는 =DCOUNT(A1:D9,**D1**,B1:B2)
- [G9] =DCOUNTA(A1:D9,C1,B1:B2) : [A1:D9]에서 성별이 '여' [B1:B2]인 데이터의 개수
  계산필드 A1, B1, C1, D1 가능(숫자 필드, 문자 필드 모두)
  =DCOUNTA(A1:D9,**C1**,B1:B2) =DCOUNTA(A1:D9,**A1**,B1:B2)
  =DCOUNTA(A1:D9,**B1**,B1:B2) =DCOUNTA(A1:D9,**D1**,B1:B2)

7 찾기와 참조함수

1) CHOOSE(K,인수1,인수2,인수3,...)
   : K값이 1이면 '인수1', K값이 2이면 '인수2', K값이 3이면 '인수3'을 표시(K에 따라 뒤에 인수들이 결정)
   ▸ =CHOOSE(2,"금","은","동") → 은

2) VLOOKUP(찾을값,참조범위,열번호,옵션)
   : 찾을 값을 참조 범위의 1열에서 찾아 열 번호에 해당하는 셀의 값을 표시
   ▸ 옵션 : 참조범위의 1열에서 값을 찾는 방법
     - **0(FALSE)** : 정확히 일치하는 값
     - **1(TRUE)** 또는 **생략** : 근사값(찾을 값보다 작거나 같은 값 중 가장 큰 값을 찾음)
       참조범위의 첫 번째 열은 반드시 오름차순으로 정렬되어야 함

3) HLOOKUP(찾을값,참조범위,행번호,옵션)
   : 찾을 값을 참조 범위의 1행에서 찾아 행 번호에 해당하는 셀의 값을 표시
   ▸ 옵션 : 참조범위의 1행에서 값을 찾는 방법
     - **0(FALSE)** : 정확히 일치하는 값
     - **1(TRUE)** 또는 **생략** : 근사값(찾을 값보다 작거나 같은 값 중 가장 큰 값을 찾음)
       참조범위의 1행은 오름차순으로 정렬되어야 함

【실습5】

	A	B	C	D	E	F	G	H
1	[표1]					[표2]		
2	고객명	제품명	판매단가	할인가		제품명	판매단가	
3	이정민	냉장고	2,100,000	1,680,000		TV	1,500,000	
4	정다경	TV	1,500,000	1,350,000		냉장고	2,100,000	
5	김나희	냉장고	2,100,000	1,680,000				
6	안유진	냉장고	2,100,000	1,680,000		[표3]		
7	윤상현	TV	1,500,000	1,350,000		제품명	TV	냉장고
8	전준성	TV	1,500,000	1,350,000		할인가	1,350,000	1,680,000

예) [표1]의 제품명[B3:B8]에 해당하는 판매단가[C3:C8]를 [표2]에서 찾아 표시하시오.

- [C3] : =VLOOKUP(B3,$F$3:$G$4,2,0)
  - 찾을 값 [B3] 셀이 문자로 정확하게 일치하는 값을 찾기에 옵션에 0을 입력
  - 자동 채우기 할 때 참조범위 [$F$3:$G$4]는 절대 참조
  - 참조범위에서 판매단가가 두 번째 열에 있으므로 열 번호는 2
  - [C8] 셀까지 자동 채우기

예) [표1]의 제품명[B3:B8]에 해당하는 할인가[D3:D8]를 [표3]에서 찾아 표시하시오.

- [D3] : =HLOOKUP(B3,$G$7:$H$8,2,0)
  - 찾을 값 [B3] 셀이 문자로 정확하게 일치하는 값을 찾기에 옵션에 0을 입력
  - 자동 채우기 할 때 참조범위 [$G$7:$H$8]는 절대참조
  - 참조범위에서 할인가가 두 번째 행에 있어 행 번호는 2
  - [D8] 셀까지 자동 채우기

4) MATCH(찾을값,범위,옵션)

: 범위에서 찾을 값이 몇 번째 행 또는 몇 번째 열에 있는지 위치를 숫자 값으로 표시

▸ 옵션 : 범위에서 값을 찾는 방법(**0** 정확히 일치하는 값, **1** 근사값, **-1** 보다 큰 값)

5) INDEX(범위,행번호,열번호) : 범위 안에서 행 번호와 열 번호에 해당하는 값을 표시

【실습6】

	A	B	C	D	E	F
1	[표1]					
2	이름	나이	나이 (행번호)	수강과목	과목 (열번호)	가산점
3	이정민	25	2	컴활2급	1	110
4	정다경	31	3	컴활2급	1	120
5	김나희	13	1	ITQ엑셀	2	130
6	안유진	16	1	ITQ엑셀	2	130
7	윤상현	22	2	ITQ엑셀	2	140
8	전준성	33	3	컴활2급	1	120
9						
10	[가산점]					
11	나이	컴활2급	ITQ엑셀			
12	10	100	130			
13	20	110	140			
14	30	120	150			

예) [표1]의 나이[B3:B8]에 해당하는 행 번호를 [가산점]의 [A12:A14]에서 찾아 [C3:C8] 영역에 표시하시오.

- [C3] =MATCH(B3,$A$12:$A$14,1) → 2
  - [A12:A14] 영역에서 [B3] 셀 값의 근사값(1)을 찾아 몇 번째에 있는지 위치를 표시
  - [C8] 셀까지 자동 채우기

예) [표1]의 수강과목에 해당하는 열 번호를 [B11:C11] 영역에서 찾아 [E3:E8] 영역에 표시하시오.

- [E3] =MATCH(D3,$B$11:$C$11,0) → 1
  - [B11:C11] 영역에서 [D3] 셀 값과 정확하게 일치하는 값(0)을 찾아 몇 번째에 있는지 위치를 표시
  - [E8] 셀까지 자동 채우기

예) [가산점] 표의 [B12:D14] 영역의 값을 [표1]의 나이(행번호)[C3:C8]와 과목(열번호)[E3:E8]을 이용하여 가산점 [F3:F8] 영역에 표시하시오.

- [F3] =INDEX($B$12:$C$14,C3,E3) → 110 또는
  =INDEX($B$12:$C$14,MATCH(B3,$A$12:$A$14,1),MATCH(D3,$B$11:$C$11,0)) → 110
  - 범위 [$B$12:$C$14]에서 행 번호 [C3] → 2와 열 번호 [E3] → 1 즉, 2행 1열에 해당하는 값 '110'을 표시
  - [F8] 셀까지 자동 채우기

Section 04 함수 활용 I

함수의 기본개념과 기능을 알고 논리, 찾기/참조, 통계, 텍스트, 수학/삼각, 데이터베이스, 날짜/시간 등과 같은 함수를 업무에 즉시 활용할 수 있도록 실무 활용 예제로 학습한다.

사원들의 정보에서 주민등록번호를 이용하여【출력 형태】와 같이 사원들의 성별, 생년월일, 나이, 재직기간을 구하여 **사원명부**를 작성해 보자.

【출력 형태】

	G	H	I	J	K	L	M	N
1								
2		사원 명부						
3	입사일자	주민등록번호	성별	생년월일	나이	재직년수	재직개월수	재직일수
4	2009-04-04	840301-1******	남자	1984-03-01	38	12	154	4695
5	2020-09-01	991123-1******	남자	1999-11-23	23	1	17	527
6	2010-04-04	850602-1******	남자	1985-06-02	37	11	142	4330
7	2021-01-02	010228-4******	여자	2001-02-28	21	1	13	404
8	2012-04-04	871104-1******	남자	1987-11-04	35	9	118	3599
9	2022-01-02	020304-4******	여자	2002-03-04	20	0	1	39
10	2015-04-04	871010-1******	남자	1987-10-10	35	6	82	2504
11	2018-05-07	930203-1******	남자	1993-02-03	29	3	45	1375
12	1980-10-20	670708-1******	남자	1967-07-08	55	41	495	15088
13	2005-11-04	810921-2******	여자	1981-09-21	41	16	195	5942
14								

사원명부

- **주민등록번호 구성**

  주민등록번호는 총 14자리로 구성되어 있다. 주민등록번호의 앞에서부터 두 자리씩 출생연도(자릿수 1, 2), 월(자릿수 3, 4), 일(자릿수 5, 6)을 나타낸다. '-' 이후에 오는 첫 글자(자릿수 8)는 성별로 1, 2는 1900년대 출생자이고 3, 4는 2000년대 출생자이다. 따라서 남자는 1 또는 3, 여자는 2 또는 4로 표시된다.

자릿수	1	2	3	4	5	6	7	8	9	10	11	12	13	14
1900년대	8	4	0	3	0	1	-	1	2	6	3	0	1	0
	8	1	0	9	2	1	-	2	5	6	4	7	7	9
2000년대	0	0	0	2	2	8	-	3	1	5	2	3	5	6
	0	2	0	3	0	4	-	4	1	2	3	4	5	4
자릿수 의미	년도		월		일			남	1900년대 출생 남자 1, 여자 2					
								여	2000년대 출생 남자 3, 여자 4					

1 주민등록번호 뒷자리 숨기기(REPLACE)

① **'실습2-3.xlsx'** 파일을 열고, [O4] 셀에 함수식 『=REPLACE(H4,9,6,"******")』를 입력하고 Enter을 누른다.

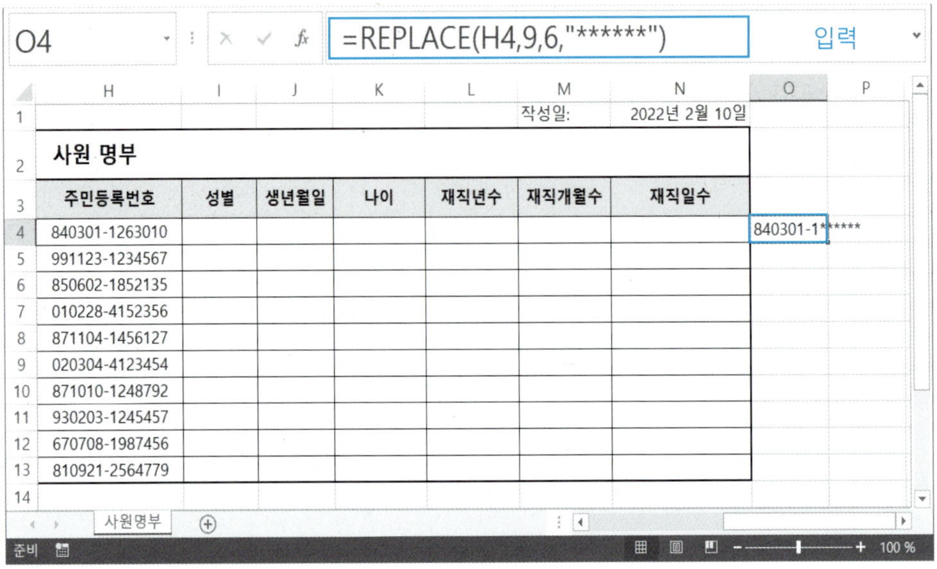

=REPLACE(H4, 9, 6, "******")

[H4] 셀에 입력된 텍스트 '840301-1263010'의 9번째부터 6개 문자 '263010'을 '******'로 변경되어 '840301-1******'로 표시된다.

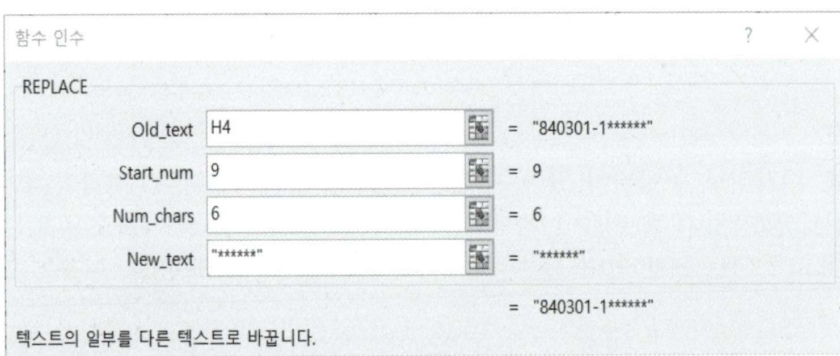

- **REPLACE(원본 텍스트, 변경할 문자 시작위치, 변경할 문자 수, 변경할 새 텍스트)** 함수
: 원본 텍스트의 특정 위치의 문자를 새 텍스트로 변경

② 오기쁨의 주민등록번호 뒷자리에 '******'가 표시되면 [O4] 셀의 자동 채우기 핸들을 더블 클릭하여 나머지 셀에도 함수식을 복사한다. [O4:O13]이 블록 지정된 상태에서 Ctrl+C을 누른다.

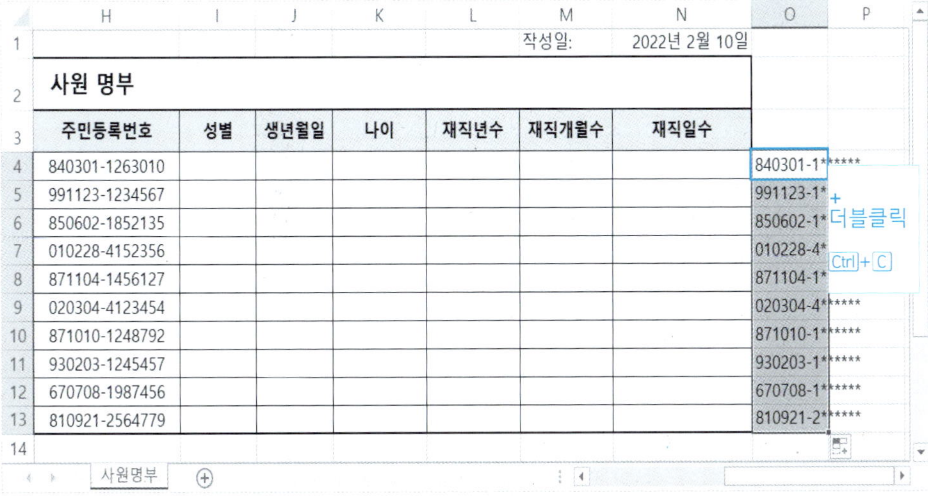

③ [H4] 셀을 클릭하고 마우스 오른쪽 단추를 눌러 [붙여넣기 옵션]에서 [값]( )을 선택하면 값만 붙여넣기 되어 주민등록번호 뒷자리가 '******'로 표시된다.

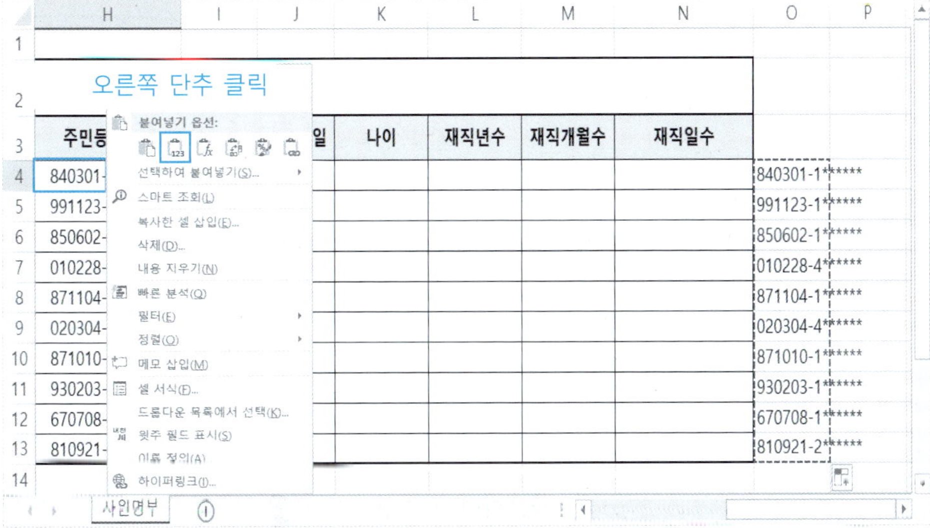

2 주민등록번호로 성별 구하기(IF, ISODD, MID)

- [I4] 셀을 클릭하고 함수식 『=IF(ISODD(MID(H4,8,1)),"남자","여자"))』 을 입력한 후 Enter↵를 누르고 [I13] 셀까지 드래그하여 자동 채우기 한다.

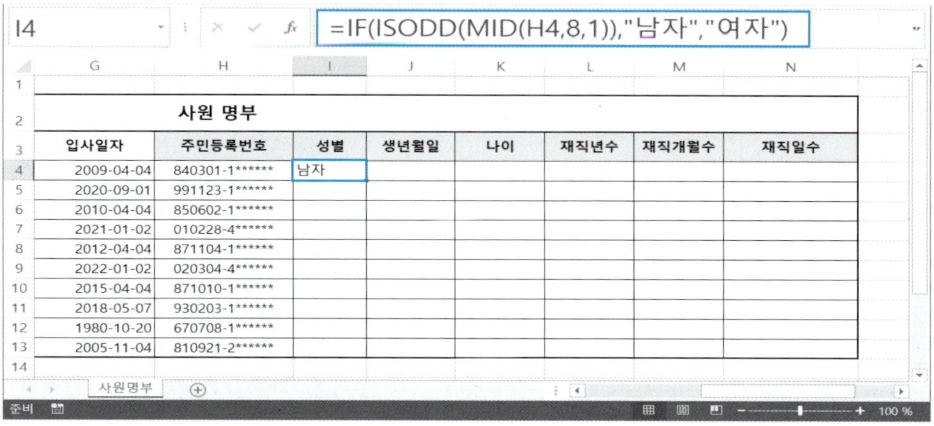

I4 =IF(ISODD(MID(H4,8,1)),"남자","여자")

사원 명부

입사일자	주민등록번호	성별	생년월일	나이	재직년수	재직개월수	재직일수
2009-04-04	840301-1******	남자					
2020-09-01	991123-1******						
2010-04-04	850602-1******						
2021-01-02	010228-4******						
2012-04-04	871104-1******						
2022-01-02	020304-4******						
2015-04-04	871010-1******						
2018-05-07	930203-1******						
1980-10-20	670708-1******						
2005-11-04	810921-2******						

§ 주민등록번호 8번째 문자 1개 추출

=MID(H4, 8, 1)
H4 셀에 입력된 주민등록번호(840301-1******)에서 8번째부터 1개의 문자를 표시 → 1
• MID(텍스트, 시작 위치, k) : 텍스트를 시작 위치에서 k개 추출하여 표시

§ 성별 표시

=IF(ISODD(MID(H4, 8, 1)), "남자", "여자")

주민등록번호의 8번째 문자는 성별를 나타내며 1, 2, 3, 4로 표시된다. ISODD 함수를 이용하여 성별 값이 홀수(1,3)이면 "남자"를, 아니면 "여자"를 표시한다.
성별 항목의 값이 1로 홀수이므로 "남자"를 표시 → 남자

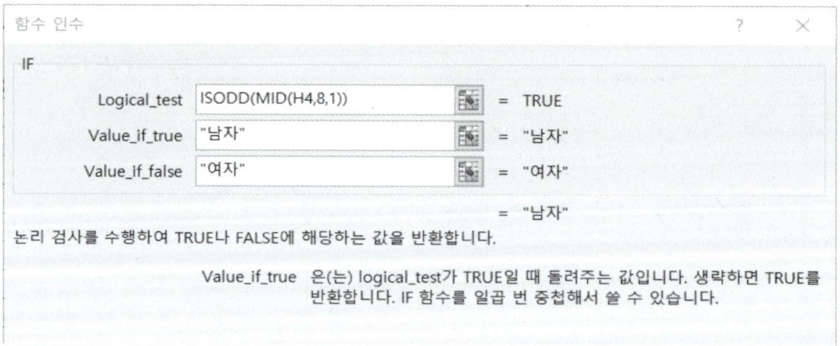

- IF(조건, 참, 거짓) : 조건을 만족하면 참, 그렇지 않으면 거짓을 실행
- ISODD (대상 또는 숫자) : 홀수이면 TRUE
- ISEVEN(대상 또는 숫자) : 짝수이면 TRUE

3 주민등록번호로 생년월일 구하기(IF, DATE, LEFT, MID)

• [J3] 셀을 클릭하고 생년월일 함수식을 입력하고 Enter↵를 누르고 [J13] 셀까지 자동 채우기 한다.

J4 =IF(MID(H4,8,1)<="2", DATE(LEFT(H4,2), MID(H4,3,2), MID(H4,5,2)), DATE(LEFT(H4,2)+2000, MID(H4,3,2), MID(H4,5,2)))

사원 명부

입사일자	주민등록번호	성별	생년월일	나이	재직년수	재직개월수	재직일수
2009-04-04	840301-1******	남자	1984-03-01				
2020-09-01	991123-1******	남자					
2010-04-04	850602-1******	남자					
2021-01-02	010228-4******	여자					
2012-04-04	871104-1******	남자					
2022-01-02	020304-4******	여자					
2015-04-04	871010-1******	남자					
2018-05-07	930203-1******	남자					
1980-10-20	670708-1******	남자					
2005-11-04	810921-2******	여자					

§ 주민등록번호에서 생년월일 구하기

=DATE(LEFT(H4,2), MID(H4,3,2), MID(H4,5,2))

주민등록번호 [H4] 셀에서 앞 2글자 연도를 LEFT() 함수를 이용하고, 다음 3번째부터 2글자 월과 5번째부터 2글자 일은 MID() 함수를 이용하여 추출한다.

→ DATE(84, 03, 01) → 1984-03-01

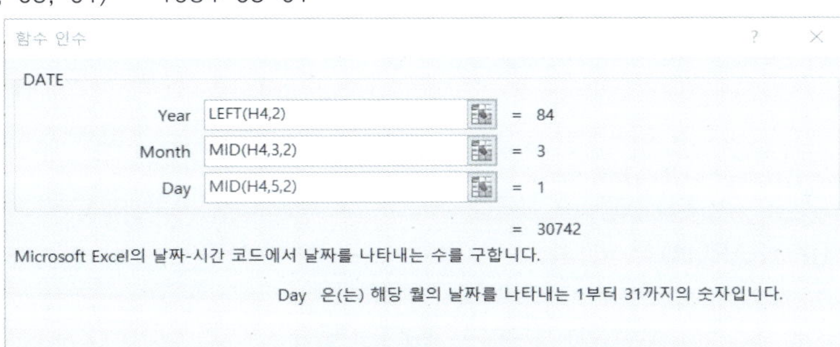

• DATE(연도, 월, 일) : 지정한 연도, 월, 일을 이용해서 날짜 형식으로 변환

§ 1900년대 출생자와 2000년대 출생자에 따른 생년월일 구하기

=IF(MID(H4,8,1)<="2", DATE(LEFT(H4,2), MID(H4,3,2), MID(H4,5,2)), DATE(LEFT(H4,2)+2000, MID(H4,3,2), MID(H4,5,2)))

1900년대 출생자의 출생연도는 주민등록번호 앞에 2자리 84를 추출하여 자동으로 1900을 더해서 1984로 표시된다, 그러나, 2000년대 이후 출생자는 주민등록번호 앞에 두 자리 01을 추출해서 자동으로 1900을 더하여 2001년 출생자는 1901년이 되므로 추출한 연도 2자리에 2000을 더해주는 과정이 필요하다.

주민등록번호에서 성별(8번째 문자)이 2 이하인 1900년대 출생자는 구한 생년월일을 그대로 표시하고, 2 이하가 아닌 2000년대 출생자는 구한 생년월일의 연도에 2000을 더해 준다.

→ 1984-03-01

4 주민등록번호로 나이 구하기 (YEAR, TODAY)

- [K4] 셀에 함수식 『=YEAR(TODAY())-YEAR(J4)』 을 입력한 후 Enter↵를 누르고 [K13] 셀까지 자동 채우기 하면 나이가 날짜 형식으로 표시된다. [K4:K13] 영역이 블록 설정된 상태에서 [홈] 탭-[표시 형식] 그룹에서 [표시 형식]의 목록 단추 ▾를 눌러 [일반]을 선택하면 나이가 숫자로 표시된다.

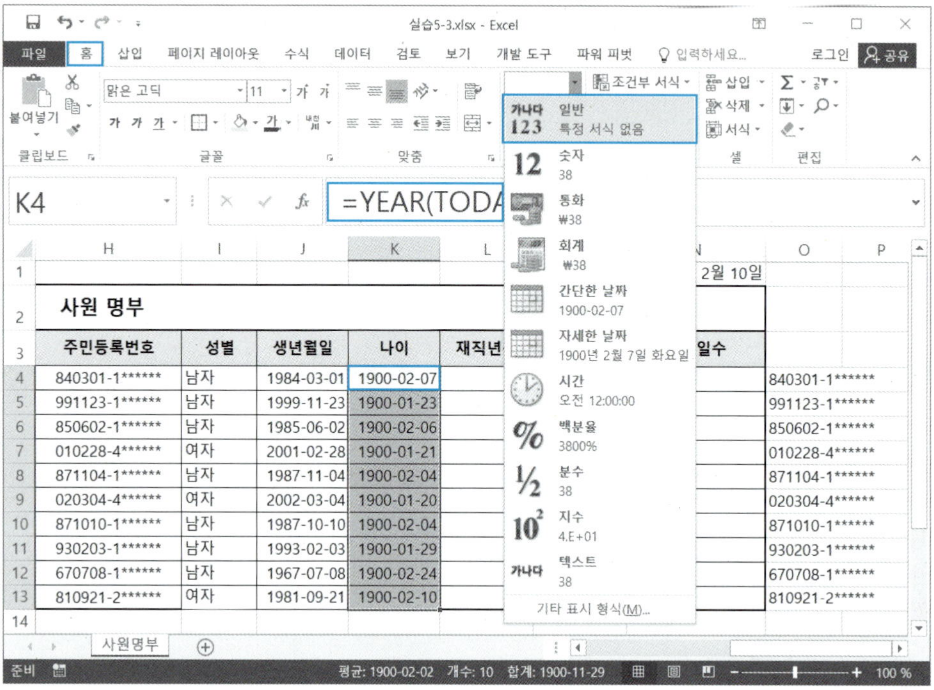

§ 나이 = 오늘 날짜에서 연도 - 생년월일에서 연도

=YEAR(TODAY())-YEAR(J4)
: 오늘 날짜에서 연도를 추출하고 생년월일에서 연도만 추출하여 빼기
• TODAY() : 현재 날짜 표시

5 입사일자로 재직기간 구하기 (DATEDIF)

- 재직년수, 재직개월수, 재직일수를 [L4], [M4], [N4] 셀에 다음의 함수식 각각 입력한 후 Enter↵를 누른다. [I4:O4]을 블록 지정하고 채우기 핸들을 [I13:O13] 영역까지 드래그하여 수식을 복사한다.
  - 재직년수 [L4] 셀 : =DATEDIF(G4,TODAY(),"Y")
  - 재직개월수 [M4] 셀 : =DATEDIF(G4,TODAY(),"M")
  - 재직일수 [N4] 셀 : =DATEDIF(G4,TODAY(),"D")

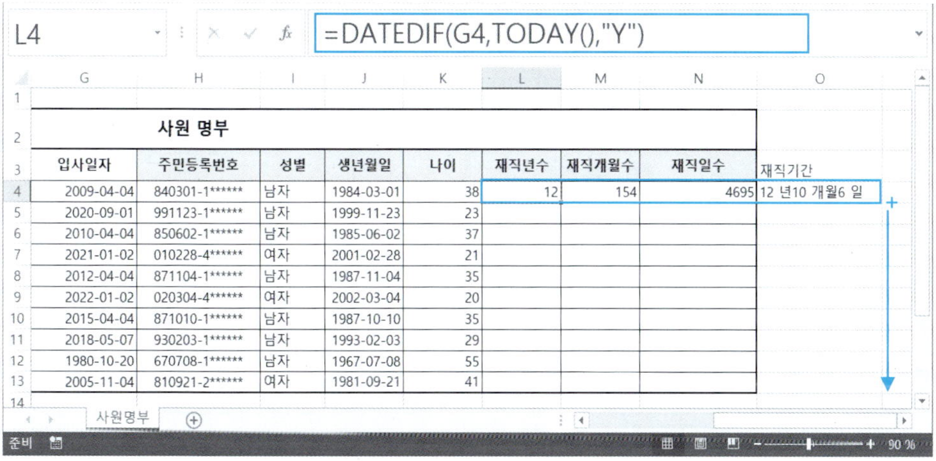
L4 =DATEDIF(G4,TODAY(),"Y")

사원 명부

입사일자	주민등록번호	성별	생년월일	나이	재직년수	재직개월수	재직일수	재직기간
2009-04-04	840301-1******	남자	1984-03-01	38	12	154	4695	12 년10 개월6 일
2020-09-01	991123-1******	남자	1999-11-23	23				
2010-04-04	850602-1******	남자	1985-06-02	37				
2021-01-02	010228-4******	여자	2001-02-28	21				
2012-04-04	871104-1******	남자	1987-11-04	35				
2022-01-02	020304-4******	여자	2002-03-04	20				
2015-04-04	871010-1******	남자	1987-10-10	35				
2018-05-07	930203-1******	남자	1993-02-03	29				
1980-10-20	670708-1******	남자	1967-07-08	55				
2005-11-04	810921-2******	여자	1981-09-21	41				

§ 두 날짜의 차이 : DATEDIF() 함수

=DATEDIF(시작날짜, 종료날짜, 옵션)
두 날짜의 차이 값을 구함 =DATEDIF(G4,TODAY(), "Y") : 총 연수 → 12 =DATEDIF(G4,TODAY(), "M") : 총 월수 → 154 =DATEDIF(G4,TODAY(), "D") : 총 일수 → 4695 =DATEDIF(G4,TODAY(), "YM") : 1년 내 월수 =DATEDIF(G4,TODAY(), "YD") : 1년 내 일수 =DATEDIF(G4,TODAY(), "MD") : 1개월 내 일수

- 재직기간 [O4] 셀에 다음의 함수식을 입력한 후 Enter↵를 누르고 [O13] 셀까지 자동 채우기 한다.

```
=   DATEDIF(G4,TODAY(),"Y")  & "년도"
  & DATEDIF(G4,TODAY(),"YM") & "개월"
  & DATEDIF(G4,TODAY(),"MD") & "일"
```

→ 12년 10개월 8일

Section 05 함수 활용 II

'**실습2-3.xlsx**' 파일에서 [**증명서**] 시트의 [C3] 셀에 사원 이름을 입력하면 [사원명부] 시트에 있는 해당 사원의 주민등록번호, 주소, 전화번호, 생년월일, 입사일자, 재직기간, 직급 등 사각 점선으로 되어 있는 정보가 자동 적용되도록 VLOOKUP() 함수를 이용하여 **재직증명서**를 작성해 보자.

【출력 형태】

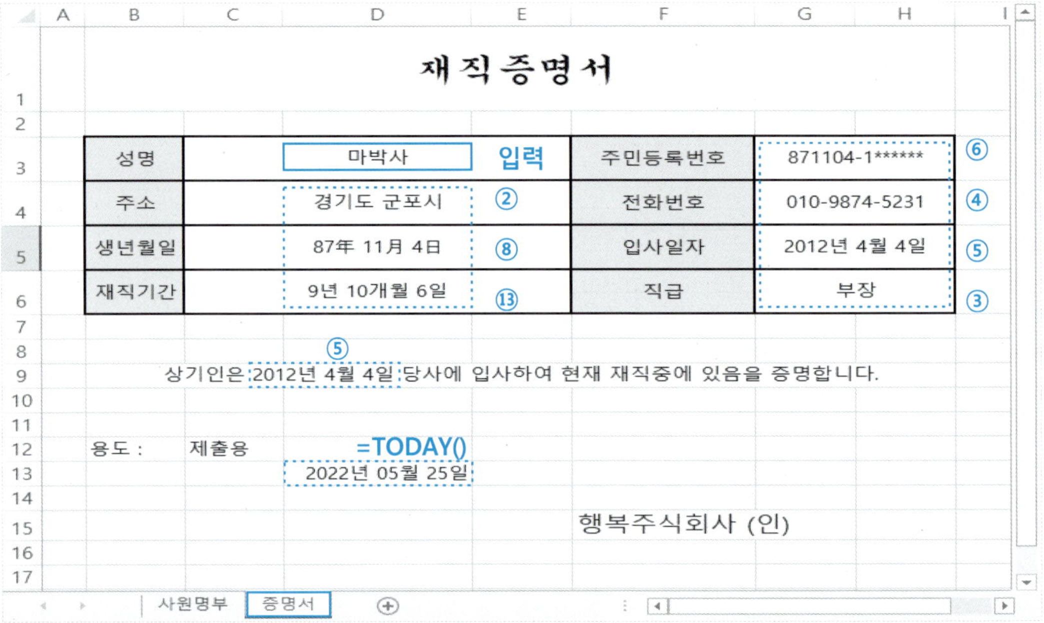

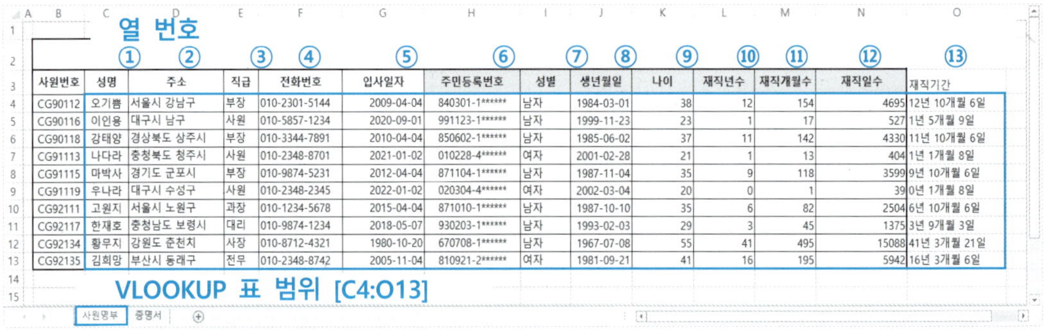

	①	②	③	④	⑤	⑥	⑦	⑧	⑨	⑩	⑪	⑫	⑬
사원번호	성명	주소	직급	전화번호	입사일자	주민등록번호	성별	생년월일	나이	재직년수	재직개월수	재직일수	재직기간
CG90112	오기쁨	서울시 강남구	부장	010-2301-5144	2009-04-04	840301-1******	남자	1984-03-01	38	12	154	4695	12년 10개월 6일
CG90116	이인용	대구시 남구	사원	010-5857-1234	2020-09-01	991123-1******	남자	1999-11-23	23	1	17	527	1년 5개월 9일
CG90118	강태양	경상북도 상주시	부장	010-3344-7891	2010-04-04	850602-1******	남자	1985-06-02	37	11	142	4330	11년 10개월 6일
CG91113	나다라	충청북도 청주시	사원	010-2348-8701	2021-01-02	010228-4******	여자	2001-02-28	21	1	13	404	1년 1개월 8일
CG91115	마박사	경기도 군포시	부장	010-9874-5231	2012-04-04	871104-1******	남자	1987-11-04	35	9	118	3599	9년 10개월 6일
CG91119	우나라	대구시 수성구	사원	010-2348-2345	2022-01-02	020304-4******	여자	2002-03-04	20	0	1	39	0년 1개월 8일
CG92111	고원지	서울시 노원구	과장	010-1234-5678	2015-04-04	871010-1******	남자	1987-10-10	35	6	82	2504	6년 10개월 6일
CG92117	한재호	충청남도 보령시	대리	010-9874-1234	2018-05-07	930203-1******	남자	1993-02-03	29	3	45	1375	3년 9개월 3일
CG92134	황무지	강원도 춘천치	사장	010-8712-4321	1980-10-20	670708-1******	남자	1967-07-08	55	41	495	15088	41년 3개월 21일
CG92135	김희망	부산시 동래구	전무	010-2348-8742	2005-11-04	810921-2******	여자	1981-09-21	41	16	195	5942	16년 3개월 6일

VLOOKUP(기준셀, 참조범위, 열 번호, 옵션)

: 기준셀에 참조되는 값을 참조범위에 있는 열 번호에서 찾아 표시

- 옵션 : 정확한 값을 찾을 때는 0(FALSE), 근삿값을 찾을 때는 1(TRUE) 또는 생략
- 근삿값 찾는 방법 : 기준셀 값보다 작거나 같은 값 중 가장 큰 값을 찾음
- 기준셀이 문자이면 정확한 값 0을 입력하고, 숫자이면 문제를 보고 0 또는 1을 입력

1 VLOOKUP() 함수를 이용한 계산(VLOOKUP)

- [증명서] 시트의 [C3] 셀에 '마박사'를 입력하고, [C4] 셀에 주소를 표시하는 함수식을 입력한다.

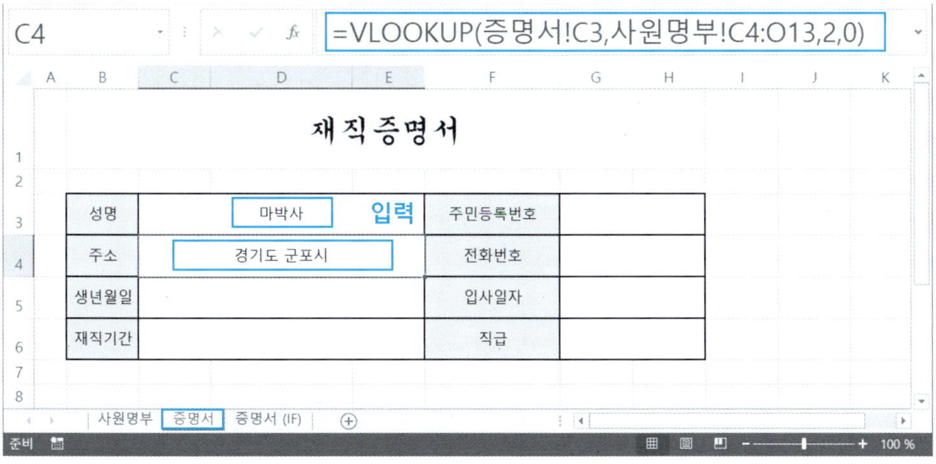

=VLOOKUP(증명서!C3, 사원명부! C3:O13, 2, 0)
사원명부! 시트 [C3:O13] 범위 내 1열에서 [C3] 셀에 입력된 값 '마박사'와 정확하게 일치하는 값 중 2열에 해당하는 값 즉, 마박사의 '주소'를 표시한다. → 경기도 군포시

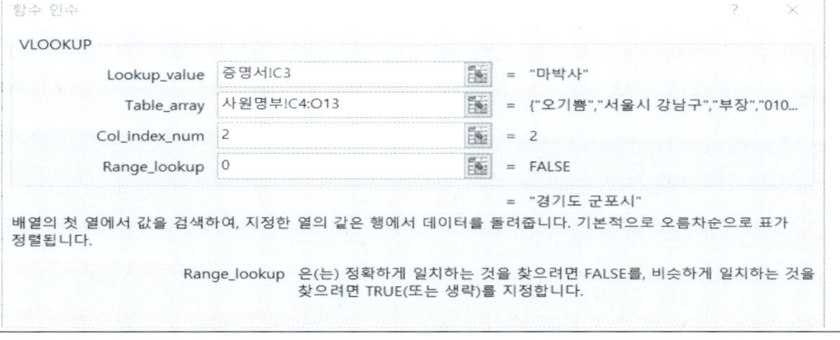

- 함수식
  - 주소 [C4] : =VLOOKUP(C3, 사원명부!C4:O13, **2**, 0)
  - 생년월일 [C5] : =VLOOKUP(C3, 사원명부!C4:O13, **8**, 0)
  - 재직기간 [C6] : =VLOOKUP(C3, 사원명부!C4:O13, **13**, 0)
  - 주민등록번호 [G3] : =VLOOKUP(C3, 사원명부!C4:O13, **6**, 0)
  - 전화번호 [G4] : =VLOOKUP(C3, 사원명부!C4:O13, **4**, 0)
  - 입사일자 [G5] : =VLOOKUP(C3, 사원명부!C4:O13, **5**, 0)
  - 직급 [G6] : =VLOOKUP(C3, 사원명부!C4:O13, **3**, 0)

☞ [C3] 셀에 입력값이 없으면 함수식이 있던 셀에 오류 메시지가 표시되므로 성명이 입력되지 않을 때 공백으로 표시되도록 함수식을 수정해야 한다.

2 성명이 입력되지 않을 때 공백으로 표시하기(ISBLANK, IF)

[증명서] 시트에 [C3] 셀에 입력된 것이 없으면 공백을, 그렇지 않으면 [사원명부] 시트 범위 내에서 [C3] 셀에 있는 값과 정확히 일치하는 값 중 해당 열에 해당하는 값을 표시되도록 함수식을 수정한다.

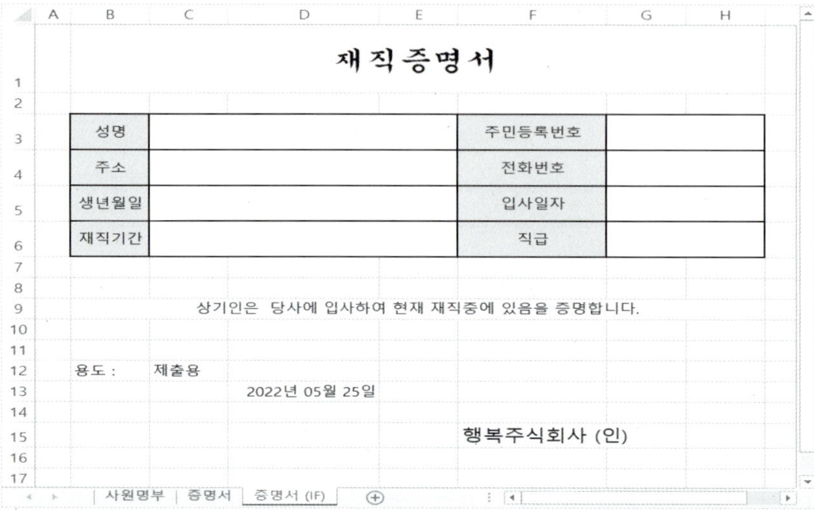

① [C3] 셀의 수식을 다음과 수정하고, 나머지 셀도 공백을 표시하는 함수식으로 수정한다. [C5] 셀의 생년월일은 '87年과 11月 4日'로, [G5] 셀의 입사일자는 '2012년 4월 4일'로 표시되도록 Ctrl+1을 눌러 [셀 서식] 대화상자에서 [날짜] 범주에서 형식을 지정한다.

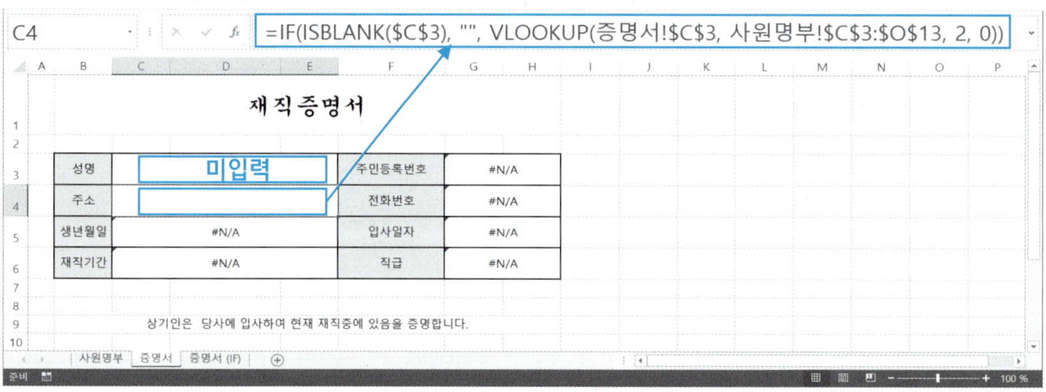

=IF(ISBLANK($C$3), "", VLOOKUP(증명서!$C$3, 사원명부! $C$3:$O$13, 2, 0))
[C3] 셀에 입력된 것이 없으면 공백을, 그렇지 않으면 사원명부! 시트 [C3:O13] 범위 내 1열에서 [C3] 셀에 입력된 값과 정확하게 일치하는 값 중 2열에 해당하는 값을 표시한다. 이때 사원명부! 시트 [$C$3:$O$13] 범위와 [$C$3] 셀을 절대 참조로 표시하면 편리하다.
• ISBLANK(셀 또는 영역) : 셀이 비어 있으면 TRUE, 아니면 FALSE

- 주소 [C4] : =IF(ISBLANK(C3), "", VLOOKUP(C3, 사원명부!$C$4:$O$13, **2**, 0))
- 생년월일 [C5] : =IF(ISBLANK(C3), "", VLOOKUP(C3, 사원명부!$C$4:$O$13, **8**, 0))
- 재직기간 [C6] : =IF(ISBLANK(C3), "", VLOOKUP(C3, 사원명부!$C$4:$O$13, **13**, 0))
- 주민등록번호 [G3] : =IF(ISBLANK(C3), "", VLOOKUP(C3, 사원명부!$C$4:$O$13, **6**, 0))
- 전화번호 [G4] : =IF(ISBLANK(C3), "", VLOOKUP(C3, 사원명부!$C$4:$O$13, **4**, 0))
- 입사일자 [G5] : =IF(ISBLANK(C3), "", VLOOKUP(C3, 사원명부!$C$4:$O$13, **5**, 0))
- 직급 [G6] : =IF(ISBLANK(C3), "", VLOOKUP(C3, 사원명부!$C$4:$O$13, **3**, 0))

② [9] 행 함수식을 다음과 같이 수정한다.

```
="상기인은 "
  & TEXT(IF(C3="","",VLOOKUP($C$3,사원명부!$C$4:$O$13,5,0)), "yyyy년 m월 d일")
  & "당사에 입사하여 현재 재직중에 있음을 증명합니다."
```

TEXT(숫자, 표시 형식) 함수는 숫자를 사용자 지정 표시 형식에 따라 표시할 수 있다. 따라서, 사원명부![$C$4:$O$13]의 5열에 있는 입사일자를 "YYYY년 M월 D일" 표시 형식으로 표시하다.

③ [D13] 셀에 함수식 『=TODAY()』을 입력하고, Ctrl+1을 눌러 [셀 서식] 대화상자에서 사용자 지정을 「yyyy"년" mm"월" dd"일"」 형식으로 입력한다.

```
=TODAY()
```

TODAY() 함수로 현재 날짜를 표시한다.

연습문제

1. 연습 2-1.xlsx 파일에서 다음 데이터의 합계, 평균, 석차, 과목별 평균, 최대점수, 최저점수, 3번째로 큰 점수, 3번째로 작은 점수를 계산하시오.

【출력 형태】

	A	B	C	D	E	F	G	H
1	이름	성별	국어	영어	수학	합계	평균	석차
2	안지원	남	90	78	78	246	82.00	3
3	강찬미	여	60	55	92	207	69.00	10
4	강지훈	남	90	90	95	275	91.67	1
5	김혜인	여	70	88	82	240	80.00	4
6	이재훈	남	65	75	78	218	72.67	7
7	김도규	남	80	68	65	213	71.00	9
8	이세희	여	85	80	88	253	84.33	2
9	강찬미	여	70	75	78	223	74.33	5
10	조형우	남	77	67	76	220	73.33	6
11	김태균	남	80	64	73	217	72.33	8
12	과목별 평균		76.7	74	80.5			
13	과목별 최대점수		90	90	95			
14	과목별 최저점수		60	55	65			
15	3번째 큰 점수		85	80	88			
16	3번째 작은 점수		70	67	76			

【함수식】

- 합계(F2) : =SUM(C2:E2), [F11]셀까지 자동 채우기
- 평균(G2) : =AVERAGE(C2:E2), [G11] 셀까지 자동 채우기
- 석차(H2) : =RANK.EQ(G2,$G$2:$G$11), [H11] 셀까지 자동 채우기
- 국어 평균(C12) : =AVERAGE(C2:C11)
- 국어 최대점수(C13) : =MAX(C2:C11)
- 국어 최저점수(C14) : =MIN(C2:C11)
- 3번째로 큰 국어 점수(C15) : =LARGE(C2:C11,3)
- 3번째로 작은 국어 점수(C16) : =SMALL(C2:C11,3)
- 영어, 수학 과목 : 계산된 국어 점수 [C12:C16]을 블록 지정하고 [E12:E16]까지 자동 채우기

2. 연습 2-2.xlsx 파일은 '우리 주방기기 판매 현황'에 대한 자료이다.
(1)~(7) 셀은 반드시 주어진 함수를 이용하여 값을 구하시오
(결과값을 직접 입력하면 해당 셀은 0점 처리됨).

함수 계산

【출력 형태】

우리 주방기기 판매 현황

결재	담당	팀장	부장

품목코드	구분	품명	계약일	제품가격 (단위:원)	판매수량	적립금 (단위:원)	판매금액 (단위:원)	재질
P1-01	냄비류	삼중소스팬	2018-07-10	40,330	29개	760	(1)	(2)
D3-01	접시류	뷔페볼세트	2020-09-20	18,850	33개	250	(1)	(2)
P2-02	냄비류	미니양수	2018-08-20	21,550	17개	380	(1)	(2)
S2-01	보조기구	계량컵세트	2019-08-01	11,220	23개	150	(1)	(2)
D3-02	접시류	샐러드접시	2020-09-10	25,680	45개	530	(1)	(2)
D1-03	접시류	그라탕볼	2018-09-01	15,300	27개	280	(1)	(2)
P1-03	냄비류	전골냄비	2019-07-20	51,850	19개	1,010	(1)	(2)
S1-02	보조기구	서빙집게	2020-08-10	16,730	37개	330	(1)	(2)
미니양수 제품가격(단위:원) 순위평가			(3)		냄비류 판매수량 합계			(5)
최다 판매수량			(4)		품명	삼중소스팬	판매수량	(6)

【조건】

(1) 판매금액(단위: 원) ⇒ 「제품가격(단위: 원)×판매수량」을 반올림하여 천원 단위까지 구하시오(ROUND 함수)(예: 23,450 → 23,000).

(2) 재질 ⇒ 품목코드의 두 번째 글자가 1이면 '스테인리스', 2이면 '양은/경질', 3이면 '멜라민'으로 구하시오(CHOOSE, MID 함수).

(3) 미니양수 제품가격(단위: 원) 순위평가 ⇒ 정의된 이름(제품가격)을 이용하여 제품가격(단위: 원)의 내림차순 순위를 구하고, 3 이하이면 '고가', 그 외에는 '보통'으로 구하시오(IF, RANK.EQ 함수).

(4) 최다 판매수량 ⇒ 결과값 뒤에 '개'를 붙이시오(MAX 함수, & 연산자)(예: 1개).

(5) 냄비류 판매수량 합계 ⇒ 조건은 입력데이터를 이용하시오(DSUM 함수).

(6) 판매수량 ⇒ 「H14」셀에서 선택한 품명에 대한 판매수량을 구하시오(VLOOKUP 함수).

(7) 조건부 서식을 이용하여 적립금(단위: 원) 셀에 데이터 막대 스타일(녹색)을 최솟값 및 최댓값으로 적용하고, 수식을 이용하여 판매수량이 20 이하인 행 전체에 다음 서식을 적용하시오(글꼴: 파랑).

【함수식】

(1) =ROUND(F5*G5,-3)

(2) =CHOOSE(MID(B5,2,1),"스테인리스","양은/경질","멜라민")

(3) =IF(RANK(F7,제품가격,0)<=3,"고가","보통")

(4) =MAX(G5:G12)&"개"

(5) =DSUM(B4:H12,G4,C4:C5)

(6) =VLOOKUP(H14,D5:H12,4,0)

(7) =$G5<=20

CHAPTER 03

데이터 관리

Excel

데이터는 상황에 맞게 정리하여 사용할 수 있어야만 정보로서의 가치가 인정된다. 간단하게 데이터를 내림차순, 오름차순으로 정렬해보고, 부분합 기능을 사용하여 데이터를 그룹별로 계산하는 방법을 알아본다. 또한 데이터 목록에서 조건에 맞는 데이터를 추출하는 방법과 피벗 테이블, 피벗 차트에 대해 학습한다.

Section 01 정렬과 부분합

데이터베이스의 구성과 정렬 기능을 살펴보고, 다양한 형태의 정렬 기능을 적용해보자. 또한 부분합 기능을 이용하여 데이터를 그룹별로 계산하는 방법을 알아보자.

- **데이터베이스 구성**

❶ ❷ ❸ ❹

품목코드	구분	품명	계약일	제품가격 (단위:원)	판매수량	적립금 (단위:원)
P1-01	냄비류	삼중소스팬	2018-07-10	40,330	29	760
D3-01	접시류	뷔페볼세트	2020-09-20	18,850	33	250
P2-02	냄비류	미니양수	2018-08-20	21,550	17	360
S2-01	보조기구	계량컵세트	2019-08-01	11,220	23	150
D3-02	접시류	샐러드접시	2020-09-10	25,680	45	530
D1-03	접시류	그라탕볼	2018-09-01	15,300	27	280
P1-03	냄비류	전골냄비	2019-07-20	51,850	19	1,010
S1-02	보조기구	서빙집게	2020-08-10	16,730	37	330

❶ 데이터베이스 : 데이터 목록 전체로 필드, 레코드, 필드명으로 구성된다.
❷ 필드 : 데이터베이스에서 '열'을 의미한다.
❸ 레코드 : 데이터베이스에서 '행'을 의미한다.
❹ 필드명 : 각 필드를 구분하는 이름이다.

1 데이터 정렬

정렬

- **[정렬]**

  ☞ [데이터] 탭 – [정렬 및 필터] 그룹 - [정렬]

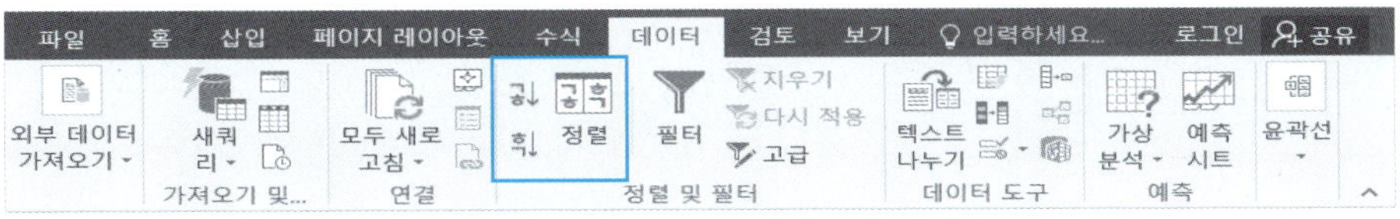

  - 방법 1) : [텍스트 오름차순 정렬]() 또는 [텍스트 내림차순 정렬]()
  - 방법 2) : [정렬]

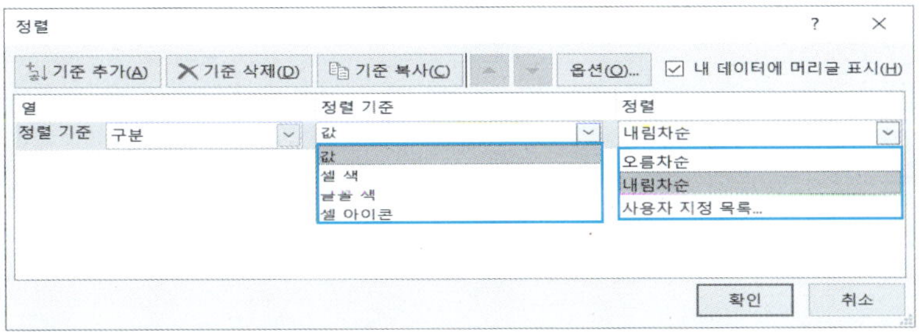

- **오름차순 정렬()**
  - 숫자 : 작은 값→큰 값 순으로 정렬
  - 한글 : ㄱ→ㅎ 순으로 정렬
  - 영문자 : A→Z 순으로 정렬
  - 날짜 : 가장 이전 날짜→가장 최근 날짜 순으로 정렬
  - 논리값 : FALSE(0)→TRUE(1) 순으로 정렬
  - 빈 셀 : 오름차순과 내림차순 정렬에서 항상 마지막에 정렬

- **정렬 방법**
  - 정렬 기준 : 값, 셀 색, 글꼴 색, 셀 아이콘
  - 정렬 방식 : 오름차순, 내림차순, 사용자 지정 목록
  - 기준 추가 : 최대 64개까지 지정
  - 숨겨진 행과 열 : 정렬에 포함되지 않으므로 정렬하기 전에 숨기기 취소하여 모두 표시
  - 오름차순 정렬 : 숫자→특수문자→영문자→한글→논리값→오류값→빈 셀
  - 내림차순 정렬 : 오류값→논리값→한글→영문자→특수문자→숫자→빈 셀

§ 정렬 기준이 하나일 때

● '구분'을 기준으로 내림차순 정렬하기

① '실습3-1.xlsx' 파일을 열고 **[제2작업]** 시트를 클릭한다. 구분을 기준으로 내림차순으로 정렬하기 위해 **[C2]** 셀을 선택하고 [데이터] 탭-[정렬 및 필터] 그룹에서 [정렬]을 클릭한다(또는 [내림차순 정렬]( ) 클릭).

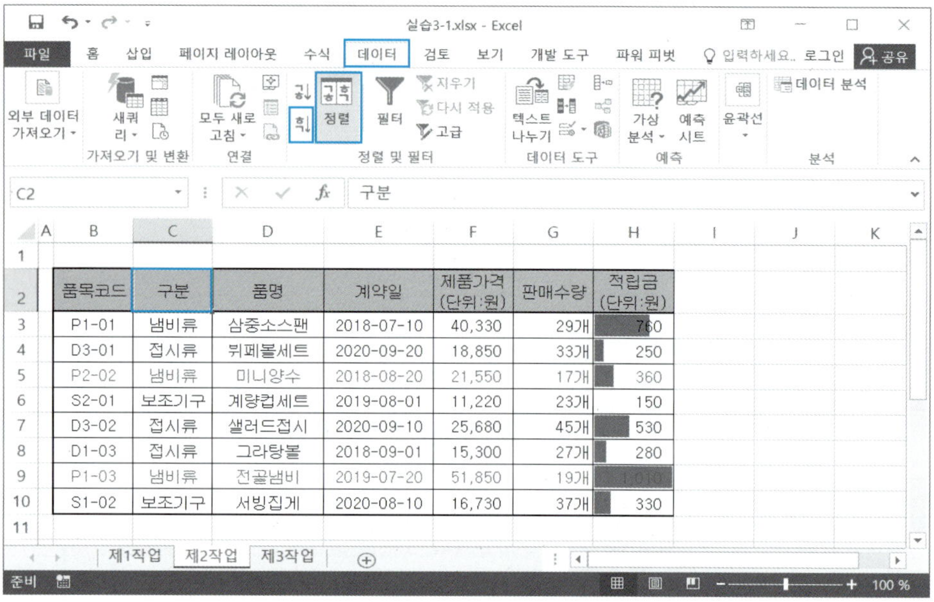

품목코드	구분	품명	계약일	제품가격(단위:원)	판매수량	적립금(단위:원)
P1-01	냄비류	삼중소스팬	2018-07-10	40,330	29개	760
D3-01	접시류	뷔페볼세트	2020-09-20	18,850	33개	250
P2-02	냄비류	미니양수	2018-08-20	21,550	17개	360
S2-01	보조기구	계량컵세트	2019-08-01	11,220	23개	150
D3-02	접시류	샐러드접시	2020-09-10	25,680	45개	530
D1-03	접시류	그라탕볼	2018-09-01	15,300	27개	280
P1-03	냄비류	전골냄비	2019-07-20	51,850	19개	1,010
S1-02	보조기구	서빙집게	2020-08-10	16,730	37개	330

② [정렬] 대화상자에서 정렬 기준을 **'구분, 값, 내림차순'**으로 선택하고 [확인]을 클릭한다.

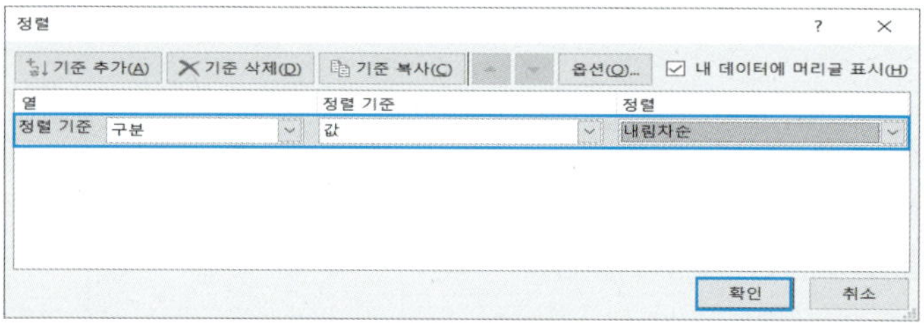

③ '구분'이 내림차순 정렬된다.

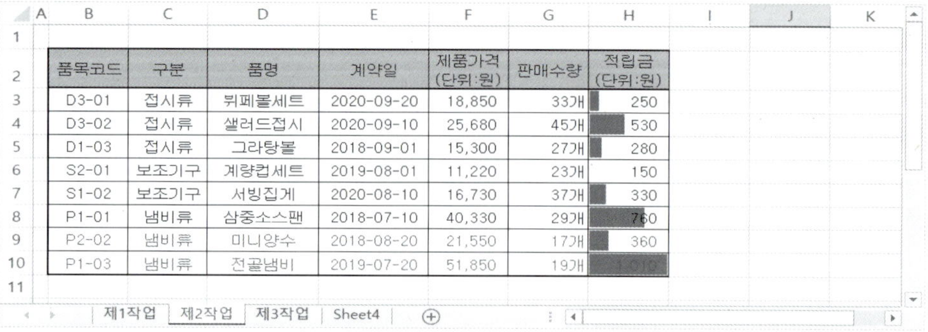

품목코드	구분	품명	계약일	제품가격(단위:원)	판매수량	적립금(단위:원)
D3-01	접시류	뷔페볼세트	2020-09-20	18,850	33개	250
D3-02	접시류	샐러드접시	2020-09-10	25,680	45개	530
D1-03	접시류	그라탕볼	2018-09-01	15,300	27개	280
S2-01	보조기구	계량컵세트	2019-08-01	11,220	23개	150
S1-02	보조기구	서빙집게	2020-08-10	16,730	37개	330
P1-01	냄비류	삼중소스팬	2018-07-10	40,330	29개	760
P2-02	냄비류	미니양수	2018-08-20	21,550	17개	360
P1-03	냄비류	전골냄비	2019-07-20	51,850	19개	1,010

§ 성렬 기준이 2개 이상인 경우

- '구분'을 기준으로 내림차순 정렬하고, 구분이 같은 경우 '품명'을 기준으로 오름차순 정렬하기

① **구분을 기준으로 내림차순으로 정렬된 상태에서** [데이터] 탭-[정렬 및 필터] 그룹에서 [정렬]을 클릭한다.

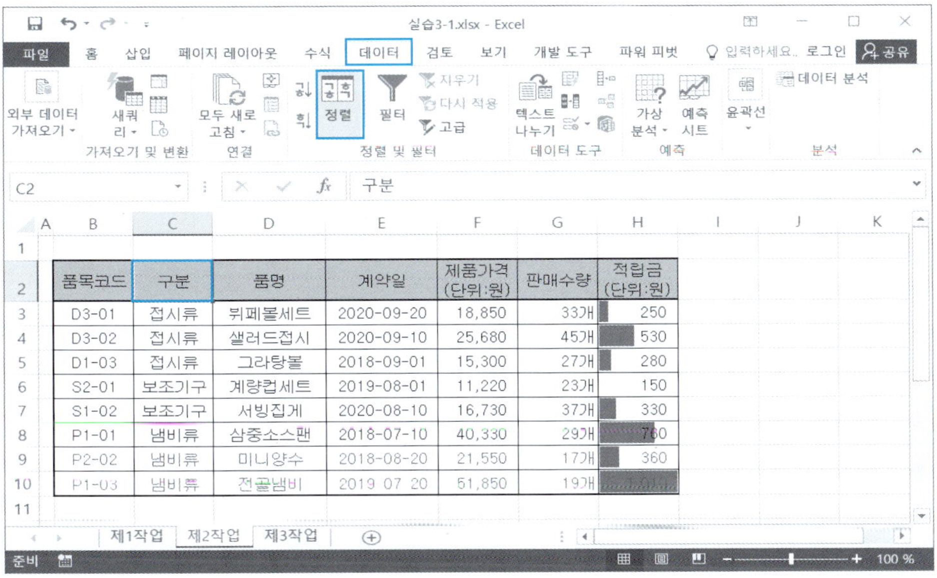

품목코드	구분	품명	계약일	제품가격 (단위:원)	판매수량	적립금 (단위:원)
D3-01	접시류	뷔페볼세트	2020-09-20	18,850	33개	250
D3-02	접시류	샐러드접시	2020-09-10	25,680	45개	530
D1-03	접시류	그라탕볼	2018-09-01	15,300	27개	280
S2-01	보조기구	계량컵세트	2019-08-01	11,220	23개	150
S1-02	보조기구	서빙집게	2020-08-10	16,730	37개	330
P1-01	냄비류	삼중소스팬	2018-07-10	40,330	29개	760
P2-02	냄비류	미니양수	2018-08-20	21,550	17개	360
P1-03	냄비류	전골냄비	2019-07-20	51,850	19개	[illegible]

② [정렬] 대화상자에서 정렬 기준을 **'품명, 값, 오름차순'**으로 선택하고 [확인]을 클릭한다.

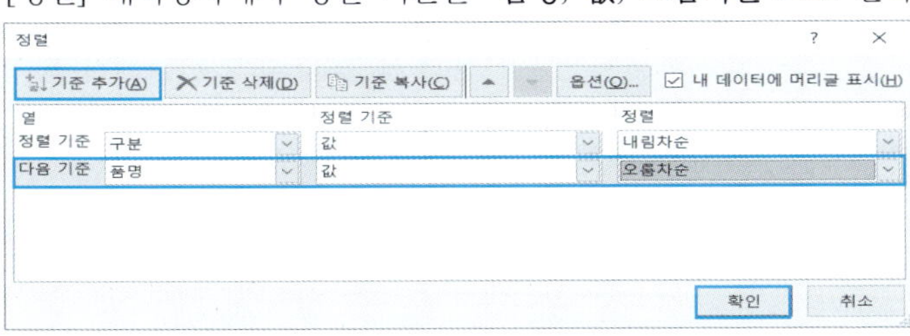

열		정렬 기준	정렬
정렬 기준	구분	값	내림차순
다음 기준	품명	값	오름차순

③ '구분'이 내림차순 정렬, 같은 구분 안에서는 '품명'으로 오름차순 정렬된다.

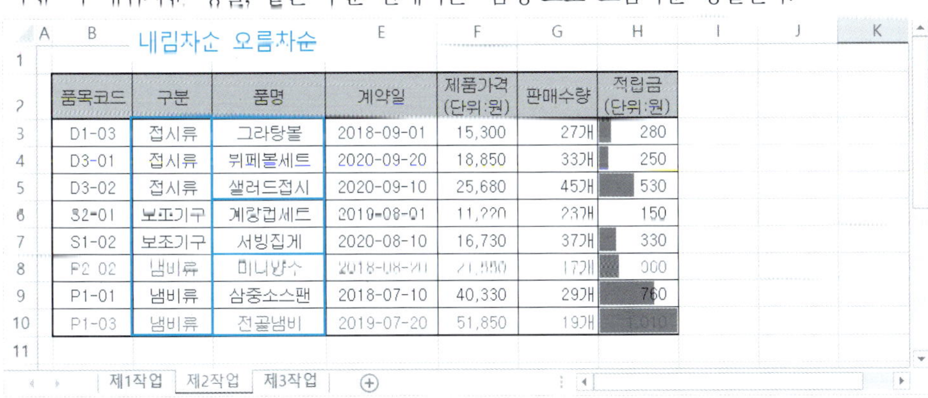

품목코드	구분	품명	계약일	제품가격 (단위:원)	판매수량	적립금 (단위:원)
D1-03	접시류	그라탕볼	2018-09-01	15,300	27개	280
D3-01	접시류	뷔페볼세트	2020-09-20	18,850	33개	250
D3-02	접시류	샐러드접시	2020-09-10	25,680	45개	530
S2-01	보조기구	계량컵세트	2019-08-01	11,220	23개	150
S1-02	보조기구	서빙집게	2020-08-10	16,730	37개	330
P2-02	냄비류	미니양수	2018-08-20	21,550	17개	360
P1-01	냄비류	삼중소스팬	2018-07-10	40,330	29개	760
P1-03	냄비류	전골냄비	2019-07-20	51,850	19개	1,010

2 부분합

예제 【출력 형태】와 같이 정렬하고 품명의 개수와 제품가격(단위: 원)의 평균을 부분합으로 구하기

【출력 형태】

	A	B	C	D	E	F	G	H
1								
2		품목코드	구분	품명	계약일	제품가격 (단위:원)	판매수량	적립금 (단위:원)
3		D3-01	접시류	뷔페볼세트	2020-09-20	18,850	33개	250
4		D3-02	접시류	샐러드접시	2020-09-10	25,680	45개	530
5		D1-03	접시류	그라탕볼	2018-09-01	15,300	27개	280
6			접시류 평균			19,943		
7			접시류 개수	3				
8		S2-01	보조기구	계량컵세트	2019-08-01	11,220	23개	150
9		S1-02	보조기구	서빙집게	2020-08-10	16,730	37개	330
10			보조기구 평균			13,975		
11			보조기구 개수	2				
12		P1-01	냄비류	삼중소스팬	2018-07-10	40,330	29개	760
13		P2-02	냄비류	미니양수	2018-08-20	21,550	17개	360
14		P1-03	냄비류	전골냄비	2019-07-20	51,850	19개	1,010
15			냄비류 평균			37,910		
16			냄비류 개수	3				
17			전체 평균			25,189		
18			전체 개수	8				
19								

제1작업 | 제2작업 | 제3작업

① **정렬** : **[제3작업]** 시트에서 구분을 기준으로 내림차순으로 정렬하기 위해 **[C2]** 셀을 선택하고 [데이터] 탭 -[정렬 및 필터] 그룹에서 [내림차순 정렬]( )을 클릭한다.

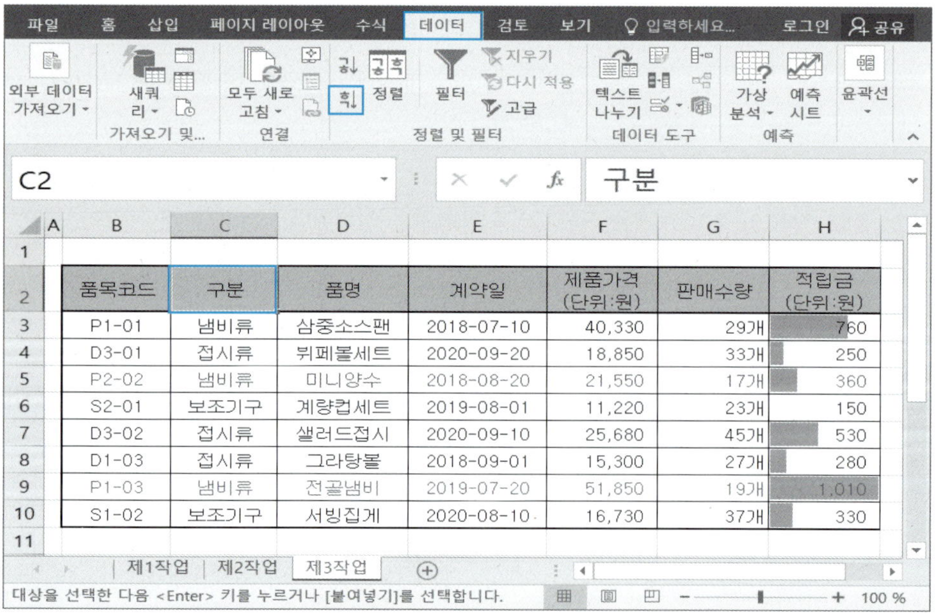

② **품명의 개수** : 데이터 영역 [B2:H10] 내의 임의의 셀을 클릭한 후 [데이터] 탭-[윤곽선] 그룹에서 [부분합]을 클릭한다.

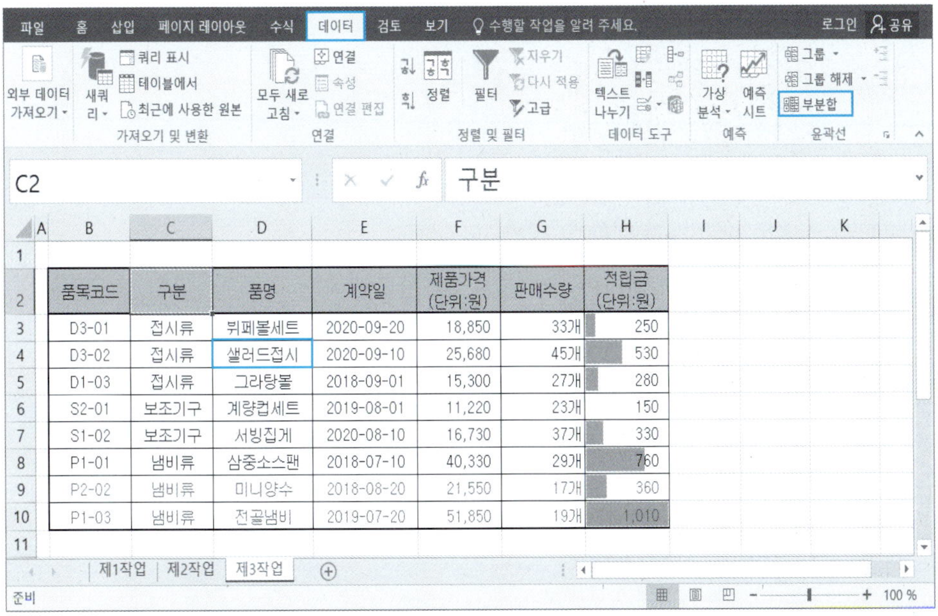

품목코드	구분	품명	계약일	제품가격 (단위:원)	판매수량	적립금 (단위:원)
D3-01	접시류	뷔페볼세트	2020-09-20	18,850	33개	250
D3-02	접시류	샐러드접시	2020-09-10	25,680	45개	530
D1-03	접시류	그라탕볼	2018-09-01	15,300	27개	280
S2-01	보조기구	계량컵세트	2019-08-01	11,220	23개	150
S1-02	보조기구	서빙집게	2020-08-10	16,730	37개	330
P1-01	냄비류	삼중소스팬	2018-07-10	40,330	29개	760
P2-02	냄비류	미니양수	2018-08-20	21,550	17개	360
P1-03	냄비류	전골냄비	2019-07-20	51,850	19개	1,010

③ [부분합] 대화상자에서 그룹화할 항목에 '**구분**', 사용할 함수는 '**개수**', 부분합 계산 항목은 '**품명**'을 선택한 후 [확인]을 클릭한다.

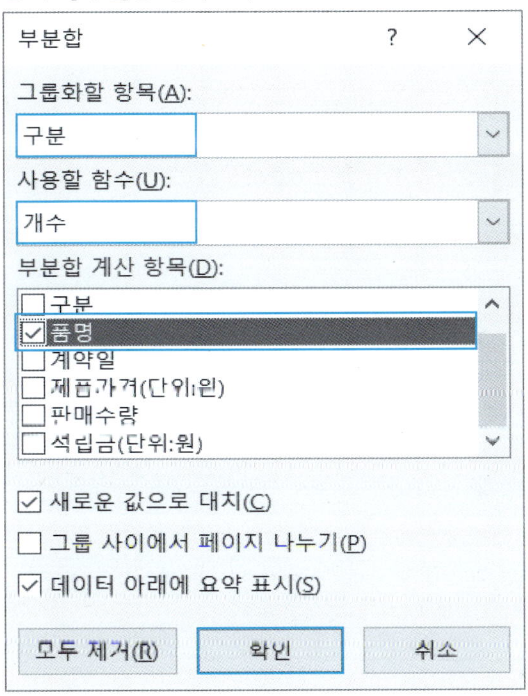

④ **제품가격(단위: 원) 평균** : 한 번 더 데이터 영역에 셀 포인터를 위치시킨 후 [데이터] 탭-[윤곽선] 그룹에서 [부분합]을 클릭한다.

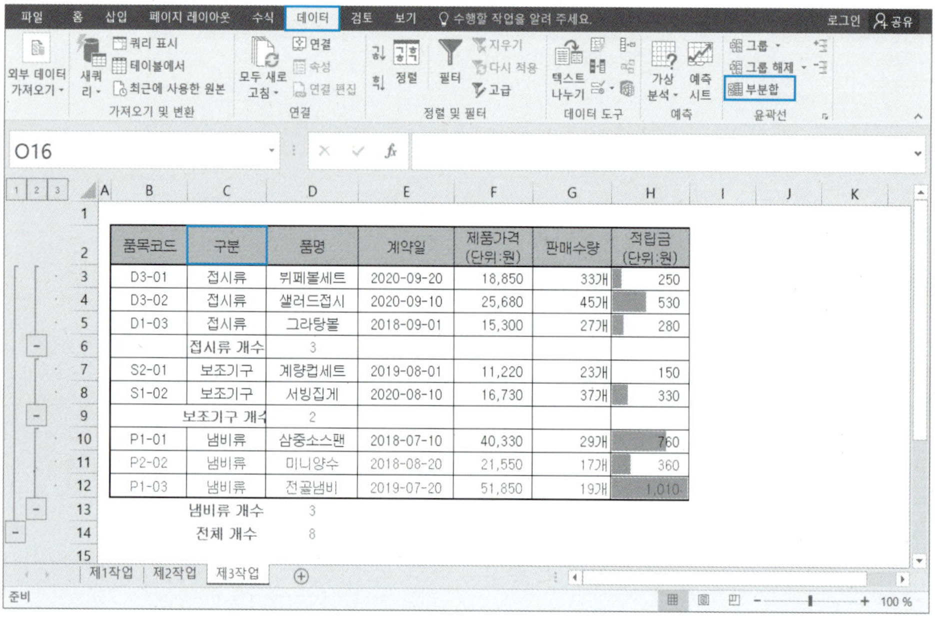

⑤ [부분합] 대화상자에서 그룹화할 항목에 '**구분**', 사용할 함수는 '**평균**', 부분합 계산 항목은 '**제품가격(단위: 원)**'을 선택한 후 '**새로운 값으로 대치**' 체크 표시를 **해제**하고 [확인]을 클릭한다.

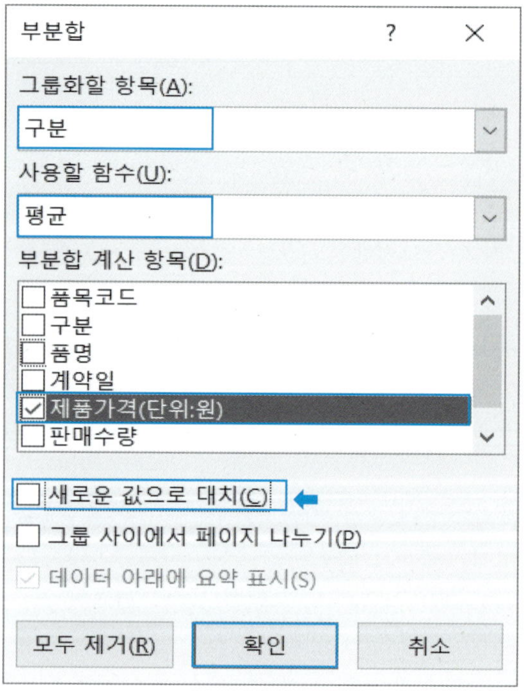

⑥ **그룹 윤곽 지우기** : [데이터] 탭-[윤곽선] 그룹에서 [그룹 해제] 목록 단추 ▼을 클릭하여 [윤곽 지우기]를 선택한다.

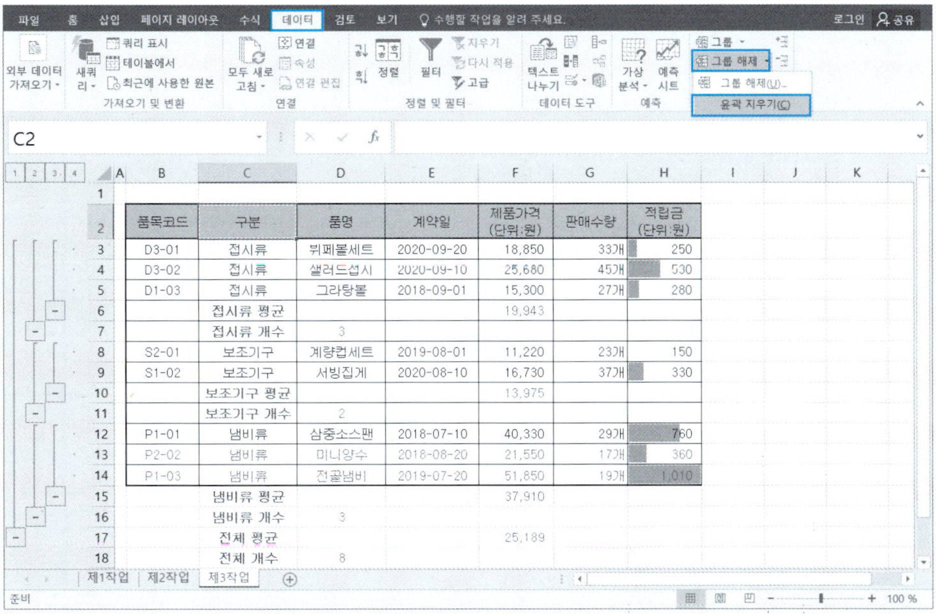

[Tip]

· 부분합 삭제 : [부분합] 대화상자에서 [**모두 제거**]

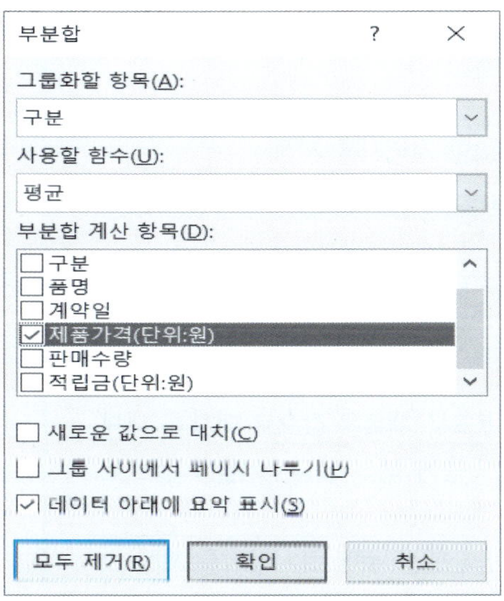

부분합

- **[부분합]**

  ☞ [데이터] 탭 – [정렬 및 필터] 그룹 - [부분합]

- **[부분합] 대화상자**

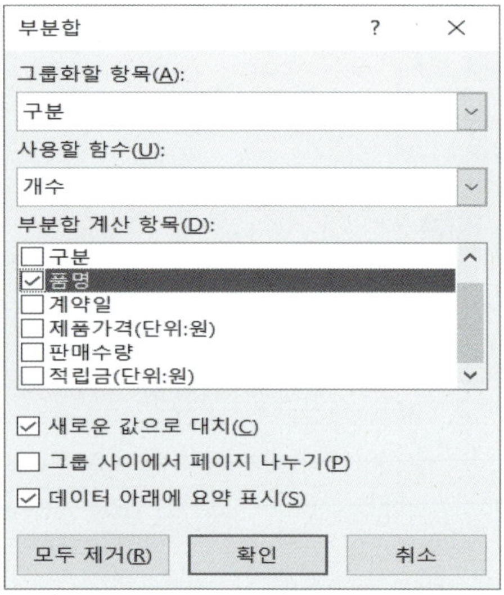

그룹화할 항목	어떤 필드를 기준으로 그룹화할 것인지를 지정 ※ 반드시 정렬된 필드를 지정
사용할 함수	사용할 함수를 지정
부분합 계산 항목	함수를 적용할 필드를 선택
새로운 값을 대치	이미 계산된 부분합이 있는 경우 기존의 부분합을 지우고, 새로 계산된 부분합을 표시 ※ 두 번째 부분합 수행 시 반드시 '**새로운 값으로 대치**'를 **해제**
그룹 사이에서 페이지 나누기	부분합을 구한 뒤 각 그룹 다음에 페이지 나누기를 자동으로 삽입
데이터 아래에 요약 표시	부분합 결과를 각 그룹의 아래 또는 위에 표시할지를 지정
모두 제거	부분합 결과를 모두 삭제하고, 부분합 실행 전 상태로 되돌림

Section 02 자동 필터와 고급 필터

데이터 목록에서 조건에 맞는 데이터를 추출하는 방법을 알아보자. 사용자가 필요한 데이터만 걸러내는 것을 '필터링'이라고 하는데, 단순한 조건으로 데이터를 검색할 수 있는 자동 필터 기능과 복잡한 조건을 지정할 수 있고, 필터링한 결과를 별도의 위치에 표시할 수 있는 고급 필터 기능이 있다.

1 자동 필터

예제 구분이 '냄비류'이면서 적립금(단위: 원)이 '500' 이상인 데이터 추출하기

① '실습3-2.xlsx' 파일을 열고 **[제2작업]** 시트를 클릭한다. 데이터 내의 임의의 곳에 셀 포인터를 두고 [데이터] 탭-[정렬 및 필터] 그룹-[필터](▼)을 클릭하면 필드 이름 앞에 필터 단추가 표시된다.

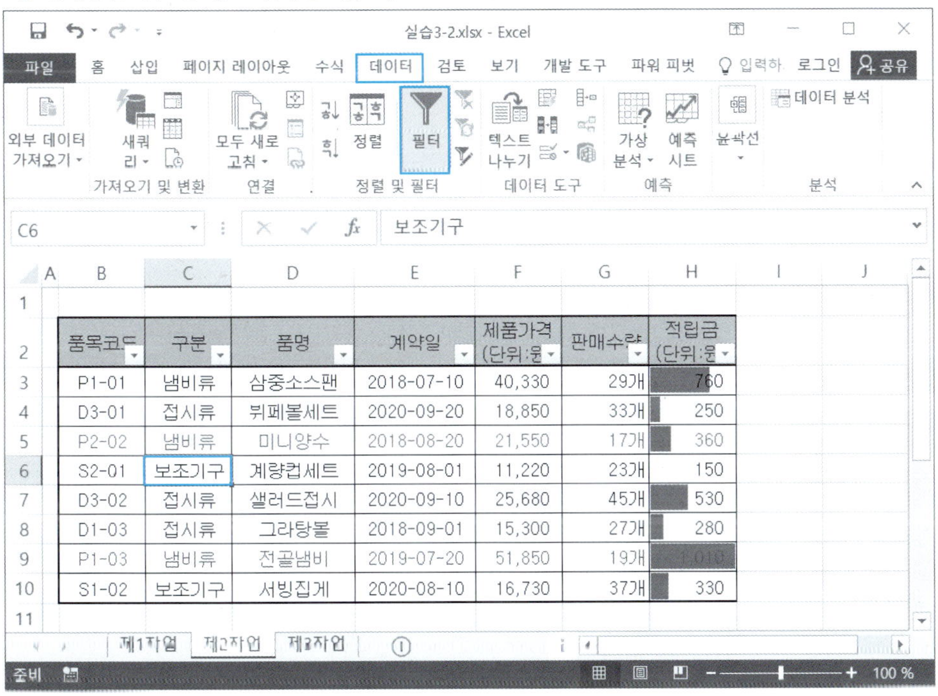

② '**구분**'의 필터 단추를 클릭하고 '(모두 선택)'을 해제한 후 '**냄비류**'에 체크하고 [확인]을 클릭한다.

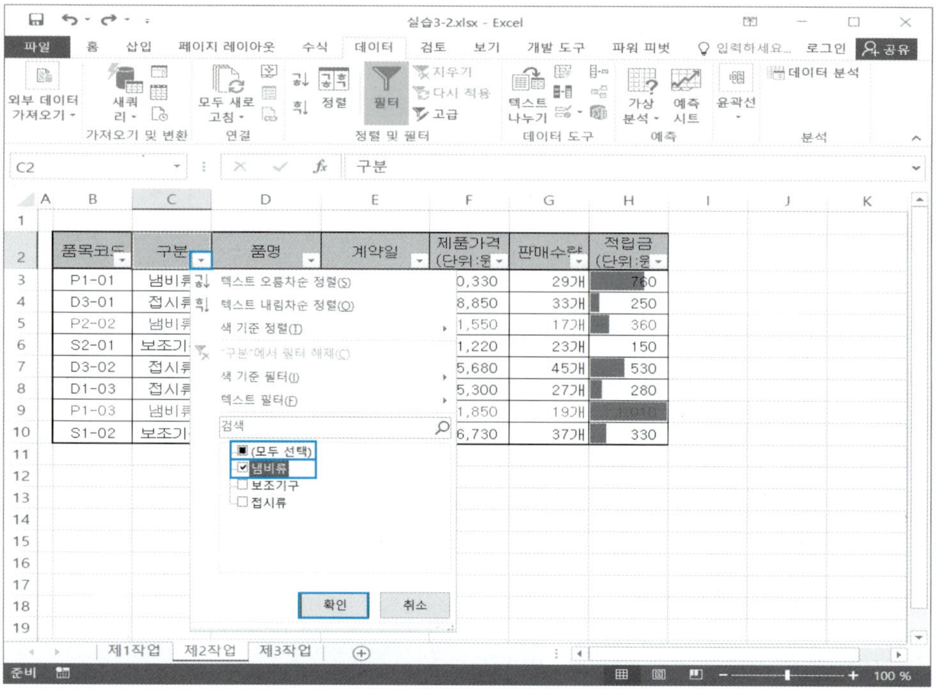

③ '구분'이 '냄비류'인 데이터만 화면에 나타난다. '**적립금(단위: 원)**'의 필터 단추를 클릭하고 [숫자 필터]-[크거나 같음]을 선택한다.

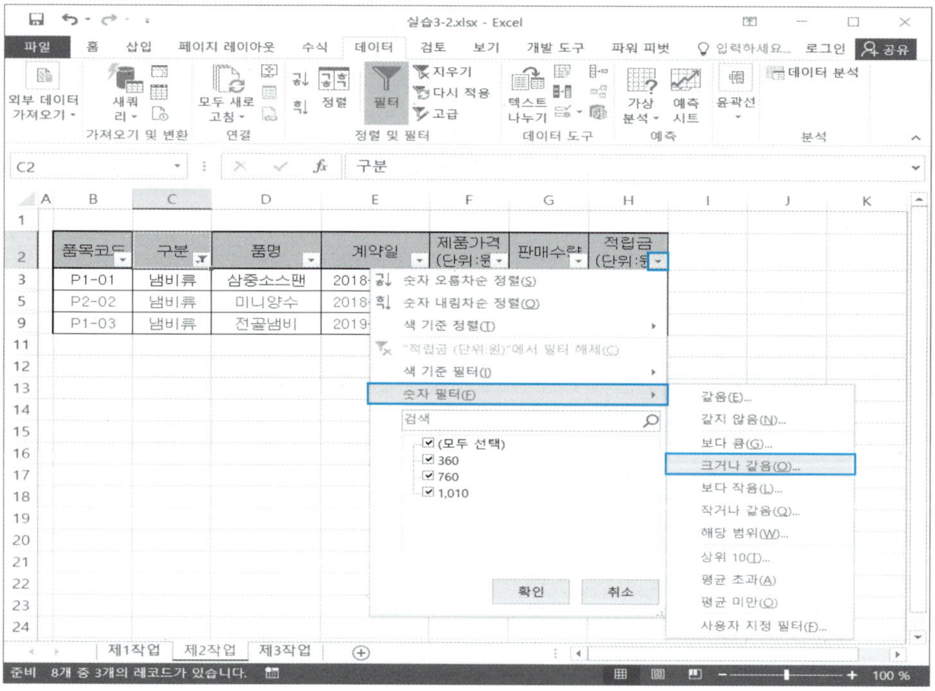

④ [사용자 지정 자동 필터] 대화상자가 나타나면 '500'을 입력하고 [확인]을 클릭한다.

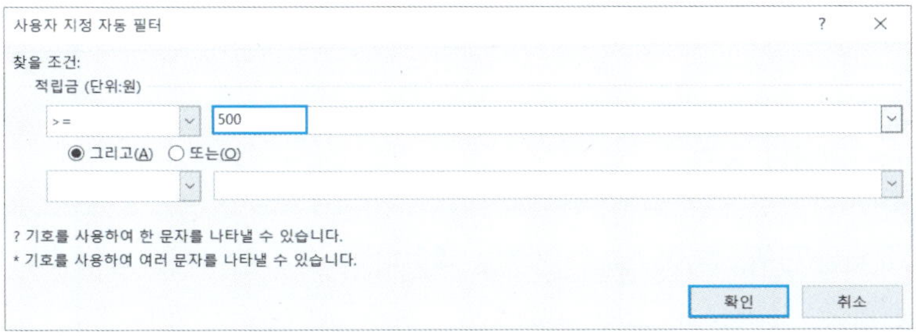

⑤ 구분이 '냄비류'이면서 적립금(단위: 원)이 '500' 이상인 데이터만 추출되어 화면에 나타난다.

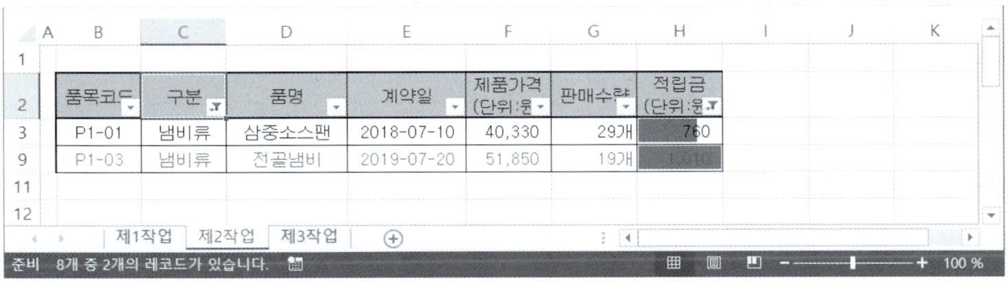

	품목코드	구분	품명	계약일	제품가격 (단위:원)	판매수량	적립금 (단위:원)
3	P1-01	냄비류	삼중소스팬	2018-07-10	40,330	29개	760
9	P1-03	냄비류	전골냄비	2019-07-20	51,850	19개	1,010

[Tip]

· 자동 필터 해제 : [데이터] 탭-[정렬 및 필터] 그룹-[필터](▼)

2 고급 필터

예제 구분이 '냄비류'이면서 적립금(단위: 원)이 '500' 이상이거나, 적립금(단위: 원)이 '300' 이하인 데이터 【조건】[B13] 셀부터, 복사 위치 - [B18] 셀부터

【출력 형태】

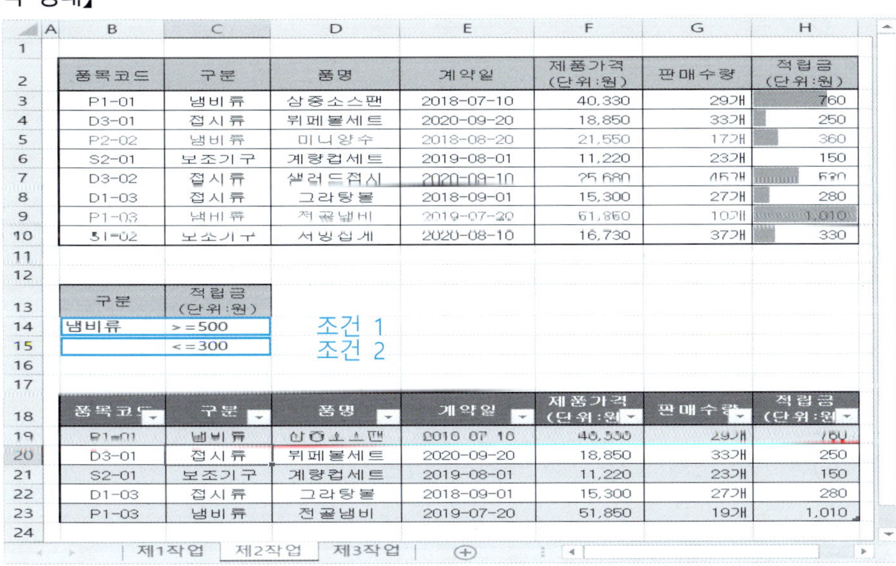

	품목코드	구분	품명	계약일	제품가격 (단위:원)	판매수량	적립금 (단위:원)
3	P1-01	냄비류	삼중소스팬	2018-07-10	40,330	29개	760
4	D3-01	접시류	뷔페볼세트	2020-09-20	18,850	33개	250
5	P2-02	냄비류	미니양수	2018-08-20	21,550	17개	360
6	S2-01	보조기구	계량컵세트	2019-08-01	11,220	23개	150
7	D3-02	접시류	샐러드접시	2020-09-10	25,680	45개	630
8	D1-03	접시류	그라탕볼	2018-09-01	15,300	27개	280
9	P1-03	냄비류	전골냄비	2019-07-20	51,850	19개	1,010
10	S1-02	보조기구	서빙접시	2020-08-10	16,730	37개	330

	구분	적립금 (단위:원)
14	냄비류	>=500
15		<=300

	품목코드	구분	품명	계약일	제품가격 (단위:원)	판매수량	적립금 (단위:원)
19	P1-01	냄비류	삼중소스팬	2018-07-10	40,330	29개	760
20	D3-01	접시류	뷔페볼세트	2020-09-20	18,850	33개	250
21	S2-01	보조기구	계량컵세트	2019-08-01	11,220	23개	150
22	D1-03	접시류	그라탕볼	2018-09-01	15,300	27개	280
23	P1-03	냄비류	전골냄비	2019-07-20	51,850	19개	1,010

고급 필터 조건

• **AND** 조건(**~이면서**)

- 지정한 모든 조건을 만족하는 데이터 출력
- 조건을 모두 **같은 행**에 입력
- 예) 구분이 '냄비류'이면서 적립금(단위: 원)이 '500' 이상인 데이터

구분	적립금 (단위: 원)
냄비류	>=500

• **OR** 조건(**~이거나, ~또는**)

- 지정한 조건 중 하나의 조건이라도 만족하는 데이터 출력
- 조건을 서로 **다른 행**에 입력
- 예) 구분이 '냄비류'이거나 적립금(단위: 원)이 '500' 이상인 데이터

구분	적립금 (단위: 원)
냄비류	
	>=500

- 예) 구분이 '냄비류'가 아니거나, 적립금이 300 ~ 500 이하인 데이터

구분	적립금 (단위: 원)	적립금 (단위: 원)
<>냄비류		
	>=300	<=500

• **관계 연산자**

조건	연산자	예
이상(날짜: ~이후)	>=	>=2023-09-21
이하(날짜: ~이전)	<=	<=2023-09-21
같다	=	
다르다	<>	

• **와일드 카드**

문자열에 대한 정확한 값을 모를 때 와일드를 사용하여 해당 문자를 대체

여러 자리 문자를 대체	한 자리 문자를 대체
*	?

- **홍*** : '홍'으로 시작하는 데이터
- ***홍** : '홍'으로 끝나는 데이터
- ***홍*** : '홍'을 포함하는 데이터
- **영??** : 3자리 문자이면서 첫 번째 글자가 '영'으로 시작하는 데이터

① **조건 작성** : 조건에 해당하는 필드인 구분과 적립금(단위: 원)을 복사하기 위해 **[C2]** 셀을 선택하고 Ctrl을 누른 상태로 **[H2]** 셀을 선택한 후 Ctrl+C을 누른다. 조건 범위 **[B13]** 셀을 선택한 후 Ctrl+V하여 붙여넣기한다.

품목코드	구분	품명	계약일	제품가격 (단위:원)	판매수량	적립금 (단위:원)
P1-01	냄비류	삼중소스팬	2018-07-10	40,330	29개	760
D3-01	접시류	뷔페볼세트	2020-09-20	18,850	33개	250
P2-02	냄비류	미니양수	2018-08-20	21,550	17개	360
S2-01	보조기구	계량컵세트	2019-08-01	11,220	23개	150
D3-02	접시류	샐러드접시	2020-09-10	25,680	45개	530
D1-03	접시류	그라탕볼	2018-09-01	15,300	27개	280
P1-03	냄비류	전골냄비	2019-07-20	51,850	19개	1,010
S1-02	보조기구	서빙집게	2020-08-10	16,730	37개	330

구분	적립금 (단위:원)

제1작업 제2작업 제3작업

② 조건 1은 AND 조건이므로 [B14] 셀에 **'냄비류'**를 같은 행 [C14] 셀에 **'>=500'**을 입력한다. 조건 1과 조건 2는 OR 조건이므로 조건2는 다른 행 [C14] 셀에 **'<=300'**을 입력한다.

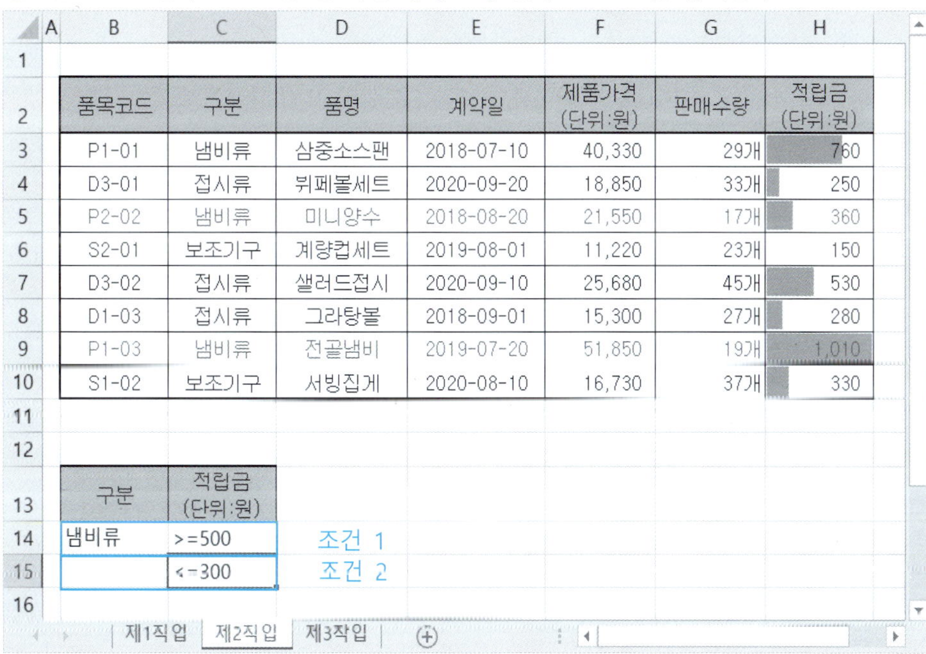

품목코드	구분	품명	계약일	제품가격 (단위:원)	판매수량	적립금 (단위:원)
P1-01	냄비류	삼중소스팬	2018-07-10	40,330	29개	760
D3-01	접시류	뷔페볼세트	2020-09-20	18,850	33개	250
P2-02	냄비류	미니양수	2018-08-20	21,550	17개	360
S2-01	보조기구	계량컵세트	2019-08-01	11,220	23개	150
D3-02	접시류	샐러드접시	2020-09-10	25,680	45개	530
D1-03	접시류	그라탕볼	2018-09-01	15,300	27개	280
P1-03	냄비류	전골냄비	2019-07-20	51,850	19개	1,010
S1-02	보조기구	서빙집게	2020-08-10	16,730	37개	330

구분	적립금 (단위:원)
냄비류	>=500
	<=300

제1작업 제2작업 제3작업

③ **고급 필터 실행** : 데이터 목록 내 임의의 셀에 포인터를 두고 [데이터] 탭-[정렬 및 필터] 그룹에서 **[고급]**을 클릭한다.

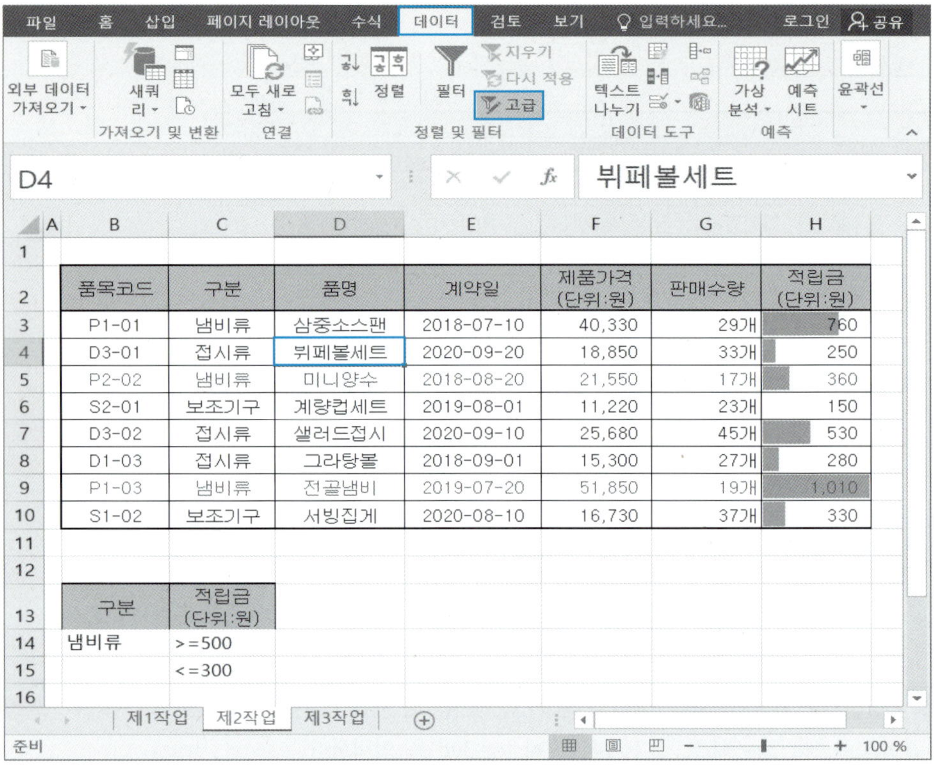

④ [고급 필터] 대화상자에서 목록 범위 [B2:H10], 조건 범위 [B13:C15] 영역을 지정하고 결과에 '다른 장소에 복사'를 선택한 후 복사 위치를 [B18] 셀로 지정하고 [확인]을 클릭한다.

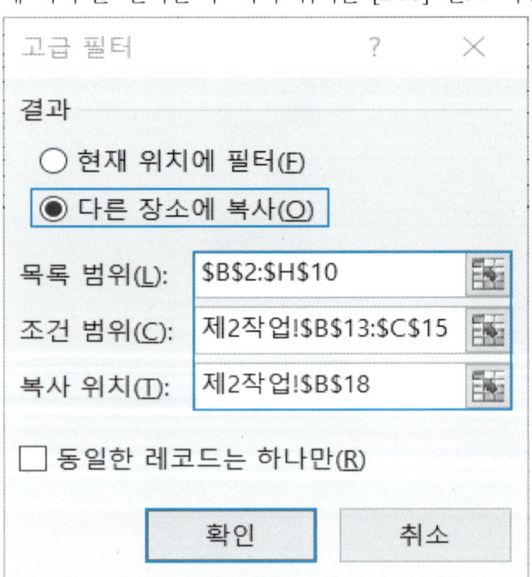

Section 03 피벗 테이블

피벗 테이블은 대화형 테이블의 일종으로 복잡한 데이터의 통계를 한눈에 파악할 수 있도록 정리된 표로 만들어주는 기능이다. 피벗 차트는 피벗 테이블의 요약된 데이터를 그래프 형식으로 보여주므로 시각적인 효과를 내기 위해 사용한다. 데이터를 피벗 테이블과 치벗 차트로 표현하는 방법을 알아본다.

1 피벗 테이블

예제 **계약일(행) 및 구분(열)별 품명의 개수와 판매수량의 평균을 피벗 테이블로 구하기**

【출력 형태】

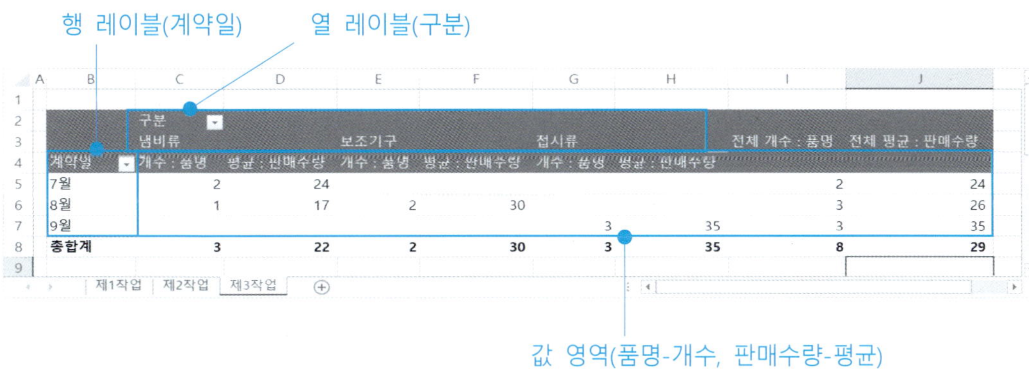

☞ 작성 순서

피벗 테이블 작성 → 계약일 월별 그룹화 → 판매수량 정수로 표시 → 행/열 레이블 수정 → 피벗 스타일 적용

§ 피벗 테이블 작성

① '실습3-3.xlsx' 파일을 불러온 다음 [**제1작업**] 시트의 [**B4:H12**] 영역을 블록 지정한 후 [삽입] 탭-[표] 그룹에서 [피벗 테이블]을 클릭한다.

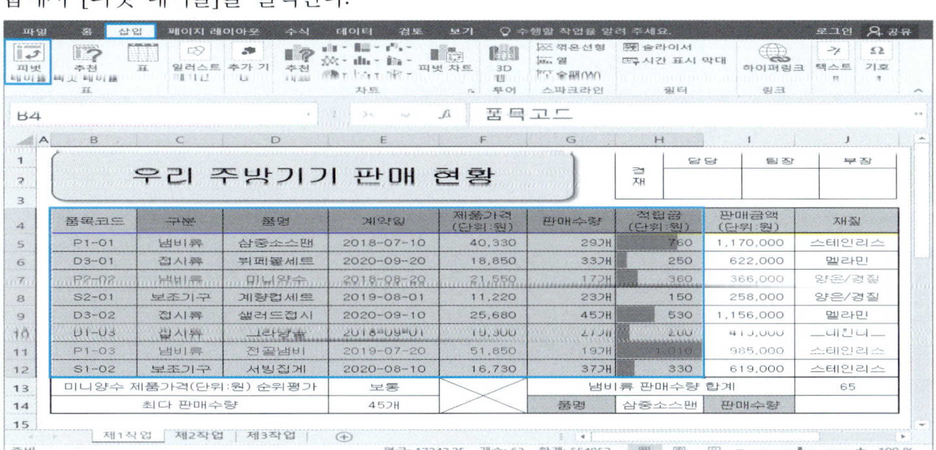

② [피벗 테이블 만들기] 대화상자에서 [기존 워크시트]를 선택한 후 [**제3작업**] 시트의 [**B2**] 셀을 클릭한 후 [확인]을 클릭한다.

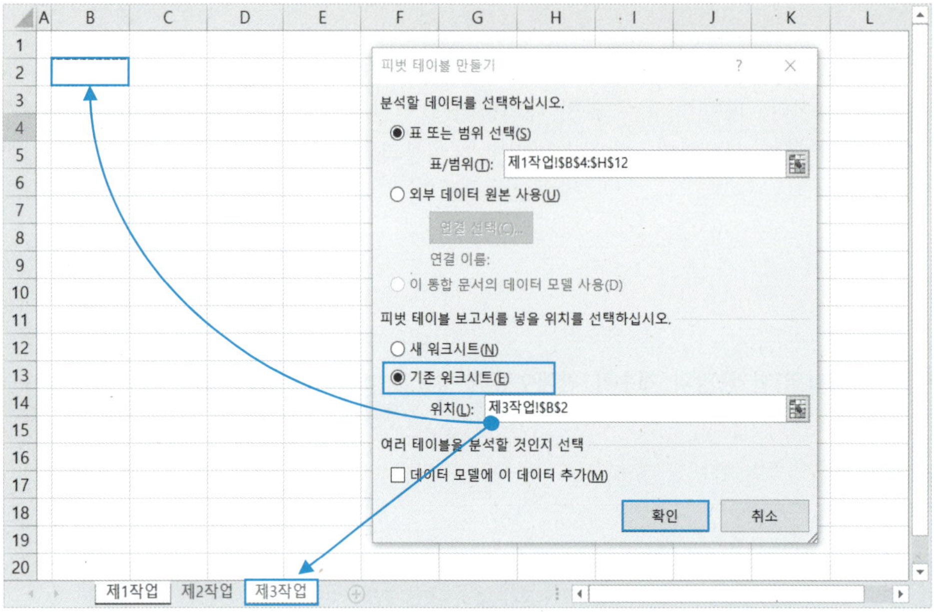

③ [피벗 테이블 필드 목록] 작업 창에서 '**계약일**' 필드를 드래그하여 [행] 레이블에 배치하고, '**구분**' 필드를 드래그하여 [열] 레이블에 배치한다.

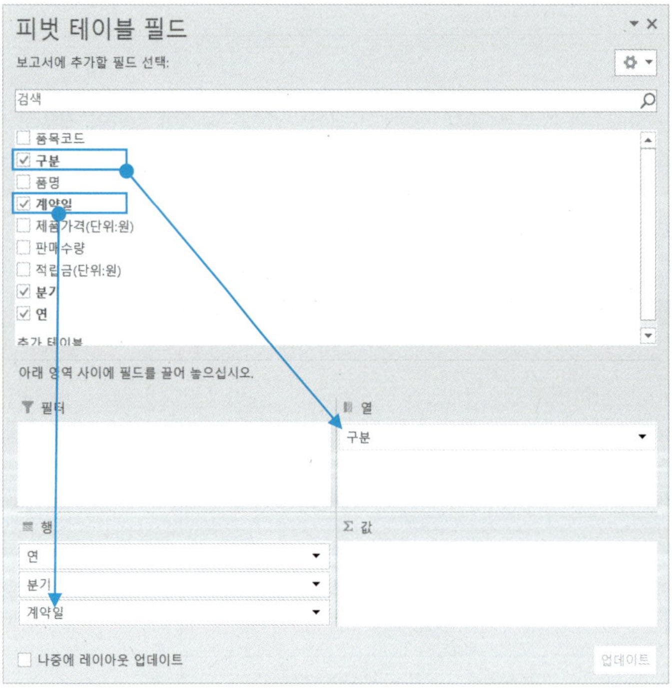

④ **'품명'**과 **'판매수량'**을 각각 마우스로 드래그하여 순서대로 [Σ 값] 영역에 끌어다 놓는다.

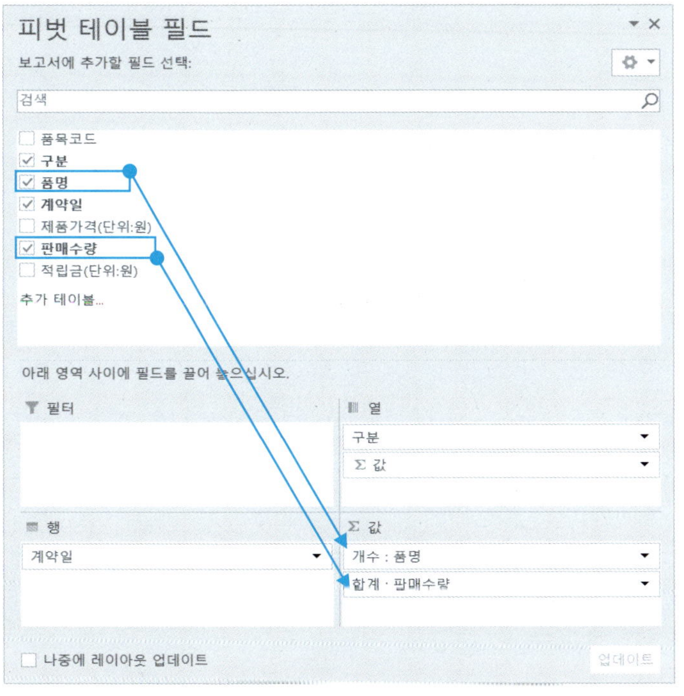

⑤ 계산 함수의 변경을 위해 **[합계 : 판매수량]** 부분을 클릭한 후 **[값 필드 설정]**을 선택한다.

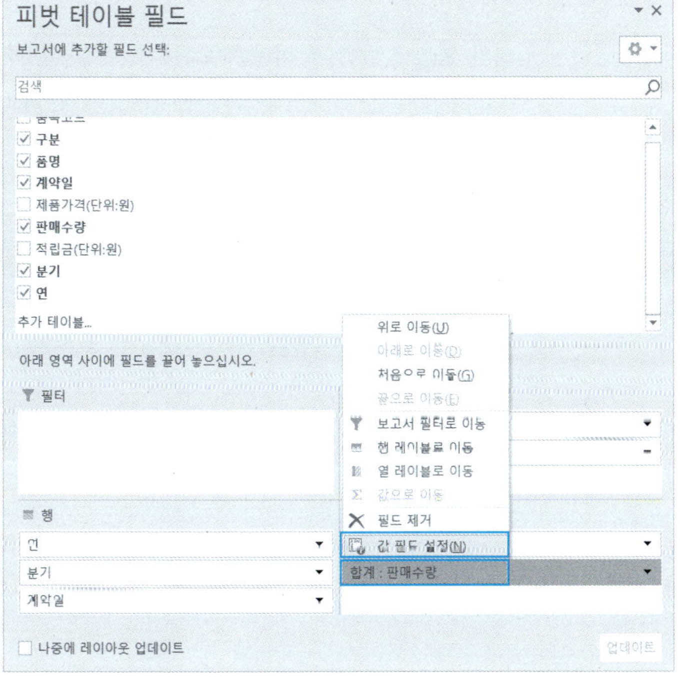

⑥ [값 필드 설정] 대화상자에서 함수를 **'평균'**으로 선택하고 [확인]을 클릭한다.

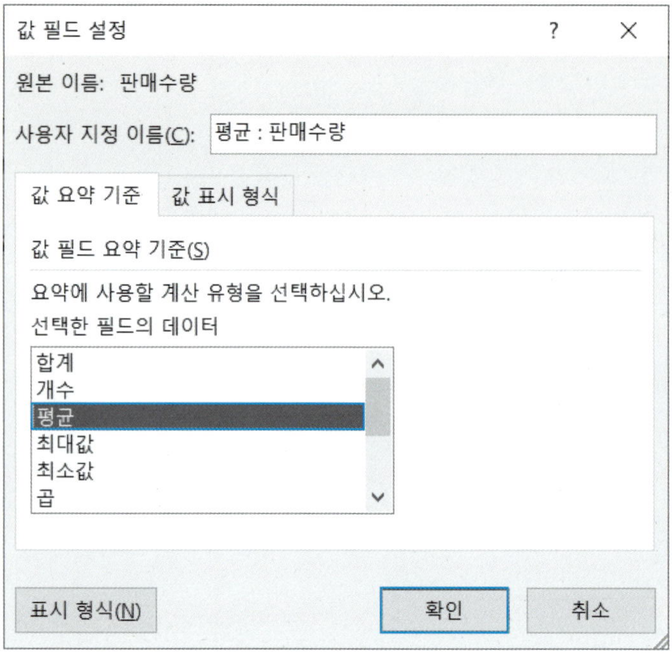

[Tip]

· 계산 함수 변경 : 값 요약 기준을 변경할 필드 [D4] 셀을 클릭한 후 마우스 오른쪽 단추를 클릭하고 [값 요약 기준]-[평균]을 클릭

§ 그룹화 : '계약일' 월별

① '계약일'을 그룹으로 지정하기 위해 [B5:B7] 영역의 임**의의 셀**을 클릭한 후 마우스 오른쪽 단추를 클릭하고 [**그룹**]을 선택한다.

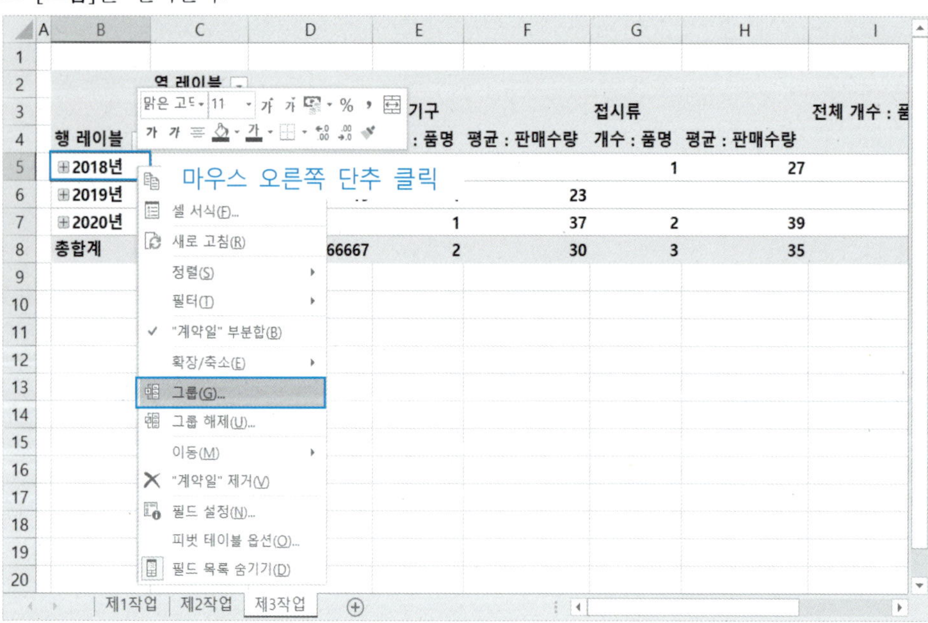

② [그룹화] 대화상자의 단위에서 '**분기**'와 '**연**'을 클릭하여 선택을 **해제**하면 월별로 그룹화된다.

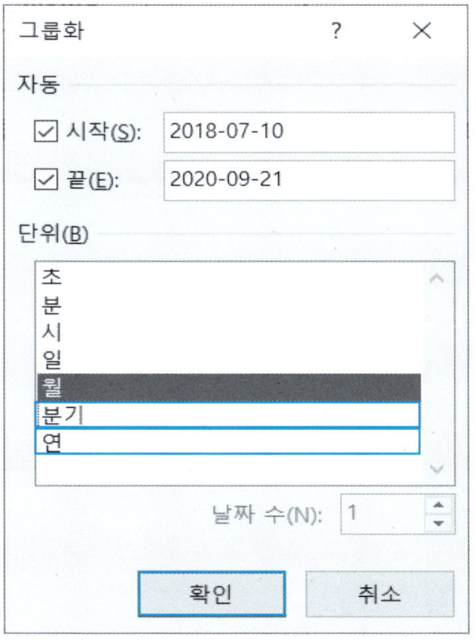

§ **판매수량 정수 표시**

③ [**D4**] 셀에 포인터를 두고 마우스 오른쪽 단추를 클릭하여 [**값 필드 설정**]을 선택한다.

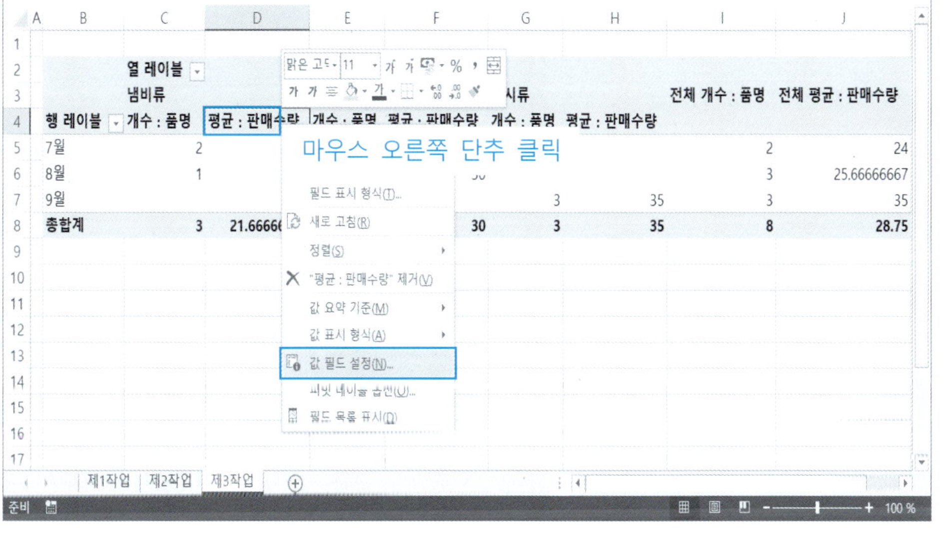

② [값 필드 설정] 대화상자에서 [표시 형식]을 클릭한다.

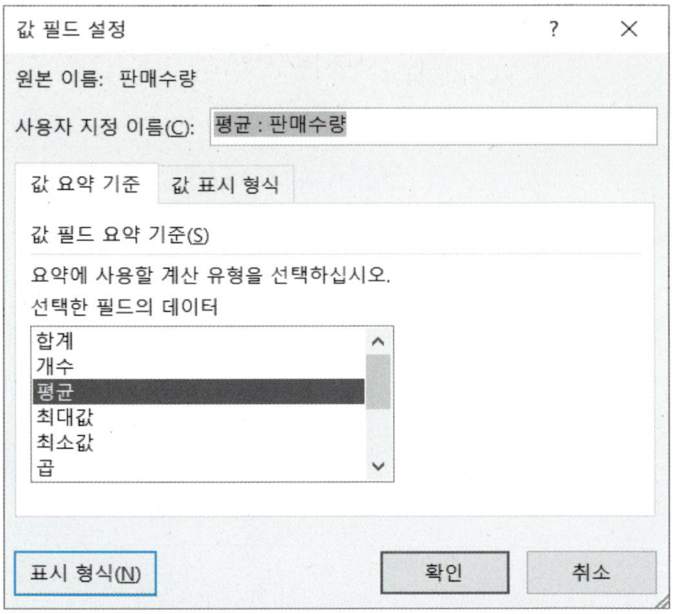

③ 범주에서 **'숫자'**를 선택하고 **'1000 단위 구분 기호(,) 사용'**을 선택한 후 [확인]을 클릭한다. [값 필드 설정] 대화상자가 나타나면 [확인]을 클릭한다.

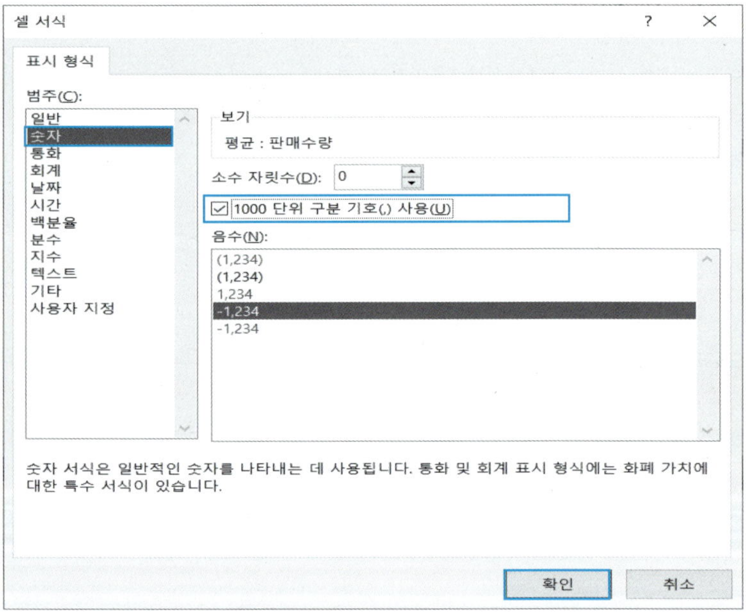

§ 레이블 수정 및 피벗 스타일 적용

① **[C2]** 셀에 '**구분**'을 입력하고 Enter↵을 클릭하고, **[B4]** 셀에 '**계약일**'을 입력하고 Enter↵을 클릭하여 수정한다.

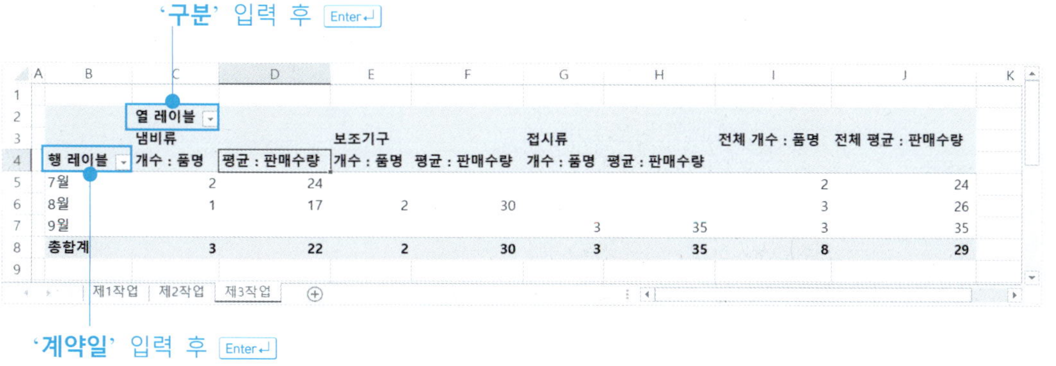

② 피벗 테이블의 디자인을 바꾸기 위해 [피벗 테이블 도구]-[디자인] 탭-[피벗 테이블 스타일] 그룹에서 -[자세히]( )을 클릭하고 '**피벗 스타일 보통3**'을 선택한다.

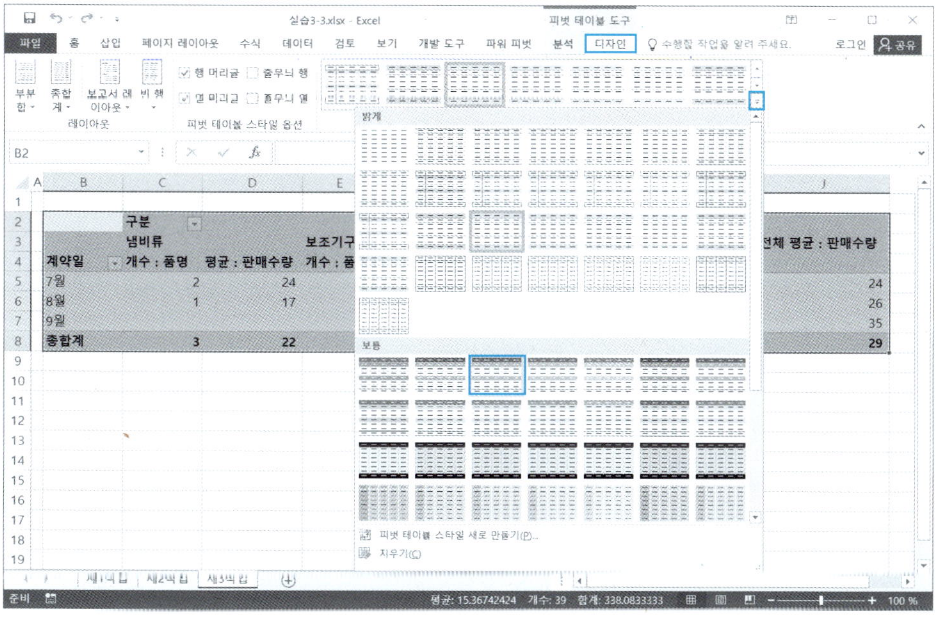

2 피벗 차트

① 피벗 테이블 범위 내 임의의 곳에 셀 포인터를 두고 [피벗 테이블 도구]-[분석] 탭-[도구] 그룹에서 [피벗 차트]를 선택한다. [차트 삽입] 대화상자에서 적합한 차트 유형을 선택하고 [확인]을 클릭한다.

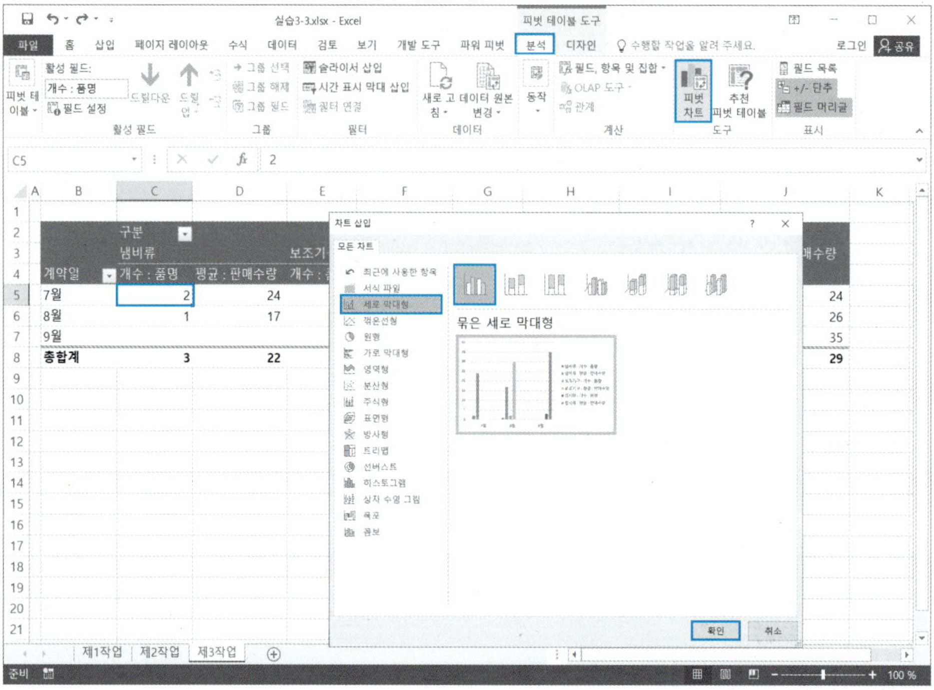

② 피벗 차트는 피벗 테이블의 요약된 데이터를 그래프 형식으로 보여줌으로써 다음과 같이 시각적인 효과를 나타낸다.

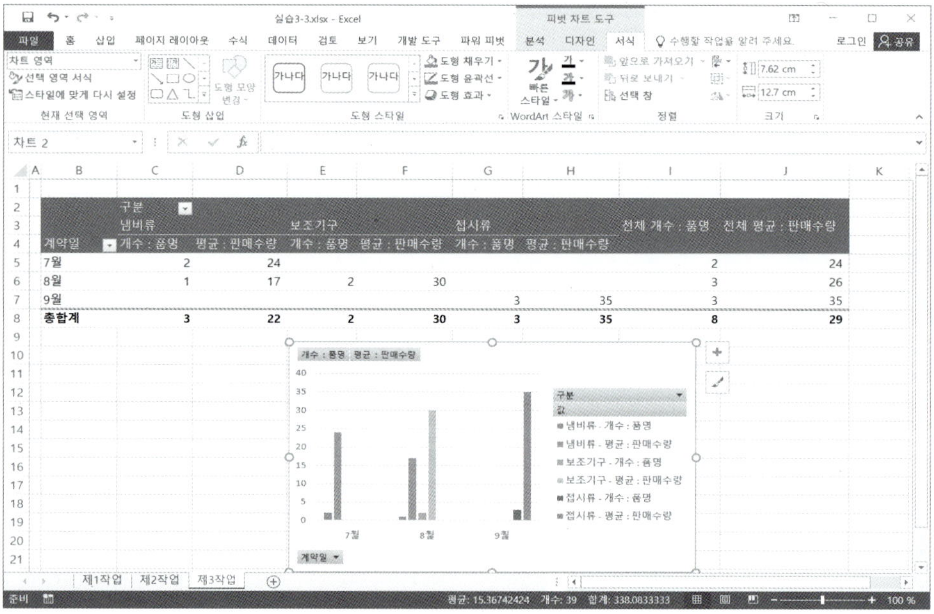

피벗 테이블

- **피벗 테이블 수정**

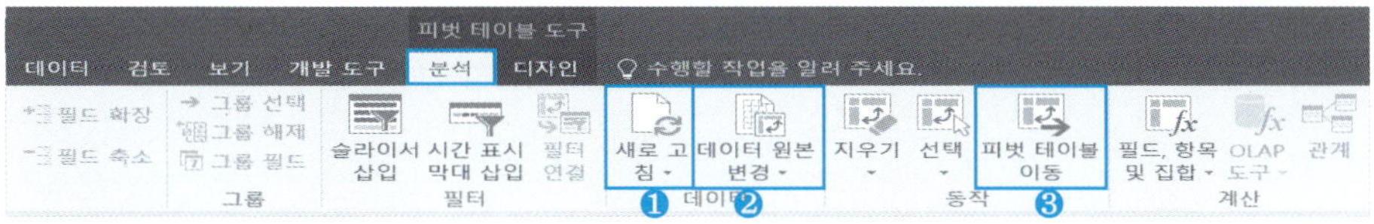

❶ 원본 데이터 수정

☞ 원본 데이터 수정 후 [분석] 탭 – [데이터] 그룹 – [**새로 고침**]을 선택하여 피벗 테이블 보고서에 반영

❷ 데이터 원본 영역 변경

☞ [분석] 탭 – [데이터] 그룹 – [**데이터 원본 변경**]을 선택 – 데이터 원본 영역을 다시 지정

❸ 피벗 테이블 위치 변경

☞ [분석] 탭 – [동작] 그룹 – [**피벗 테이블 이동**]을 선택하고 이동할 위치 지정

- **피벗 테이블 특징**
  - 엑셀 목록, 데이터베이스, 외부 데이터, 다중 통합 범위, 다른 피벗 테이블 등의 데이터를 사용
  - 각 필드에 다양한 조건을 지정할 수 있으며, 원하는 그룹별로 데이터 집계가 가능
  - 원본 데이터가 변경되면 [새로 고침] 또는 [모두 새로 고침]을 이용하여 수동으로 피벗 테이블 보고서를 업데이트 진행
  - 피벗 테이블과 피벗 차트를 함께 작성한 후에 피벗 테이블을 삭제하면 피벗 차트는 일반 차트로 변경
  - 피벗 테이블 보고서에서는 값 영역에 표시된 데이터를 삭제하거나 수정할 수 없음
  - 피벗 테이블을 삭제하려면 피벗 테이블 전체를 범위로 지정하고 <Delete> 키를 누름

Section 04 목표값 찾기와 중복 데이터 제거

목표값 찾기와 중복 데이터 제거에 대해 자세히 살펴보자.

1 목표값 찾기

예제 **'판매수량 평균'이 '30개'가 되려면 뷔페볼세트의 판매수량「G4」셀이 얼마가 되어야 하는가?**

① '실습3-4.xlsx' 파일을 열고 **[제2작업]** 시트를 클릭한다. **[H11]** 셀을 선택하고 [데이터] 탭-[예측] 그룹에서 [가상 분석]-[**목표값 찾기**]를 선택한다.

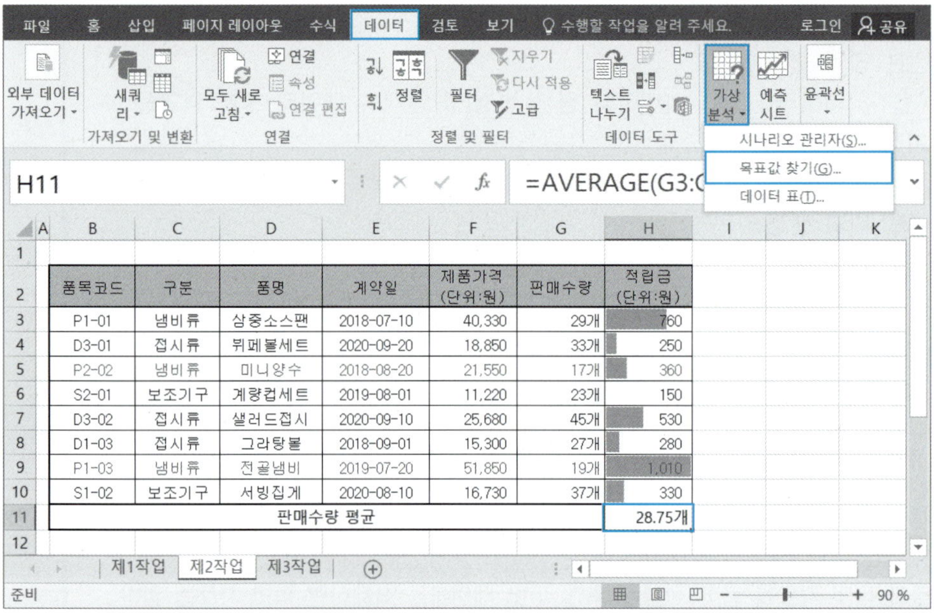

품목코드	구분	품명	계약일	제품가격 (단위:원)	판매수량	적립금 (단위:원)
P1-01	냄비류	삼중소스팬	2018-07-10	40,330	29개	760
D3-01	접시류	뷔페볼세트	2020-09-20	18,850	33개	250
P2-02	냄비류	미니양수	2018-08-20	21,550	17개	360
S2-01	보조기구	계량컵세트	2019-08-01	11,220	23개	150
D3-02	접시류	샐러드접시	2020-09-10	25,680	45개	530
D1-03	접시류	그라탕볼	2018-09-01	15,300	27개	280
P1-03	냄비류	전골냄비	2019-07-20	51,850	19개	1,010
S1-02	보조기구	서빙집게	2020-08-10	16,730	37개	330
판매수량 평균						28.75개

② [목표값 찾기] 대화상자에서 수식 셀에 **[H11]** 셀을 지정하고, 찾는 값에 **'30'**을 입력한다. 값을 바꿀 셀에 뷔페볼세트의 판매수량 **[G4]** 셀을 지정한 후 [확인]을 클릭한다.

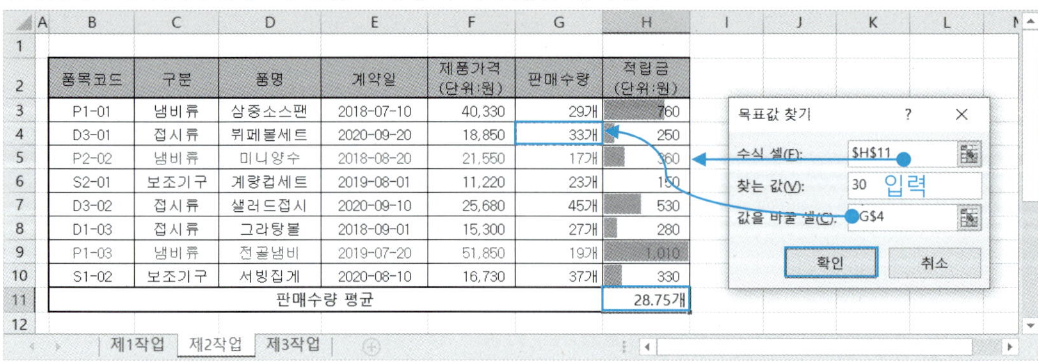

③ [목표값 찾기 상태] 대화상자에서 '셀 H11에 대한 값 찾기 답을 찾았습니다.'라는 메시지가 표시되면 [확인]을 클릭했을 때 목표값 찾기가 적용된다.

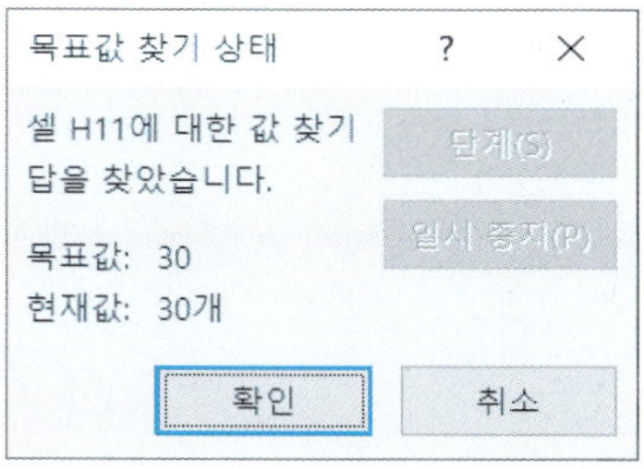

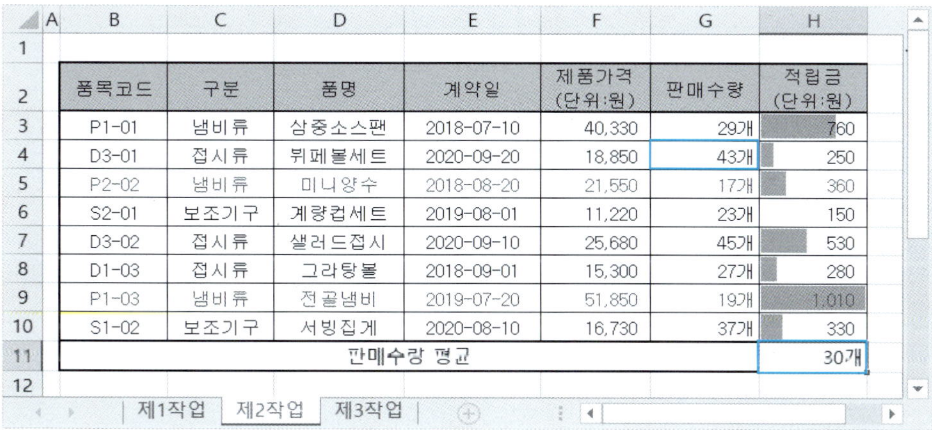

품목코드	구분	품명	계약일	제품가격 (단위:원)	판매수량	적립금 (단위:원)
P1-01	냄비류	삼중소스팬	2018-07-10	40,330	29개	760
D3-01	접시류	뷔페볼세트	2020-09-20	18,850	43개	250
P2-02	냄비류	미니양수	2018-08-20	21,550	17개	360
S2-01	보조기구	계량컵세트	2019-08-01	11,220	23개	150
D3-02	접시류	샐러드접시	2020-09-10	25,680	45개	530
D1-03	접시류	그라탕볼	2018-09-01	15,300	27개	280
P1-03	냄비류	전골냄비	2019-07-20	51,850	19개	1,010
S1-02	보조기구	서빙집게	2020-08-10	16,730	37개	330
판매수량 평균						30개

제1작업 제2작업 제3작업

목표값 찾기

- **[목표값 찾기]**

  ☞ [데이터] 탭 – [데이터 분석] 그룹 - [가상분석] - [목표값 찾기]

- **[목표값 찾기] 대화상자**

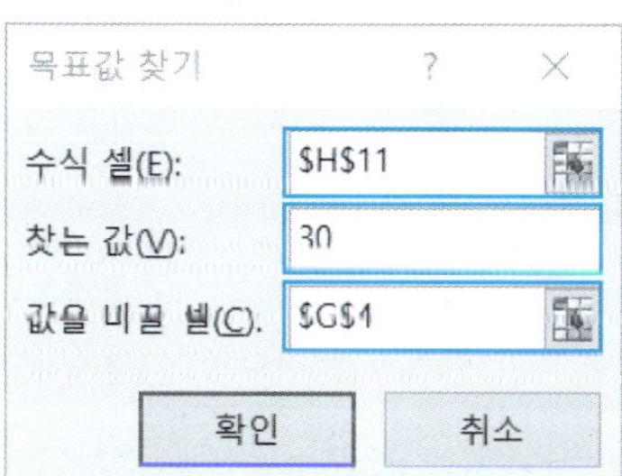

수식 셀	수식이 들어있는 결과 셀 지정
찾는 값	목표로 하는 값을 숫자로 직접 입력
값을 바꿀 셀	목표값을 얻기 위해 값을 바꾸기를 원하는 셀 지정

2 중복 데이터 제거

예제 '이름'과 '주민번호'가 중복된 데이터 제거

【출력 형태】

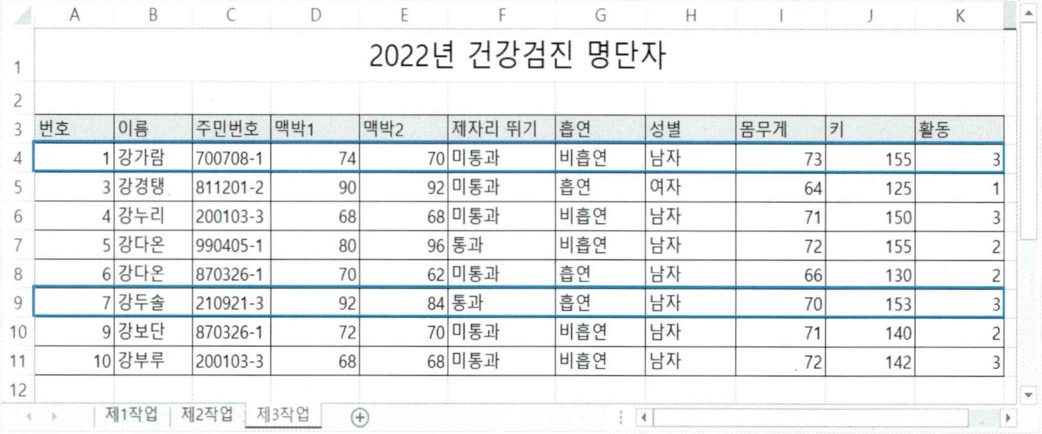

2022년 건강검진 명단자

번호	이름	주민번호	맥박1	맥박2	제자리 뛰기	흡연	성별	몸무게	키	활동
1	강가람	700708-1	74	70	미통과	비흡연	남자	73	155	3
3	강경탱	811201-2	90	92	미통과	흡연	여자	64	125	1
4	강누리	200103-3	68	68	미통과	비흡연	남자	71	150	3
5	강다온	990405-1	80	96	통과	비흡연	남자	72	155	2
6	강다온	870326-1	70	62	미통과	흡연	남자	66	130	2
7	강두솔	210921-3	92	84	통과	흡연	남자	70	153	3
9	강보단	870326-1	72	70	미통과	비흡연	남자	71	140	2
10	강부루	200103-3	68	68	미통과	비흡연	남자	72	142	3

① **[제3작업]** 시트에서 데이터 목록 내 임의의 곳에 셀 포인터를 두고 [데이터] 탭-[데이터 도구] 그룹에서 [중복된 항목 제거]를 클릭한다.

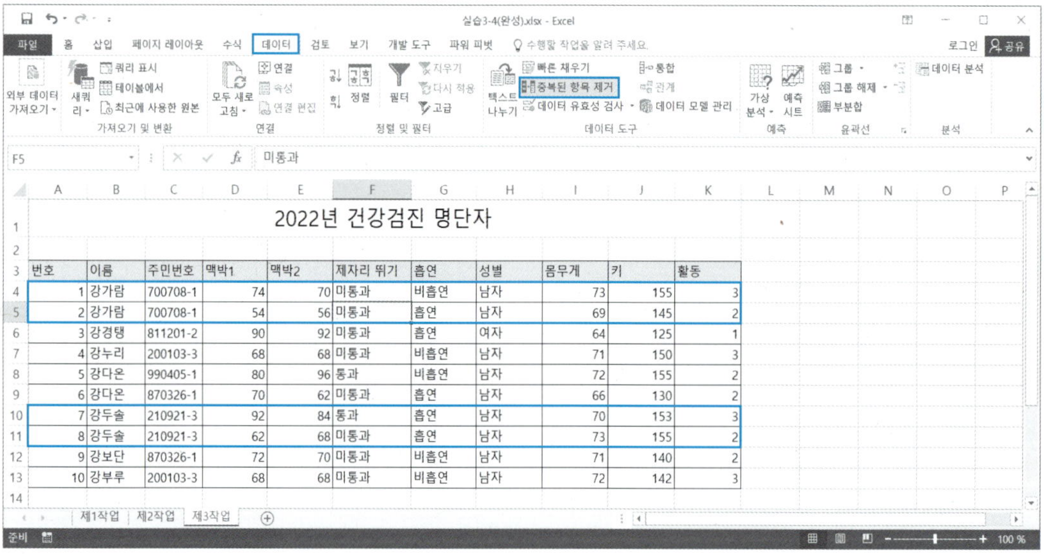

2022년 건강검진 명단자

번호	이름	주민번호	맥박1	맥박2	제자리 뛰기	흡연	성별	몸무게	키	활동
1	강가람	700708-1	74	70	미통과	비흡연	남자	73	155	3
2	강가람	700708-1	54	56	미통과	흡연	남자	69	145	2
3	강경탱	811201-2	90	92	미통과	흡연	여자	64	125	1
4	강누리	200103-3	68	68	미통과	비흡연	남자	71	150	3
5	강다온	990405-1	80	96	통과	비흡연	남자	72	155	2
6	강다온	870326-1	70	62	미통과	흡연	남자	66	130	2
7	강두솔	210921-3	92	84	통과	흡연	남자	70	153	3
8	강두솔	210921-3	62	68	미통과	흡연	남자	73	155	2
9	강보단	870326-1	72	70	미통과	비흡연	남자	71	140	2
10	강부루	200103-3	68	68	미통과	비흡연	남자	72	142	3

② [중복된 항목 제거] 대화상자의 [열] 목록에서 **'이름'**과 **'주민번호'**를 선택하고 [확인]을 클릭한다.

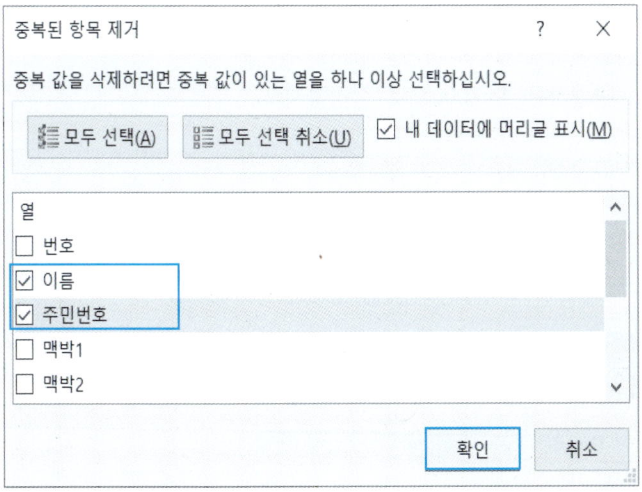

③ 2개의 중복된 값이 제거되었다는 메시지 대화상자에서 [확인]을 클릭한다.

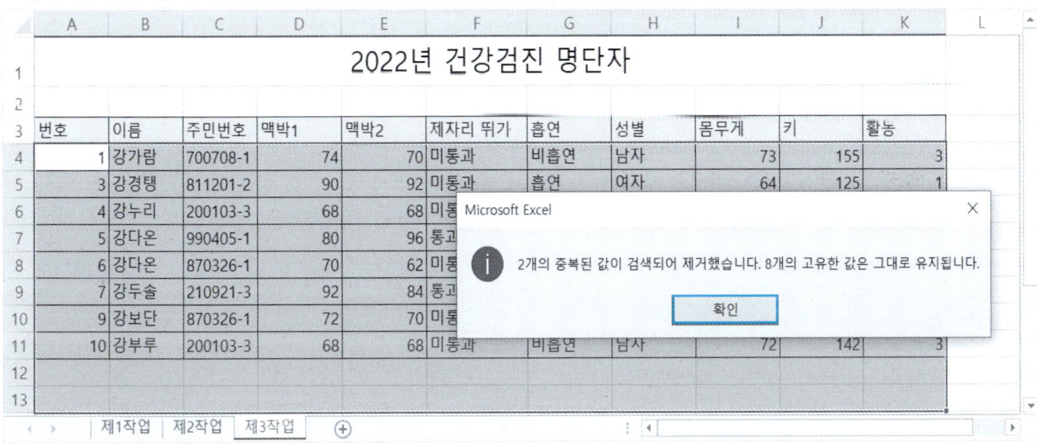

Section 05 시나리오

시나리오는 다양한 상황과 변수에 따른 여러 가지 결과값의 변화를 가상의 상황을 통해 예측하여 분석하는 도구로 셀 값의 변동에 대한 서로 다른 여러 시나리오를 만들어 변화하는 결과값을 예측하기 위해 사용된다.

1 시나리오

예제 **'컴퓨터 판매 현황' 표에서 판매가 [E13]가 다음과 같이 변동하는 경우 판매총액 [E11]의 변동 시나리오에 대해 알아본다.**

【조건】

- [E13] 셀의 이름은 "판매가", [E11] 셀의 이름은 "판매총액합계"로 정의하시오.
- 시나리오1: 시나리오 이름은 '판매가인상', 판매가를 600,000으로 설정하시오.
- 시나리오2: 시나리오 이름은 '판매가인하', 판매가를 400,000으로 설정하시오.

【출력 형태】

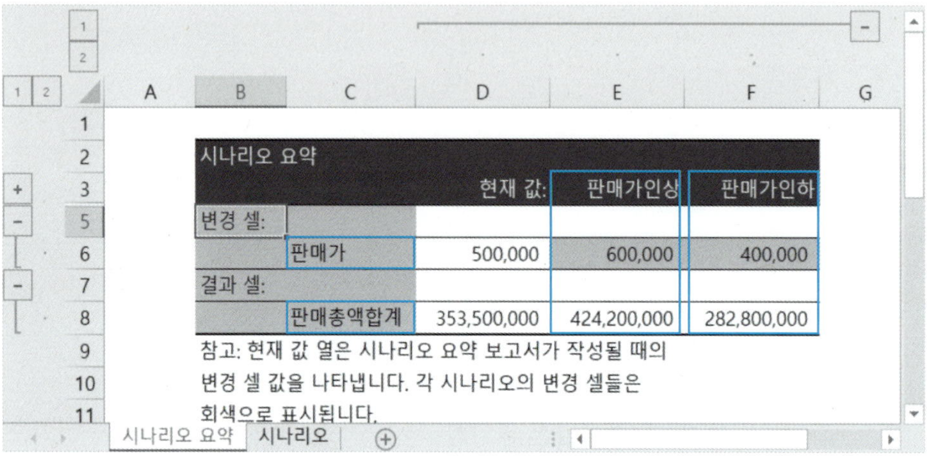

§ 이름 정의

① '실습3-5.xlsx' 파일을 열고 **[시나리오]** 시트에서 **[E13]** 셀을 선택하고 이름 상자에 **판매가**를 입력한 후 Enter↵를 누른다. 같은 방법으로 **[E11]** 셀의 이름을 **판매총액합계**로 정의한다.

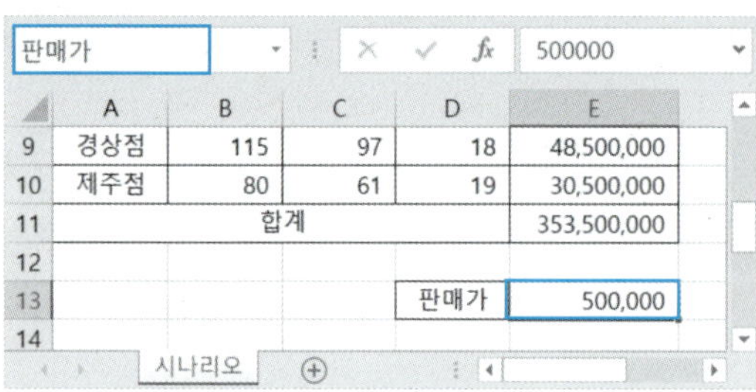

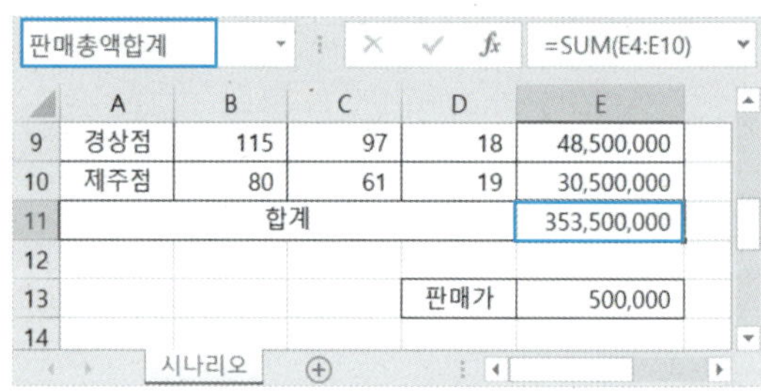

② [데이터] 탭-[예측] 그룹-[가상 분석]-[시나리오 관리자]를 선택한다.

③ '시나리오 관리자' 대화상자에서 <추가>를 클릭한다.

§ **시나리오1(판매가인상)**

④ '시나리오 추가' 대화상자에서 그림과 같이 지정한 후 <확인>을 클릭한다.

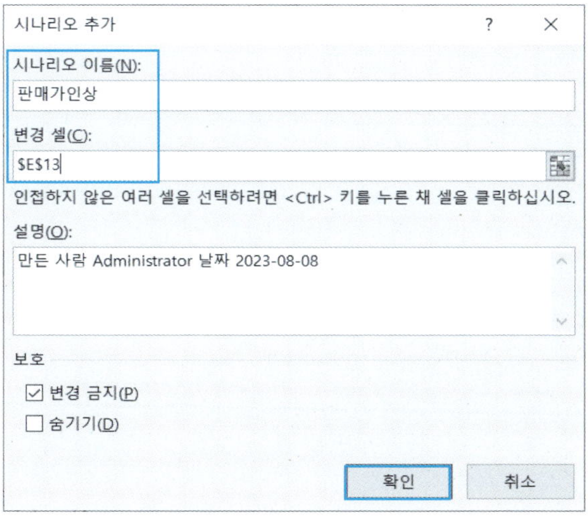

⑤ '시나리오 값' 대화상자에서 판매가에 **600000**을 입력한 후 <추가>를 클릭한다.

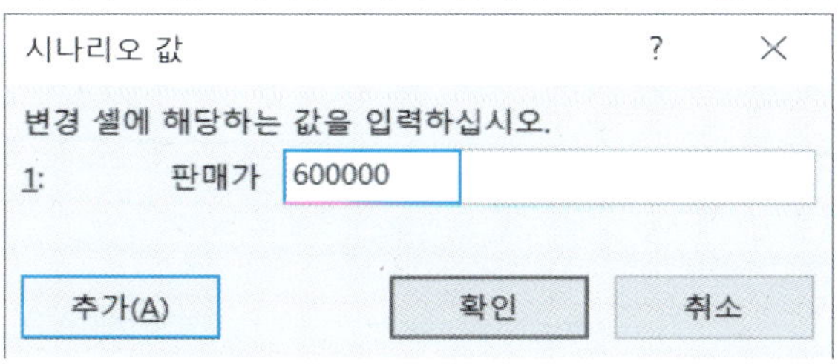

§ **시나리오2(판매가인하)**

⑥ '시나리오 추가' 대화상자에서 그림과 같이 지정한 후 <확인>을 클릭한다.

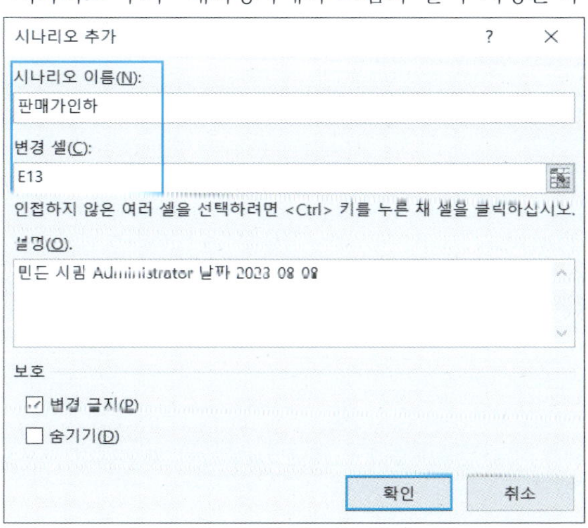

⑦ '시나리오 값' 대화상자에서 판매가에 **400000**을 입력한 후 <확인>을 클릭한다.

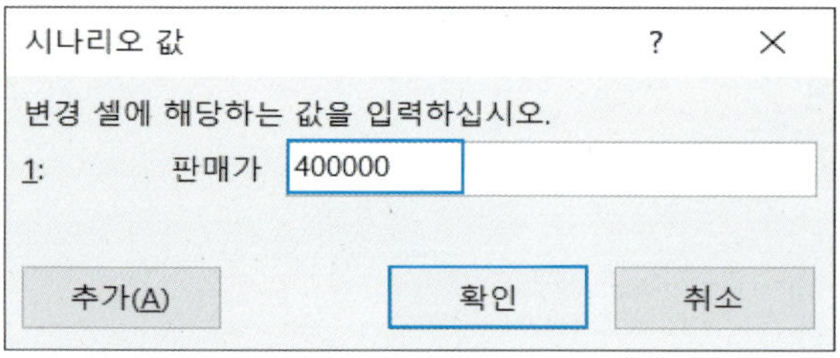

§ 시나리오 요약 보고서

⑧ '시나리오 관리자' 대화상자에서 <요약>을 클릭한다.

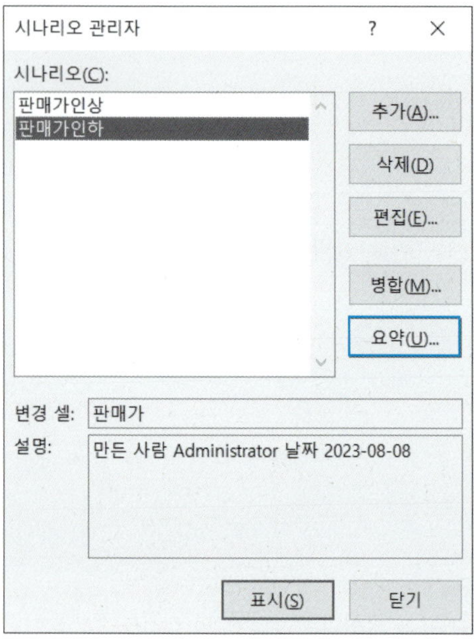

⑨ '시나리오 요약' 대화상자에서 그림과 같이 지정한 후 <확인>을 클릭한다.

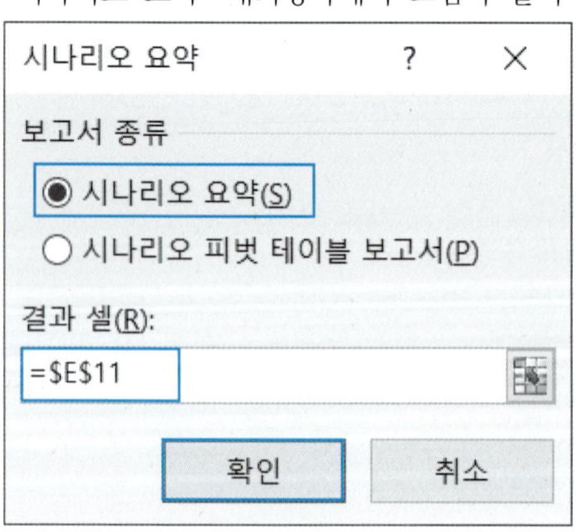

연습문제

1. 연습3-1.xlsx 파일은 '우리 주방기기 판매 현황'에 대한 자료이다.
   아래 조건에 맞게 완성하시오(연습3-1.xlsx(완성)).

고급필터

[제2작업] 필터 및 서식

☞ [제1작업] 시트의 「B4:H12」 영역을 복사하여 [제2작업] 시트의 「B2」셀부터 모두 붙여넣기를 한 후 다음의 조건과 같이 작업하시오.

【조건】

(1) 고급 필터 – 구분이 '냄비류'이면서 적립금(단위: 원)이 '500' 이상이거나, 적립금(단위: 원)이 '300' 이하인 자료의 데이터만 추출하시오.
- 조건 범위:「B13」셀부터 입력하시오.
- 복사 위치:「B18」셀부터 나타나도록 하시오.

(2) 표 서식 – 고급 필터의 결과 셀을 채우기 없음으로 설정한 후 '표 스타일 보통 6'의 서식을 적용하시오.
- 머리글 행, 줄무늬 행을 적용하시오.

[제3작업] 피벗 테이블

☞ [제1작업] 시트를 이용하여 [제3작업] 시트에 조건에 따라 【출력 형태】와 같이 작업하시오.

피벗테이블

【조건】

(1) 계약일 및 구분별 품명의 개수와 판매수량의 평균을 구하시오.
(2) 계약일을 그룹화하고, 구분을 【출력 형태】와 같이 정렬하시오.
(3) 레이블이 있는 셀 병합 및 가운데 맞춤 적용 및 빈 셀은 '***'로 표시하시오.
(4) 행의 총합계를 지우고, 나머지 사항은 【출력 형태】에 맞게 작성하시오.

【출력 형태】

	A	B	C	D	E	F	G	H
1								
2			구분					
3			접시류		보조기구		냄비류	
4		계약일	개수 : 품명	평균 : 판매수량	개수 : 품명	평균 : 판매수량	개수 : 품명	평균 : 판매수량
5		7월	***	***	***	***	2	24
6		8월	***	***	2	30	1	17
7		9월	3	35	***	***	***	***
8		**총합계**	**3**	**35**	**2**	**30**	**3**	**22**
9								

제1작업 | 제2작업 | 제3작업

2. 연습3-2.xlsx 파일은 '우리 주방기기 판매 현황'에 대한 자료이다. 아래 조건에 맞게 완성하시오(연습3-2.xlsx(완성)).

[제2작업] 목표값 찾기 및 필터

☞ [제1작업] 시트의「B4:H12」영역을 복사하여 [제2작업] 시트의 「B2」셀부터 모두 붙여넣기를 한 후 다음의 조건과 같이 작업하시오.

【조건】

(1) 목표값 찾기

- 「B11:G11」셀을 병합하여 "판매수량 평균"을 입력한 후「H11」셀에 판매수량의 평균을 구하시오(AVERAGE 함수, 테두리, 가운데 맞춤).
- '판매수량 평균'이 '30개'가 되려면 뷔페볼세트의 판매수량「G4」셀이 얼마가 되어야 하는지 목표값을 구하시오.

(2) 고급 필터

- 구분이 '접시류'가 아니거나 제품가격(단위: 원)이 '15,000' 이하인 자료의 품목코드, 구분, 품명, 제품가격(단위: 원), 판매수량의 데이터만 추출하시오.
- 조건 범위:「B14」셀부터 입력하시오.
- 복사 위치:「B18」셀부터 나타나도록 하시오.

[제3작업] 정렬 및 부분합

☞ [제1작업] 시트의「B4:H12」영역을 복사하여 [제3작업] 시트의 「B2」셀부터 모두 붙여넣기를 한 후 다음의 조건과 같이 작업하시오.

【조건】

(1) 부분합 – 【출력 형태】처럼 정렬하고, 품명의 개수와 제품가격(단위: 원)의 평균을 구하시오.
(2) 윤곽 – 지우시오.
(3) 나머지 사항은 【출력 형태】에 맞게 작성하시오.

【출력 형태】

	A	B	C	D	E	F	G	H
1								
2		품목코드	구분	품명	계약일	제품가격(단위:원)	판매수량	적립금(단위:원)
3		D3-01	접시류	뷔페볼세트	2020-09-20	18,850	33개	250
4		D3-02	접시류	샐러드접시	2020-09-10	25,680	45개	530
5		D1-03	접시류	그라탕볼	2018-09-01	15,300	27개	280
6			접시류 평균			19,943		
7			접시류 개수	3				
8		S2-01	보조기구	계량컵세트	2019-08-01	11,220	23개	150
9		S1-02	보조기구	서빙집게	2020-08-10	16,730	37개	330
10			보조기구 평균			13,975		
11			보조기구 개수	2				
12		P1-01	냄비류	삼중소스팬	2018-07-10	40,330	29개	760
13		P2-02	냄비류	미니양수	2018-08-20	21,550	17개	360
14		P1-03	냄비류	전골냄비	2019-07-20	51,850	19개	1,010
15			냄비류 평균			37,910		
16			냄비류 개수	3				
17			전체 평균			25,189		
18			전체 개수	8				
19								

제1작업 | 제2작업 | 제3작업

3. 연습3-3.xlsx 파일을 열고 아래 조건에 맞게 완성하시오(연습3-3.xlsx(완성)).

【조건】

(1) [정렬] 시트 : '실입고수량'에서 셀 색 RGB(255,199,206)이 위에 표시,
'실입고 공급가액'에서 글꼴 색 RGB(156,0,6)이 위에 표시

(2) [사용자 지정 목록] 시트 : '대금 지급여부'를 '미지급','지급','미입고' 순으로 정렬

(3) [부분합] 시트 : 구분별(오름차순) '수량'의 개수와 '정가총액', '납품가'의 평균을 부분합으로 구하기

(4) [필터] 시트 : '이름'에서 첫 글자가 '조'인 데이터 추출
'이름'에서 '아'를 포함하는 데이터 추출
'성별'이 '남자'이면서 '맥박1'이 '60~90'인 데이터 추출

(5) [피벗 테이블] 시트 : 【출력 형태】와 같이 '대상' 및 '수강요일'별 수강료의 개수를 작성하고,
'피벗 스타일 보통4'를 적용하시오.

【출력 형태】

수강요일

대상

개수 : 수강료	열 레이블					
행 레이블	월	화	수	목	금	토
6세						4
6세		1	2	3		2
성인	1		10	6	4	3
중1						1
초1						4
초1	3		1			2
초3						4
초3	1	1	1	1		10
총합계	**5**	**2**	**14**	**10**	**4**	**30**

정렬 | 사용자지정목록 | 부분합 | 필터 | 피벗테이블

4. 연습3-4.xlsx 파일을 열고 [시나리오 관리자] 기능을 이용하여 '1월 컴퓨터 판매 현황' 표에서 판매가격 [B4]과 판매수량 [B5]이 다음과 같이 변동하는 경우 순이익 [E6]의 변동 시나리오를 작성하시오(연습3-4.xlsx(완성)).

【조건】

- [B4] 셀의 이름은 "판매가격", [B5] 셀의 이름은 "판매수량", [E6] 셀의 이름은 "순이익"으로 정의하시오.
- 시나리오1: 시나리오 이름은 '인상증가', 판매가격은 950,000, 판매수량은 350으로 설정하시오.
- 시나리오2: 시나리오 이름은 '인하감소', 판매가격은 750,000, 판매수량은 150으로 설정하시오.
- 위 시나리오에 의한 '시나리오 요약' 보고서는 '분석작업-1' 시트 바로 앞에 위치시키시오.

CHAPTER 04 데이터 시각화

Excel

데이터 시각화는 차트, 그래프 또는 맵과 같은 시각적 요소를 사용해 데이터를 표시하는 과정으로 이를 통해 복잡하거나, 용량이 크거나, 숫자로 된 데이터를 처리하기 쉬운 시각적 표현으로 변환한다. 시각적 표현을 사용해 원시 데이터에서 실행할 수 있는 인사이트를 추출할 수 있다.

데이터 시각화 도구는 정확성과 세부 정보를 위해 시각적 통신 프로세스를 개선하고 자동화한다. 데이터 시각화의 대표적인 툴에는 FineReport, D3, Google Data Studio, Microdoft Power BI, Tableau 등이 있다. 다양한 시각화 툴을 이용하여 다음과 같은 시각화가 가능하다.

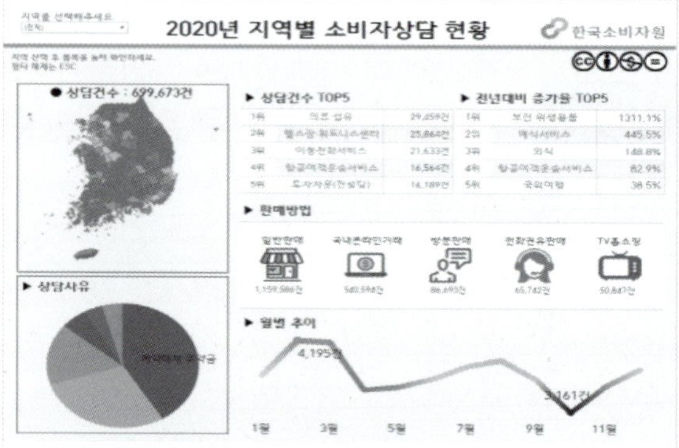

2020년 지역별 소비자상담 현황

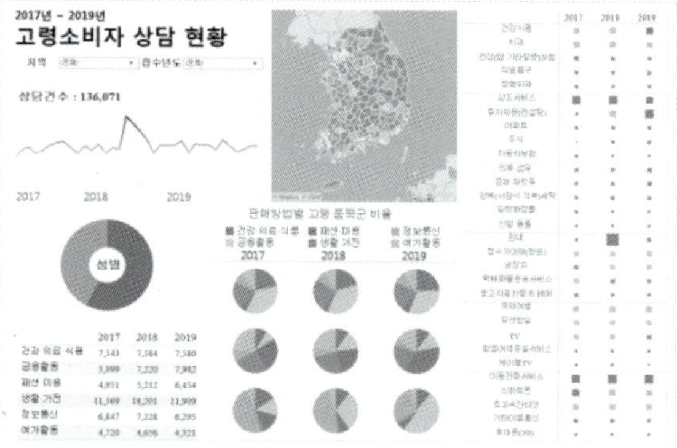

고령소비자 상담 현황(2017 ~ 2019)

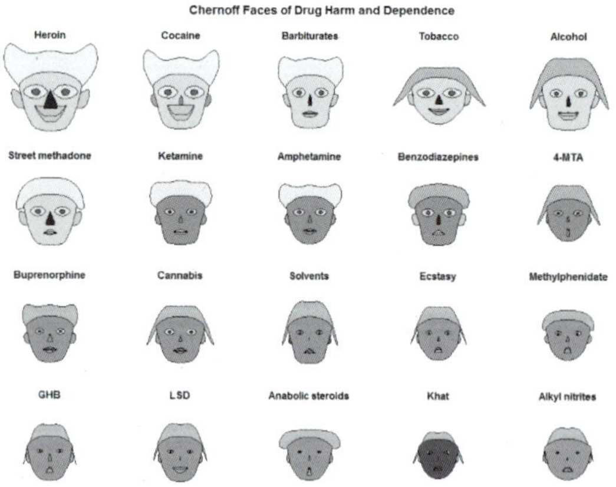

엑셀에서 데이터 시각화 방법으로 [데이터 분석] 추가 기능이나 KESS 프로그램을 이용한 통계분석 출력물, 피벗 테이블, 슬라이서, 스파이크 라인, 차트 등이 있다. 본 장에서는 차트의 개념과 구성 요소를 살펴보고, 묶은 세로 막대형 차트와 꺾은 선 차트를 혼합한 콤보 차트를 작성하고 편집하는 방법에 대해 알아본다.

Section 01 차트 구성 요소

차트는 데이터 시각화 도구로 사용되며 여러 가지 요소로 구성된다. 차트의 개념과 차트의 구성 요소를 자세히 학습해보자.

- **차트란?**
  - 표의 데이터를 그림이나 그래프로 나타낸 것이다.
  - 데이터를 한눈에 비교하고 추세를 확인할 수 있으며, 내용을 쉽고 빠르게 전달할 수 있다.
  - [삽입] 탭-[차트] 그룹을 이용하거나 바로 가기 키 F11을 클릭하여 작성할 수 있다.
  - 기본 차트를 만들고 난 후 [차트 도구]를 사용하거나, 바로 가기 메뉴를 사용해서 조절하고 서식을 지정할 수 있다.

- **차트의 구성 요소**

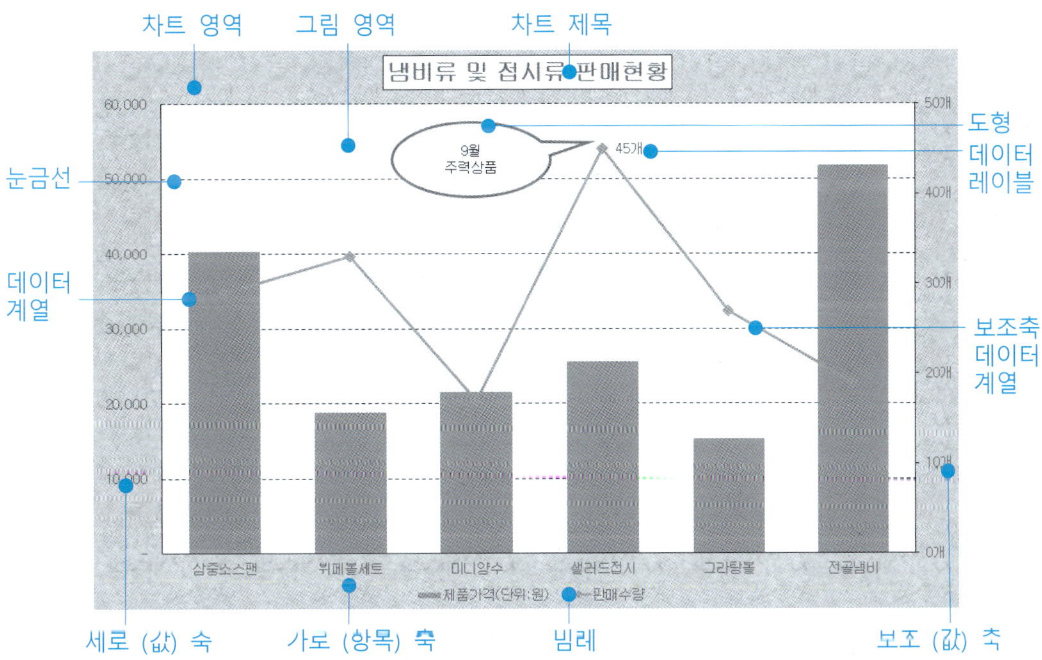

Section 02 차트 작성

- 우리 주방기기 판매현황('실습4-1.xlsx' 파일)의 [제1작업] 시트 데이터에 대해 [추천 차트]를 이용하여 조건에 따라 묶은 세로 막대와 표식이 있는 꺾은선형 콤보 차트를 작성해 보자.

【조건】

(1) 차트 종류 ⇒ <묶은 세로 막대형>으로 작업하시오.
(2) 데이터 범위 ⇒ [제1작업] 시트의 내용을 이용하여 작업하시오.
(3) 위치 ⇒ "새 시트"로 이동하고, [제4작업]으로 시트 이름을 바꾸시오.
(4) 서식 ⇒ 판매수량 계열의 차트 종류를 <표식이 있는 꺾은 선형>으로 변경한 후보조축으로 지정하시오.

차트

【출력 형태】

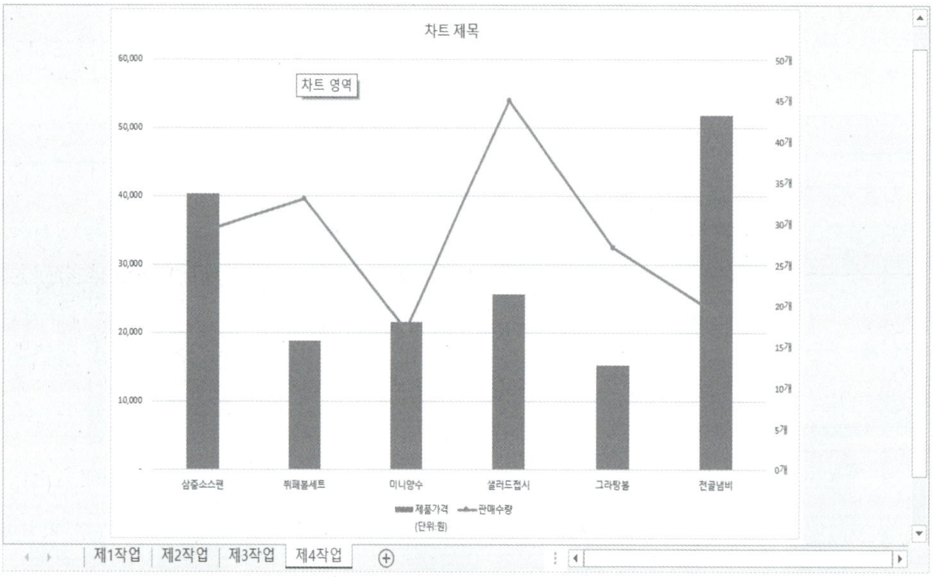

① '실습4-1.xlsx' 파일을 열고, 차트에 표시할 데이터 영역 설정을 위해 [제1작업] 시트에서 **[D4]** 셀을 선택하고 Ctrl을 누른 상태로 **[F4:G4]** 영역을 드래그하여 필드명을 선택한다. 데이터 영역 선택을 위해 Ctrl을 누른 상태에서 **[D5:D7]**, **[D9:D11]**, **[F5:G7]**, **[F9:G11]** 영역을 순서대로 블록 지정한다.

※ 블록 지정된 상태에서 F11을 누르면 새로운 **[Chart1]**에 묶은 세로 막대형의 기본 차트 생성

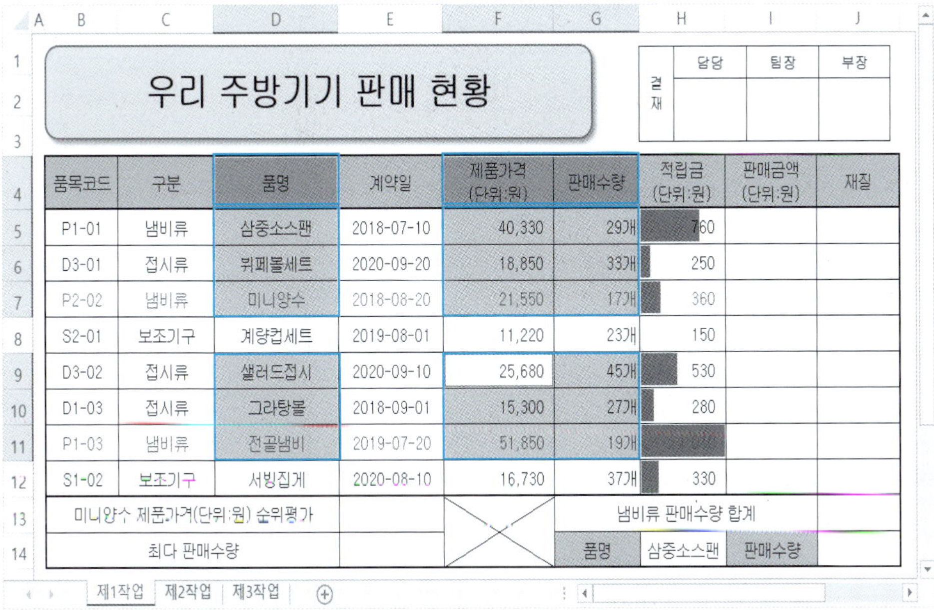

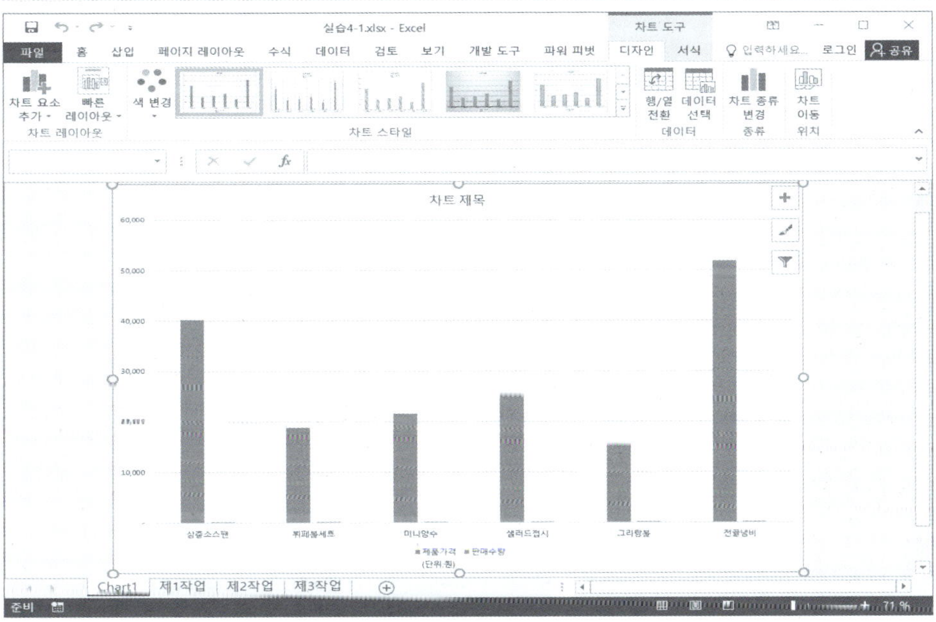

[TIp]

- Alt+F1 : 현재 시트에 기본 차트(묶은 세로막대형) 작성
- F11 : 차트지에 기본 차트(묶은 세로막대형) 작성

② [삽입] 탭-[차트] 그룹에서 [추천 차트]를 클릭한다.

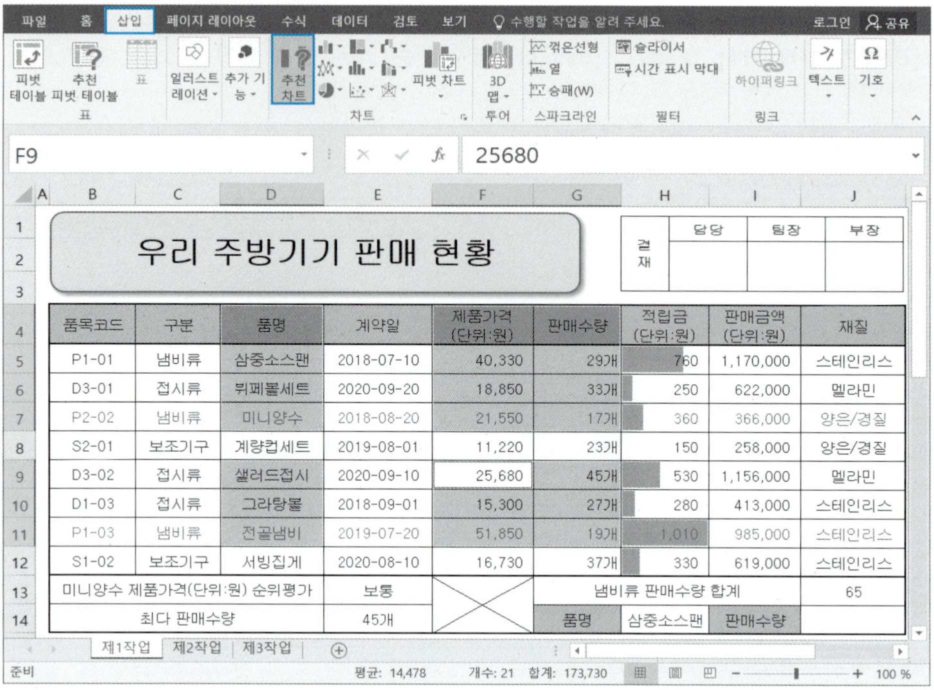

③ [차트 삽입] 대화상자에서 [모든 차트] 탭에서 [콤보]를 클릭한다. 데이터 계열에 대한 차트 종류와 축 선택은【출력 형태】를 참고하여 **제품가격(단위: 원)** 계열은 **'묶은 세로 막대형'**으로, **판매수량** 계열은 **'표식이 있는 꺾은선형'**과 **'보조 축'**을 클릭하여 선택한다.

④ 차트가 삽입되면 [차트 도구]-[디자인] 탭의 [위치] 그룹에서 [차트 이동]( )을 클릭한다.

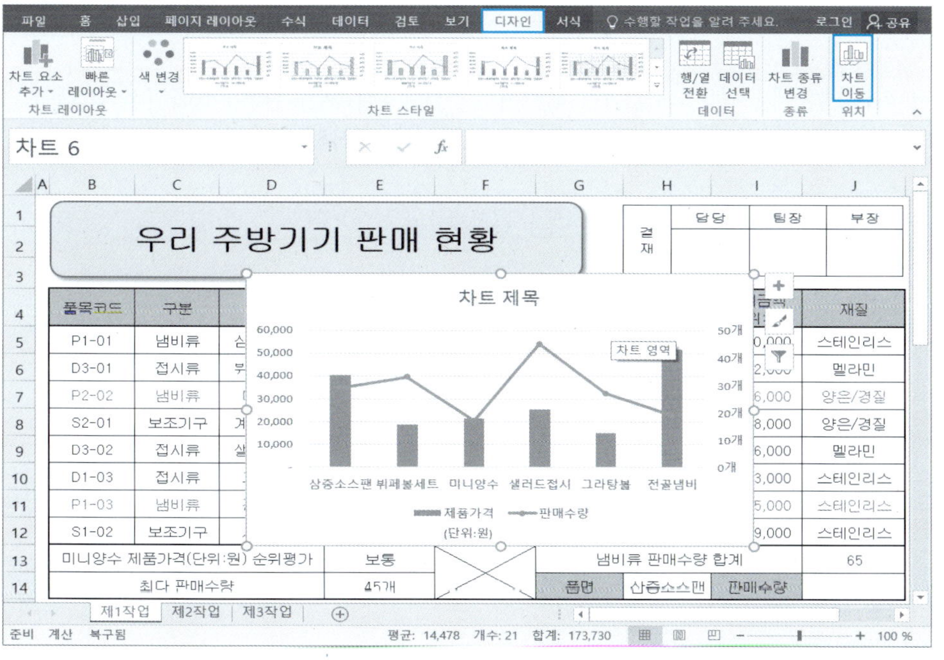

⑤ [차트 이동] 대화상자가 나타나면 '새 시트'를 선택하고 입력란에 시트 이름을 '**제4작업**'으로 변경한 후 [확인]을 클릭한다.

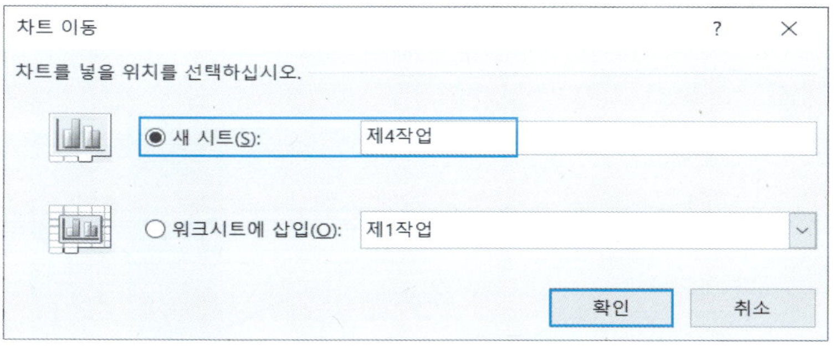

⑥ [제1작업] 시트 왼쪽에 삽입된 [**제4작업**] 시트 탭을 클릭하여 [제3작업] 시트 뒤로 드래그하여 이동시킨다.

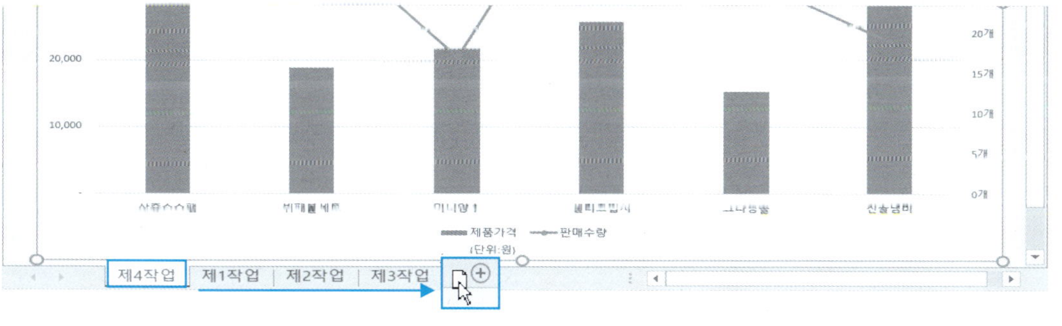

Section 03 차트 편집

차트를 선택하면 리본 메뉴에 [차트 도구] 탭이 생기며, 그 안에 [디자인], [레이아웃], [서식] 탭이 제공된다. 이 도구를 이용하거나 바로 가기 메뉴를 이용해서 차트를 편집하는 방법을 알아본다.

- [제4작업] 시트에 작성된 혼합형 차트를 조건에 따라 편집해보자.

【조건】

(1) 차트 디자인 도구 ⇒ 레이아웃 3, 스타일 1을 선택하여【출력 형태】에 맞게 작업하시오.
(2) 영역 서식 ⇒ 차트: 글꼴(굴림, 11pt), 채우기 효과(질감-분홍 박엽지)
그림: 채우기(흰색, 배경1)
(3) 제목 서식 ⇒ 차트 제목: 글꼴(굴림, 굵게, 20pt), 채우기(흰색, 배경1), 테두리
(4) 서식 ⇒ 판매수량 계열의 차트 종류를 <표식이 있는 꺾은 선형>으로 변경한 후 보조 축으로 지정하시오.
계열:【출력 형태】를 참조하여 표식(다이아몬드, 크기 10)과 레이블 값을 표시하시오.
눈금선: 선 스타일-파선
축:【출력 형태】를 참조하시오.
(5) 범례 ⇒ 범례명을 변경하고【출력 형태】를 참조하시오.
(6) 도형 ⇒ '타원형 설명선'을 삽입한 후【출력 형태】와 같이 내용을 입력하시오.

【출력 형태】

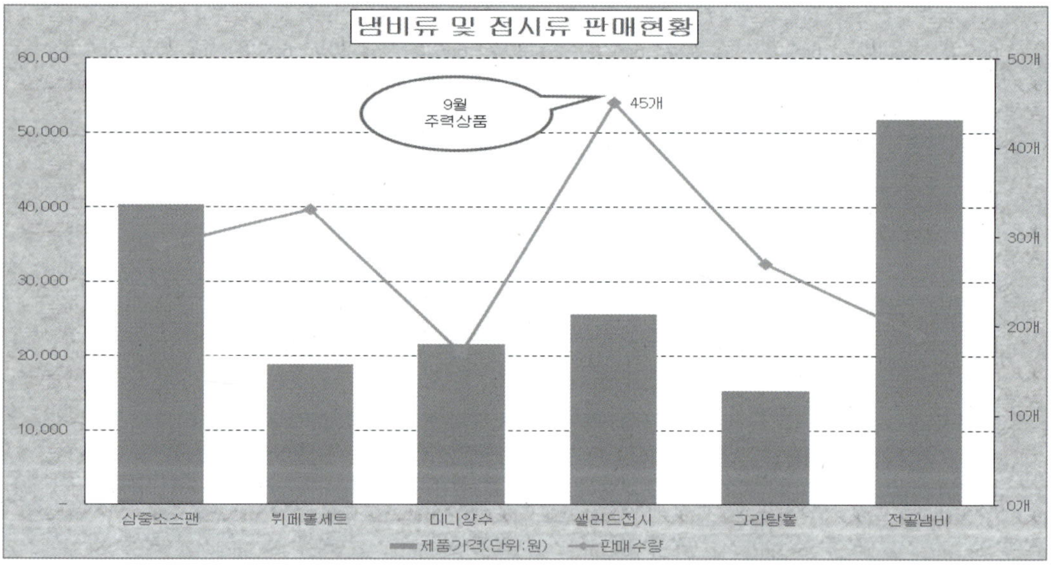

1 차트 디자인 도구

① 차트 디자인 지정을 위해 [차트 도구]-[디자인] 탭-[차트 레이아웃] 그룹에서 [빠른 레이아웃]에서 **[레이아웃 3]**을 선택한다.

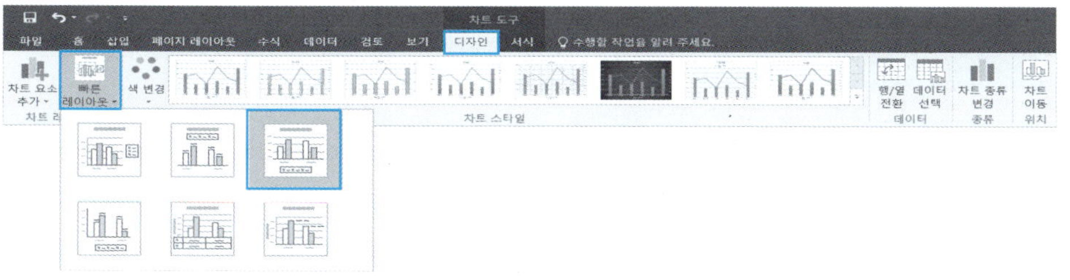

② 차트 스타일 지정을 위해 [차트 도구]-[디자인] 탭-[차트 스타일] 그룹에서 **[스타일 1]**을 선택한다.

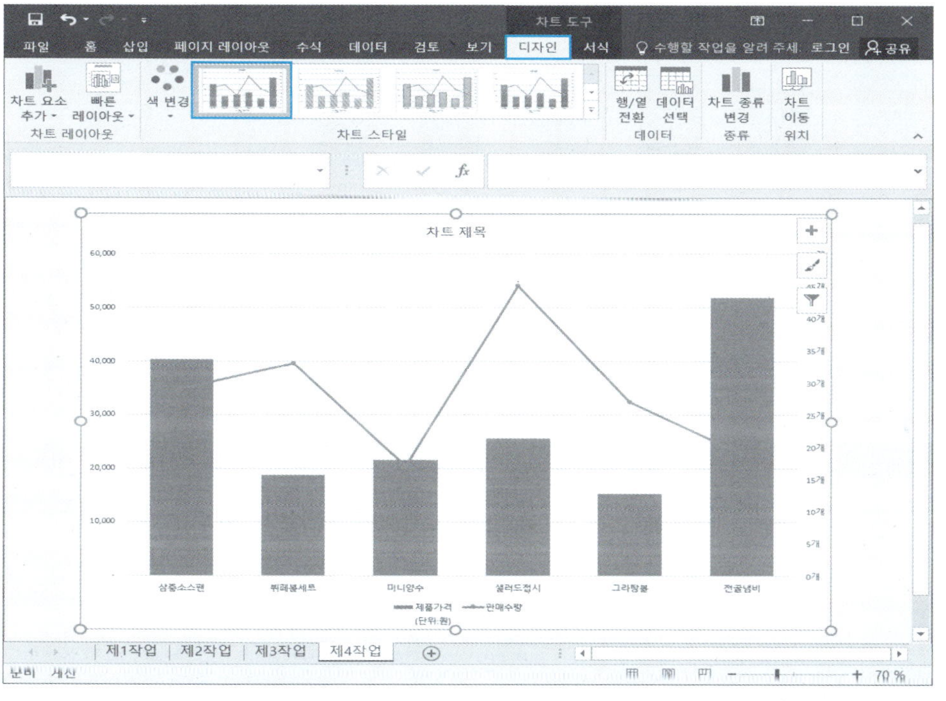

2 영역 서식

§ 차트 영역 서식

① 차트 영역에 글꼴 서식 설정을 위해 차트 영역을 클릭한 후 [홈] 탭-[글꼴] 그룹에서 글꼴 '**굴림**', 글꼴 크기 '**11**'로 지정한다.

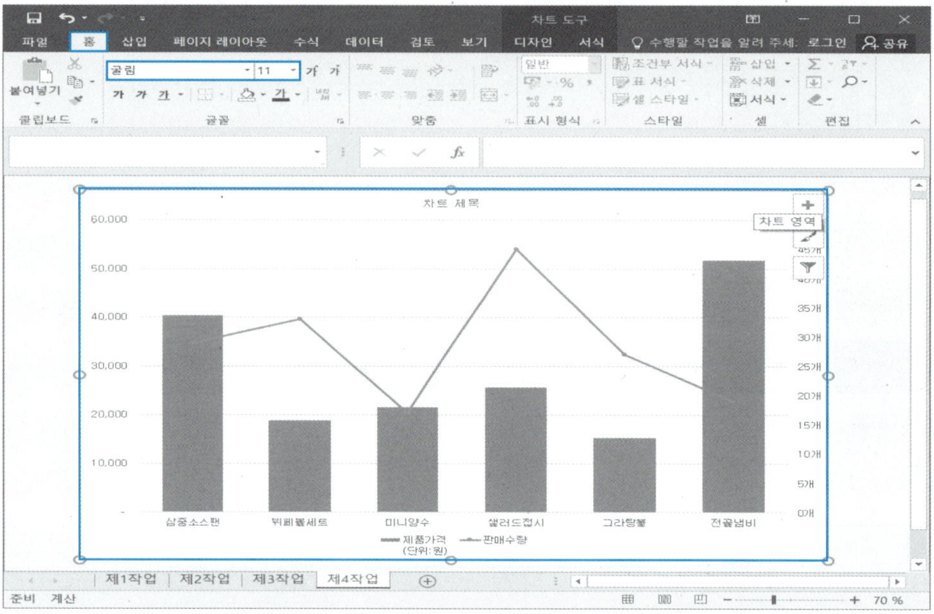

② 차트 영역에 채우기 효과 설정을 위해 차트 영역을 클릭한 후 [차트 도구]-[서식] 탭-[도형 스타일] 그룹에서 [도형 채우기] 목록 단추 ▼을 클릭하고 [질감]-'**분홍 박엽지**'를 선택한다.

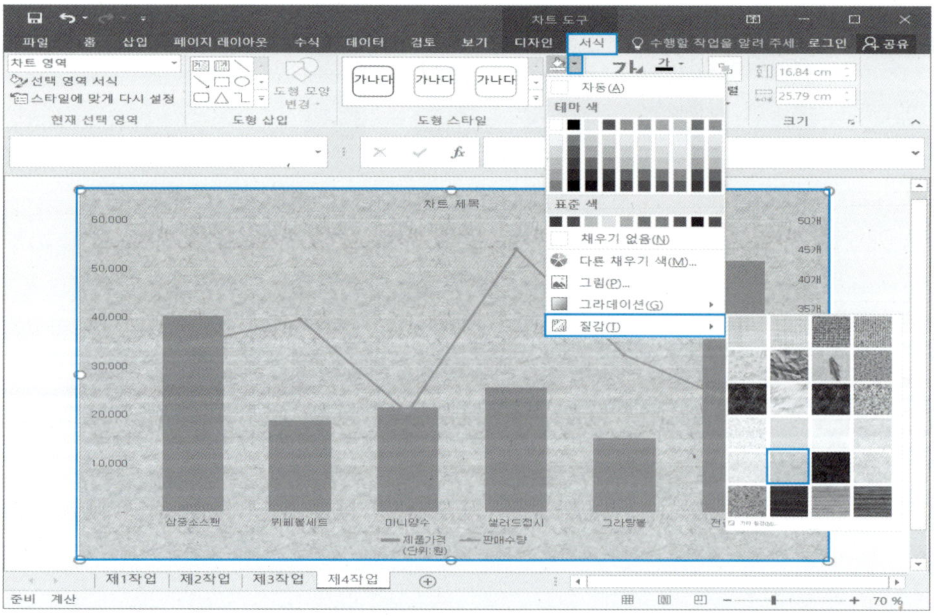

§ 그림 영역 서식

③ 그림 영역의 채우기 효과 설정을 위해 그림 영역을 클릭한 후 [차트 도구]-[서식] 탭-[도형 스타일] 그룹에서 [도형 채우기] 목록 단추 ▼을 클릭하고 '**흰색, 배경1**'을 선택한다.

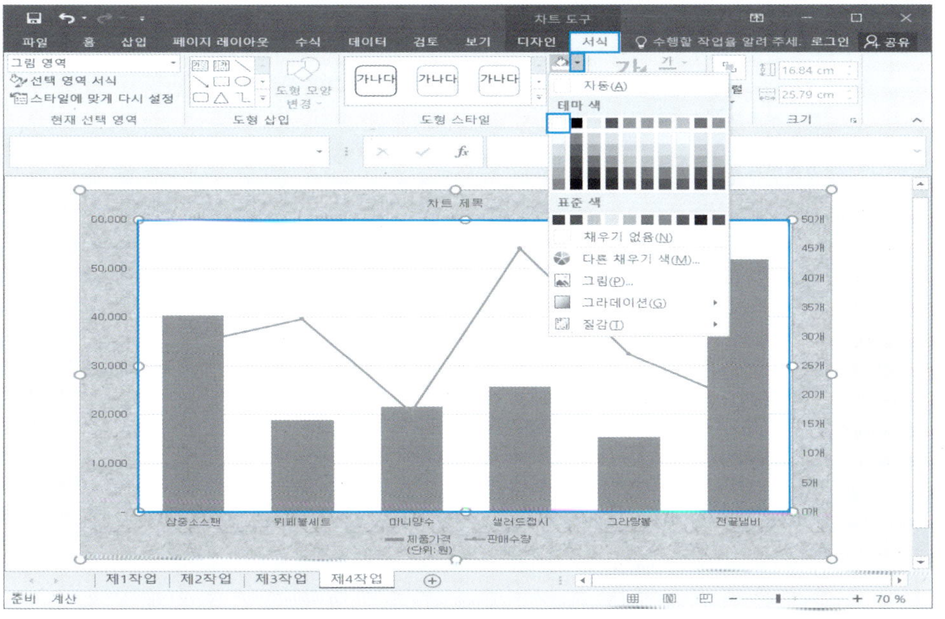

3 제목 서식

① 차트 제목을 입력하기 위해 차트 제목을 클릭한 후 수식 입력줄에서 "**냄비류 및 접시류 판매 현황**"을 입력하고 Enter↵를 누른다.

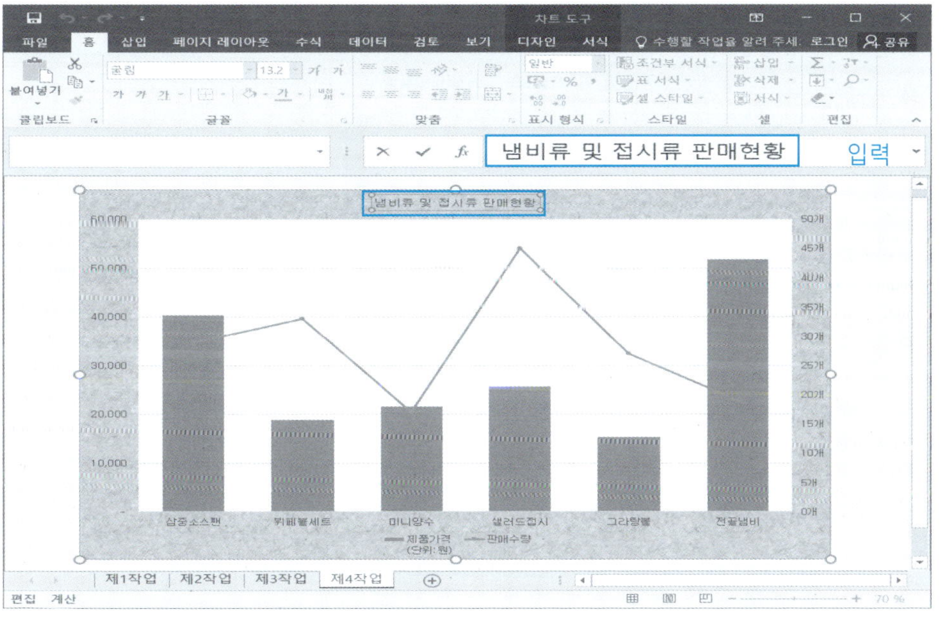

② 차트 제목 서식을 지정하기 위해 차트 제목 영역의 테두리를 선택한 후 [홈] 탭-[글꼴] 그룹에서 글꼴 '**굴림**', 글꼴 크기 '**20**', 글꼴 스타일 '**굵게**', 채우기 '**흰색, 배경1**'로 설정한다.

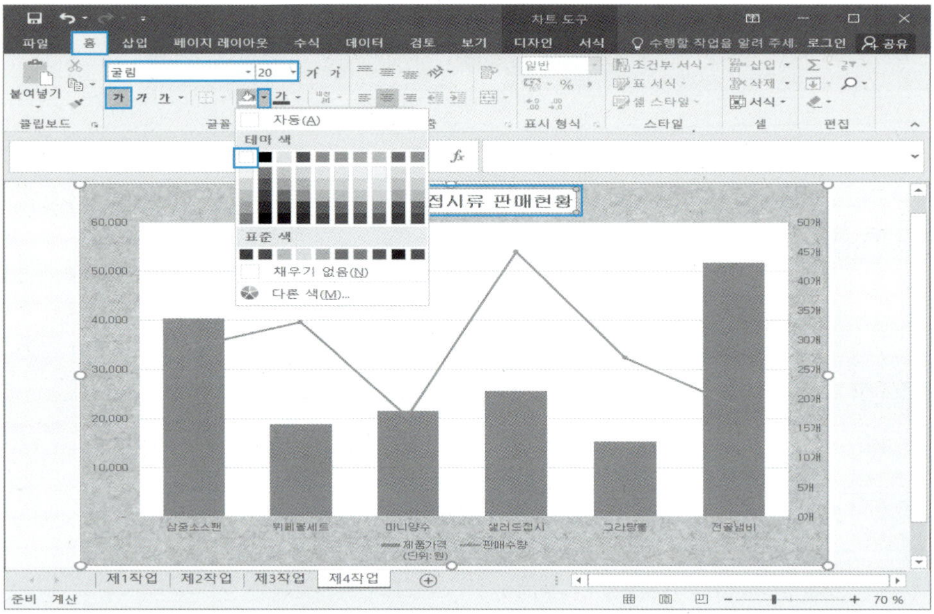

③ 차트 제목이 선택된 상태에서 [차트 도구]-[서식] 탭-[도형 스타일] 그룹에서 [도형 윤곽선] 목록 단추 ▼을 클릭하고 '**검정, 텍스트1**'을 선택한다.

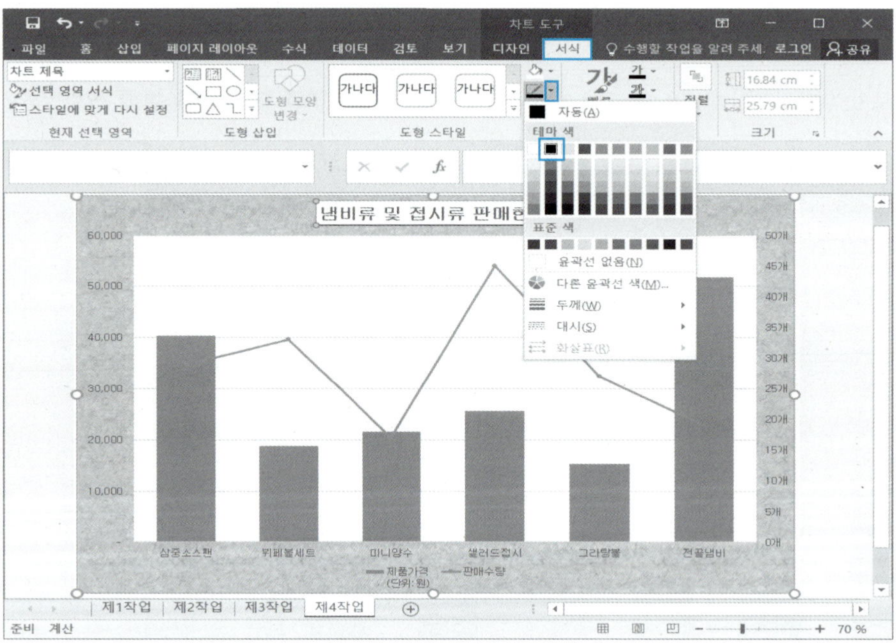

4 서식

§ 표식 변경

① 표식이 있는 꺾은선형 계열 **'판매수량'**을 클릭한 후 마우스 오른쪽 단추를 누르고 [데이터 계열 서식]을 클릭한다.

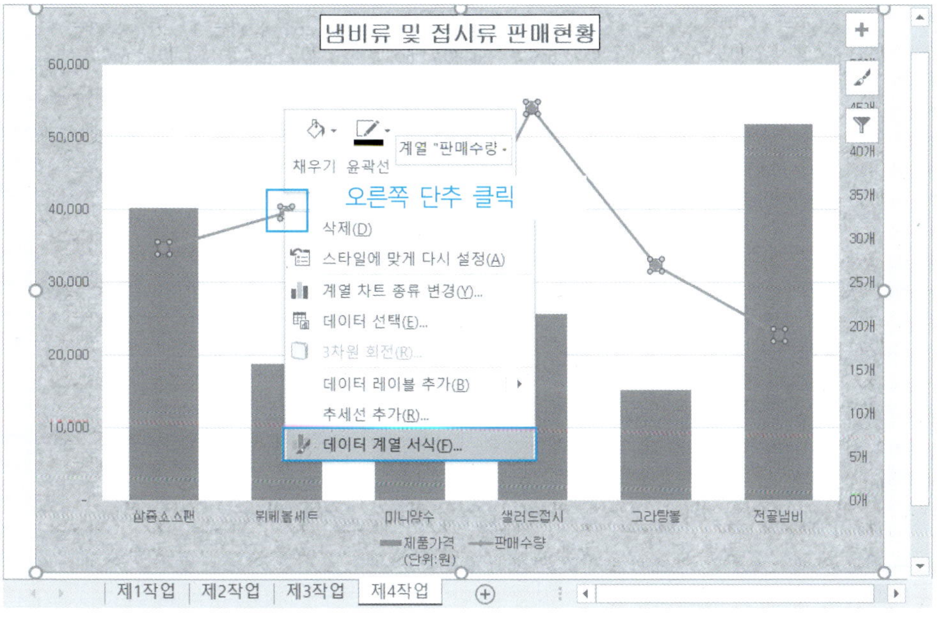

② [데이터 계열 서식] 작업창이 화면 우측에 나타나면 [채우기 및 선]을 클릭한 후 [표식]( )을 선택한다. [표식 옵션]에서 [기본 제공]을 클릭하고 형식 '**다이아몬드**(◆)', 크기 '**10**'으로 지정한 후 작업 창을 종료(×)한다.

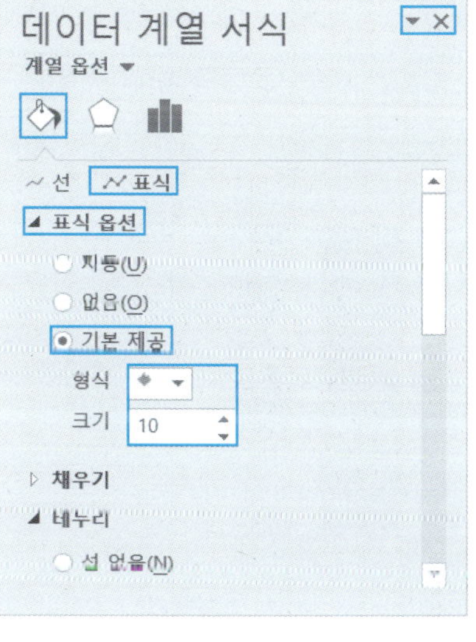

§ 데이터 레이블 표시

① 샐러드접시의 판매수량 데이터 요소에 데이터 레이블 표시를 위해 표식이 있는 꺾은선형 **'판매수량'** 계열을 클릭한 후 **'샐러드접시'** 데이터 요소만 한 번 더 클릭한다.

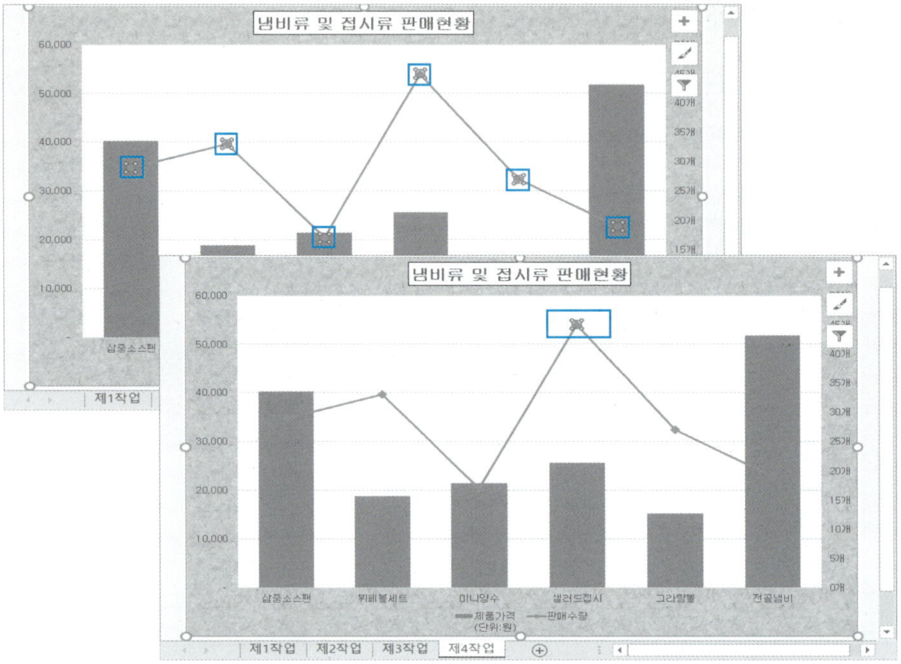

② 샐러드접시의 판매수량 데이터 요소가 선택되면 [차트 도구] - [디자인] 탭의 [차트 레이아웃] 그룹에서 [차트 요소 추가]-[데이터 레이블]-[오른쪽]을 클릭한다.

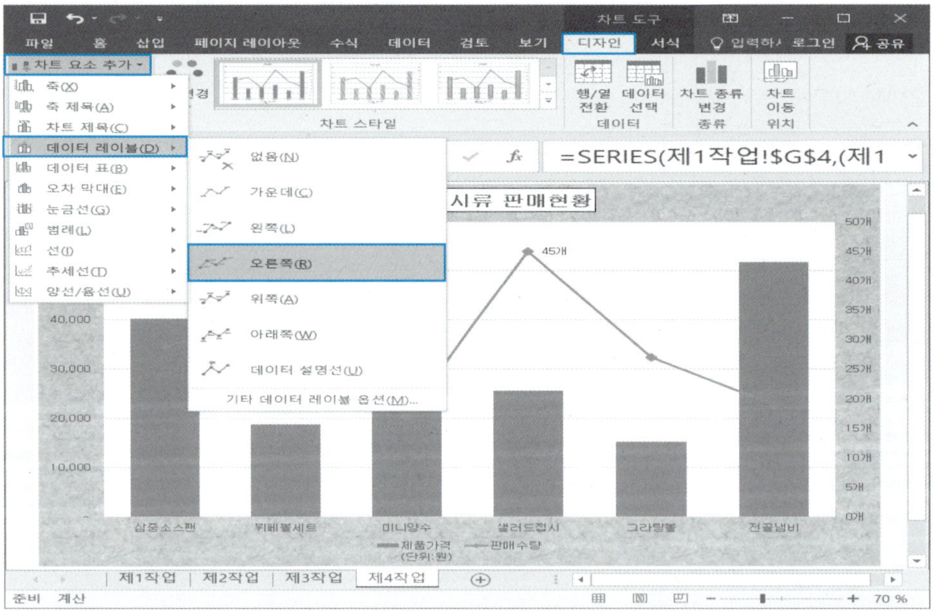

§ 눈금선 변경

① 눈금선 변경을 위해 '주 눈금선'을 클릭한 후 [차트 도구]-[서식] 탭-[도형 스타일] 그룹의 [도형 윤곽선] 목록 단추 ▼을 누르고 '**검정, 텍스트1**', [대시] '**파선**'을 선택한다.

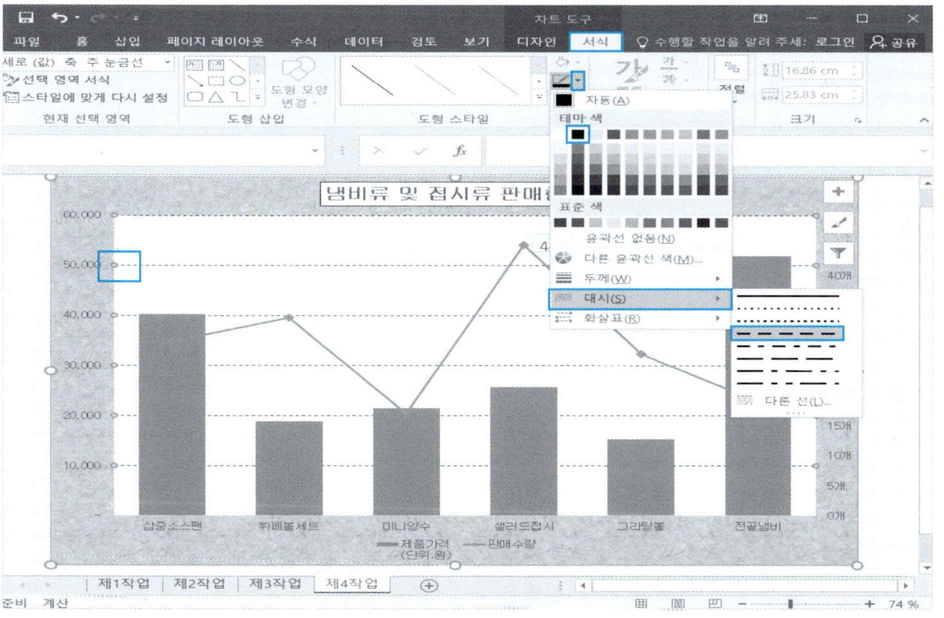

§ 축 서식 변경

① 보조 축 서식 변경을 위해 '보조 세로(값)축'을 클릭한 후 마우스 오른쪽 단추를 누르고 [축 서식]을 선택한다.

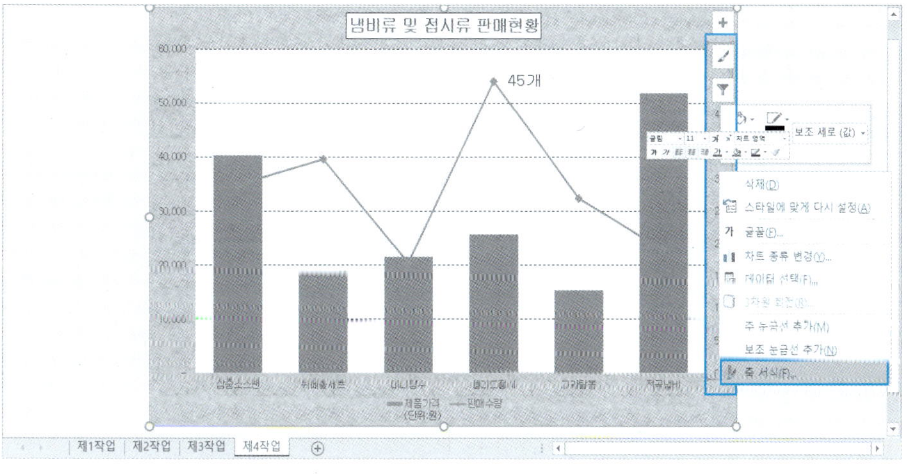

② [축 서식] 작업창에서 [축 옵션]()을 클릭하고 [축 옵션]의 단위에서 주 '**10**'을 입력한 후 [눈금]에서 주 눈금 '**바깥쪽**'을 지정한다.

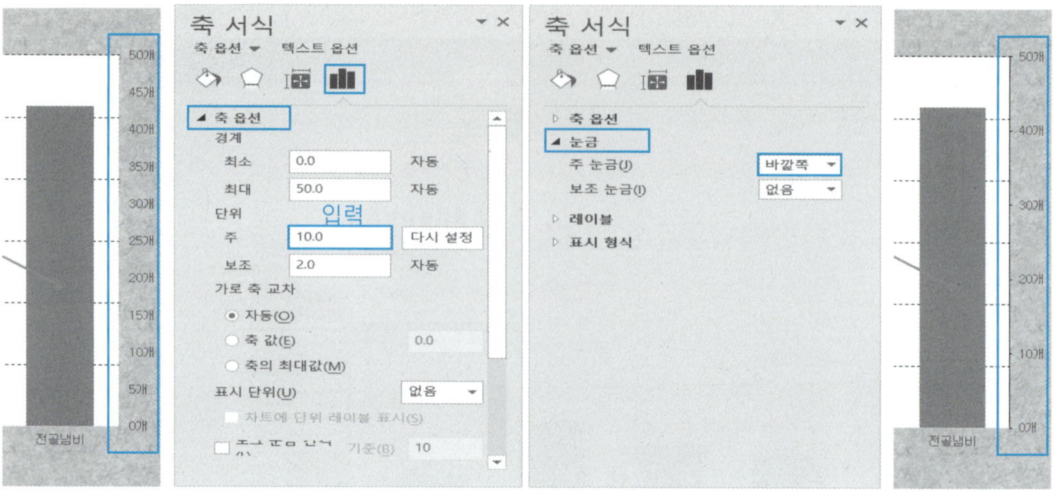

③ 세로축 서식 변경을 위해 '**세로(값)축**'을 클릭한 후 [차트 도구]-[서식] 탭-[도형 스타일] 그룹의 [도형 윤곽선] 목록 단추 ▼을 누르고 '**검정, 텍스트1**'을 선택한다.

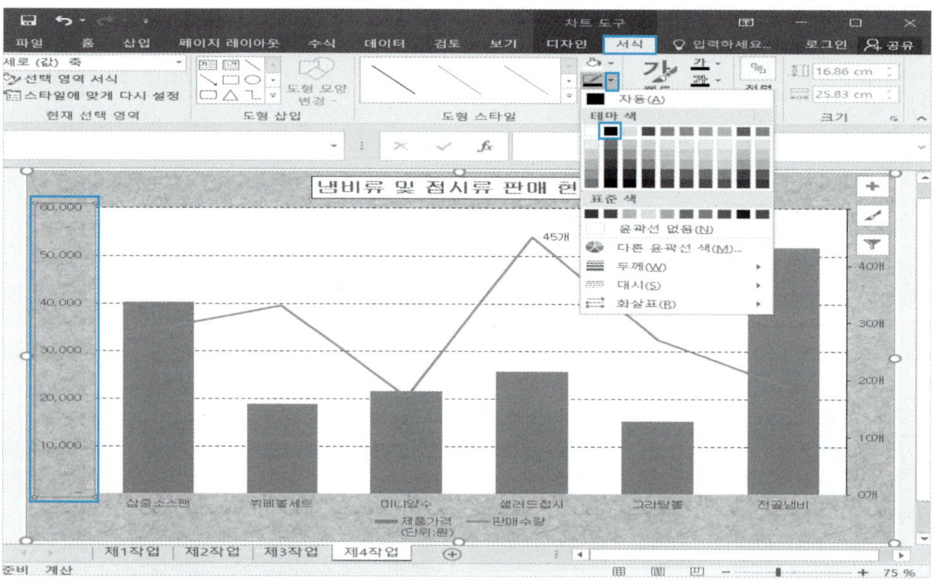

④ 가로축 서식 변경을 위해 '**가로(항목)축**'을 클릭한 후 [차트 도구] - [서식] 탭 - [도형 스타일] 그룹의 [도형 윤곽선] 목록 단추 ▾을 누르고 '**검정, 텍스트1**'을 선택한다.

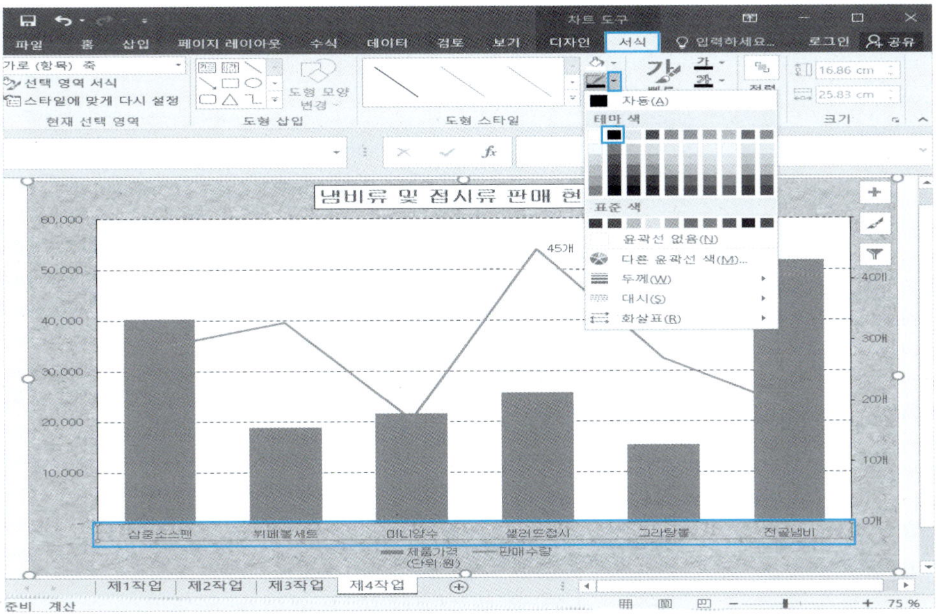

5 범례

§ 범례명 변경

① 제품가격(단위: 원) 계열의 범례명 변경을 위해 **범례**를 클릭한 후 마우스 오른쪽 단추를 누르고 [데이터 선택]을 선택한다.

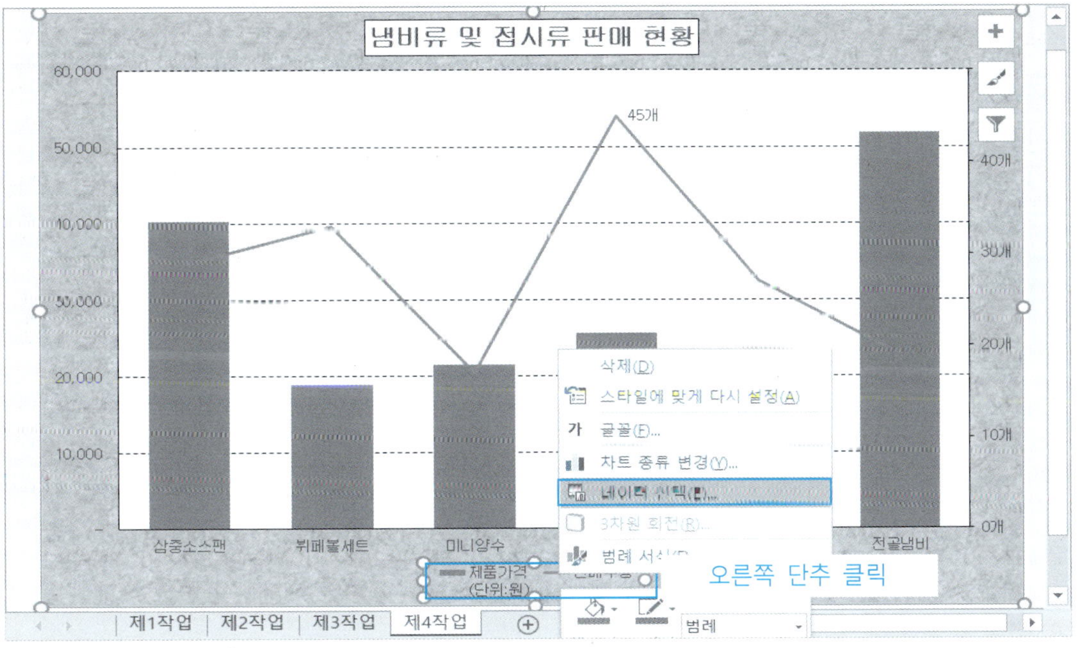

② [데이터 원본 선택] 대화상자에서 '**제품가격(단위: 원)**'을 선택하고 [편집]을 클릭한다.

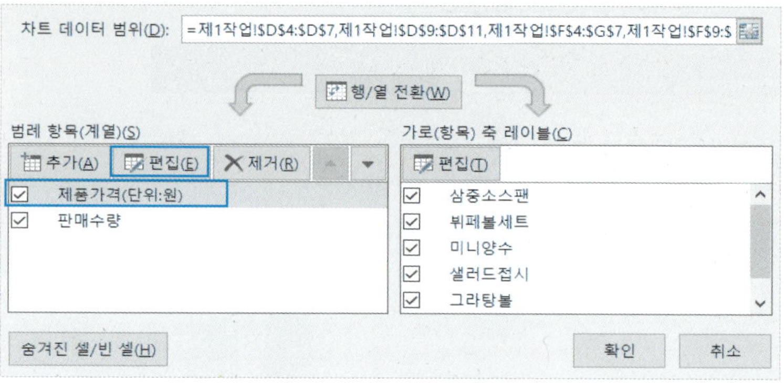

③ [계열 편집] 대화상자의 계열 이름을 "**제품가격(단위: 원)**"으로 수정하여 입력한 후 [확인]을 클릭한다.

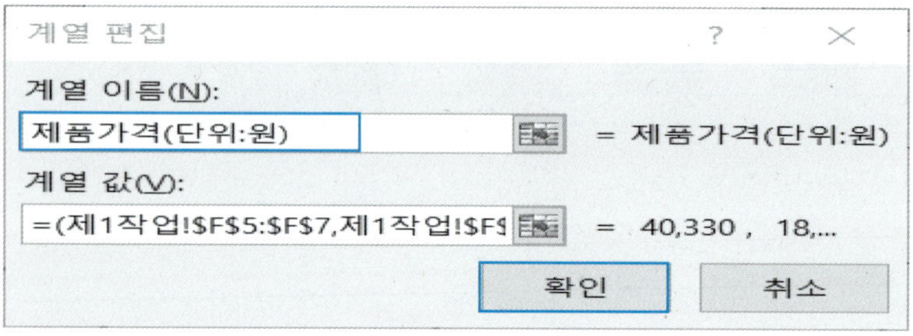

④ [데이터 원본 선택] 대화상자가 다시 나타나면 [확인]을 클릭하면 범례명이 변경된다.

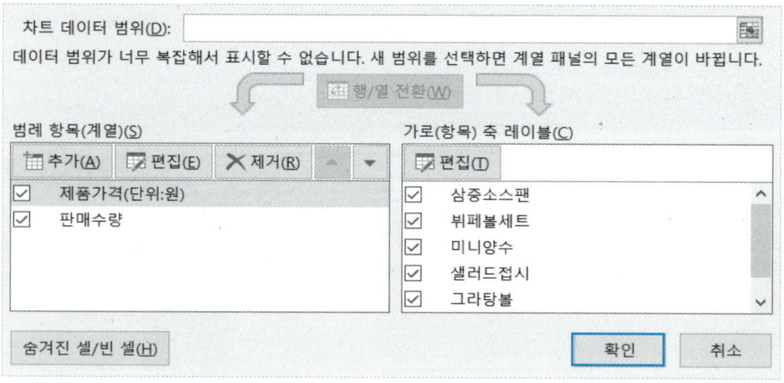

6 도형 삽입

① 차트 영역을 클릭한 상태에서 [차트 도구]-[삽입] 탭-[일러스트레이션] 그룹에서 [도형] 목록 단추 ▼을 클릭하고 설명선의 **'타원형 설명선'**을 선택한다.

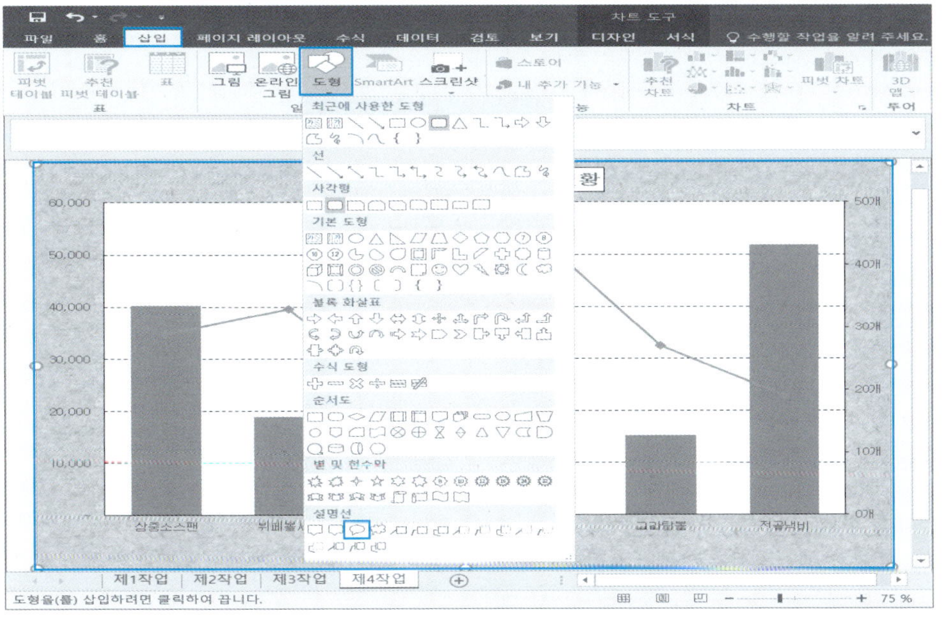

② 마우스 커서가 '+' 모양으로 변경되면 차트 위에서 적당한 크기로 드래그하여 도형을 삽입하고, 도형의 노란색 조절점을 드래그하여 시작점의 위치를 변경한다.

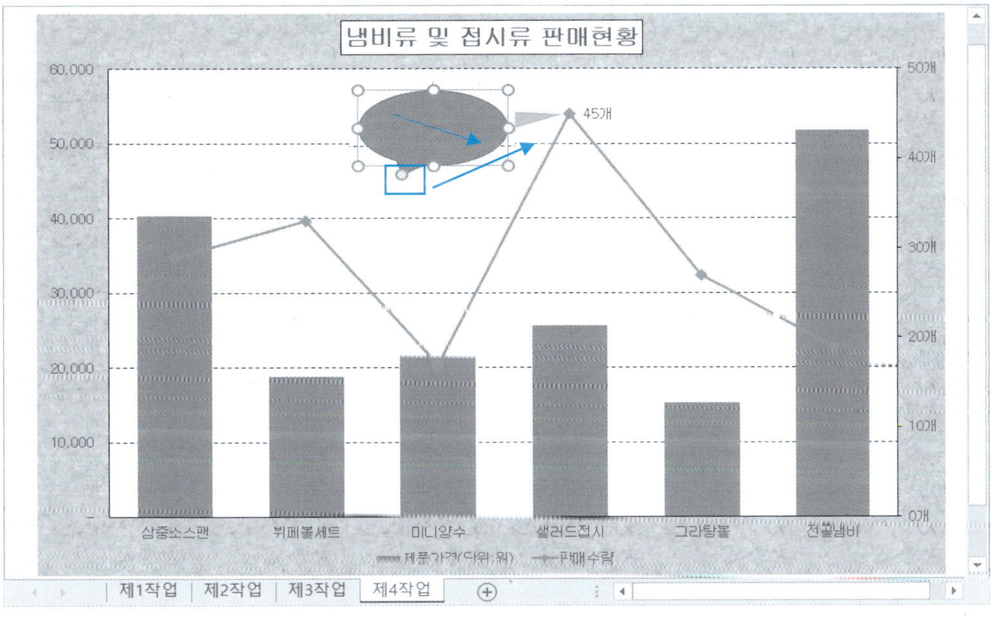

③ 삽입된 도형의 테두리를 클릭한 후 **"9월 주력상품"**을 입력하고, [홈] 탭 - [글꼴] 그룹에서 글꼴은 **'굴림'**, 글꼴 크기는 **'11'**, 채우기 색 **'흰색, 배경1'**, 글꼴 색 **'검정, 텍스트1'**, 맞춤은 세로 **'가운데 맞춤'**, 가로 **'가운데 맞춤'**을 클릭한다.

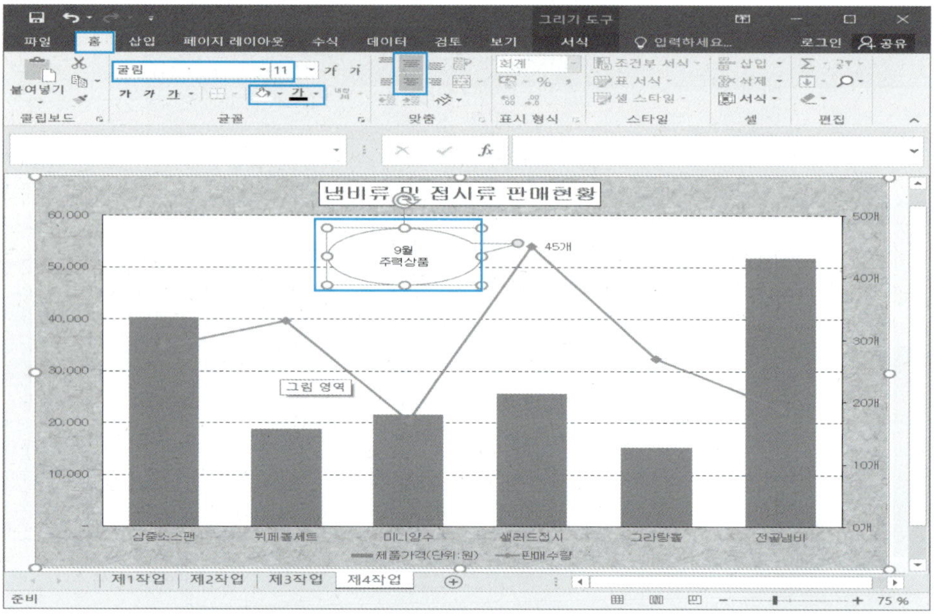

④ 도형이 완성되면【출력 형태】를 참고하여 조절점(○)으로 크기를 조절한 후 도형을 드래그하여 위치를 맞춘다.

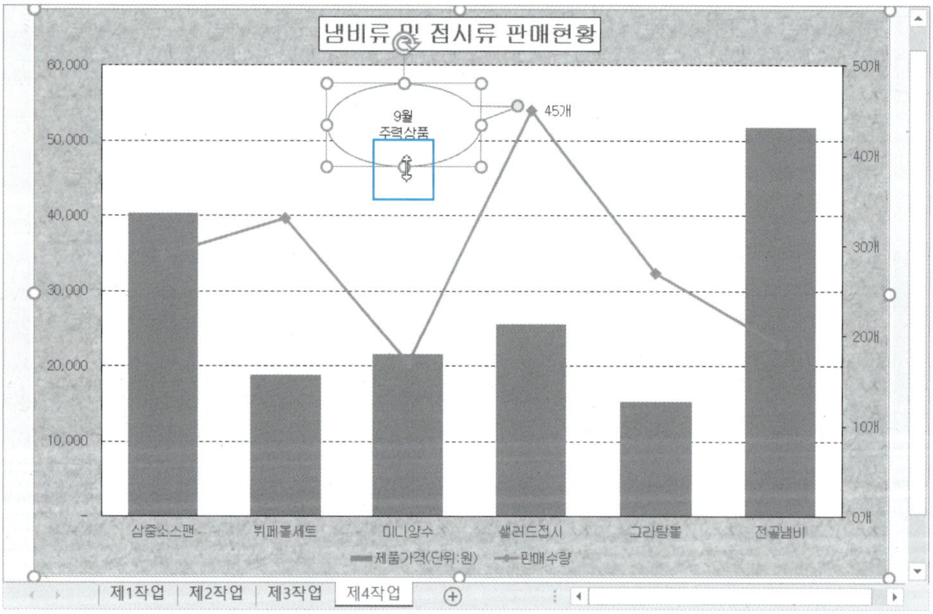

7 나머지 사항

§ 차트 영역 테두리 삽입, 도형 두께 변경

① 차트 영역 테두리 삽입을 위해 차트 영역을 클릭하고 [차트 도구] - [서식] 탭 - [도형 스타일] 그룹의 [도형 윤곽선] 목록 단추 ▼을 클릭한 후 '**검정, 텍스트1**'을 선택한다.

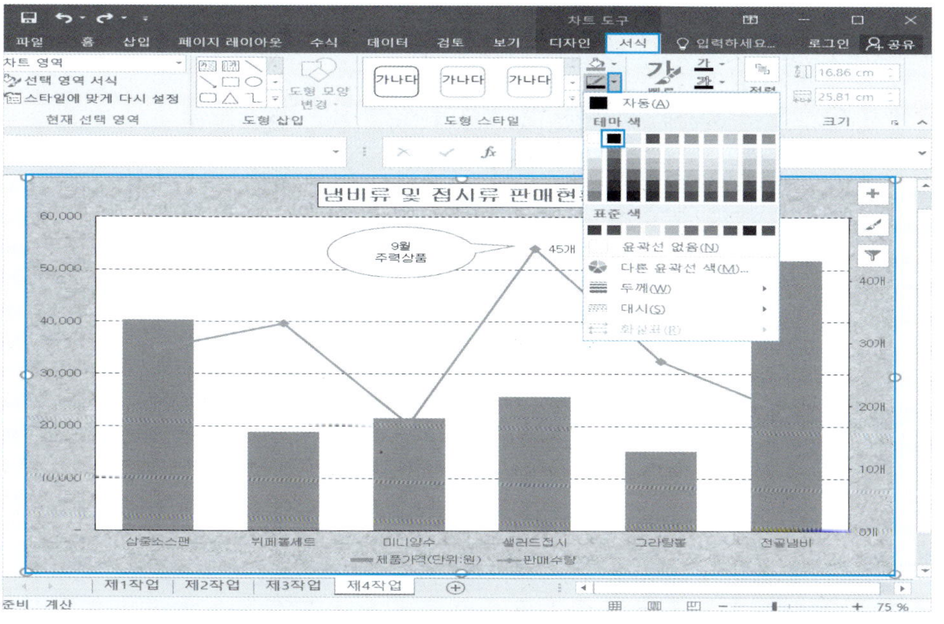

② 도형 테두리 두께 변경을 위해 도형을 클릭하고 [차트 도구]-[서식] 탭-[도형 스타일] 그룹의 [도형 윤곽선] 목록 단추 ▼을 클릭한 후 [두께] - '**2¼pt**'를 선택한다.

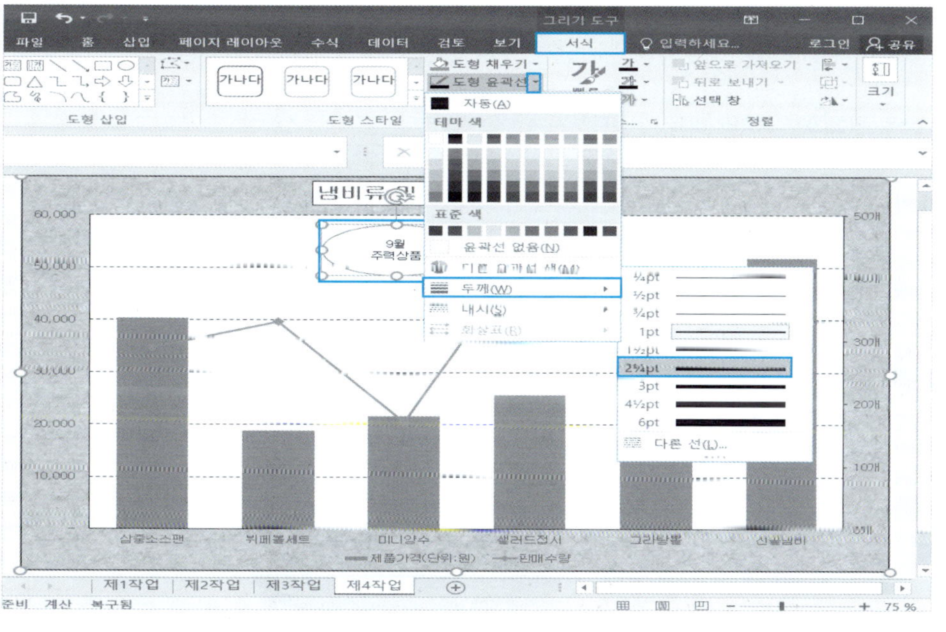

연습문제

1. 연습4-1.xlsx 파일을 열고 아래 조건에 맞게 차트를 완성하시오(연습4-1(완성).xlsx).

【조건】

(1) 차트 종류 : 이중 축 혼합형(품목-항목 축, 수입금액-꺾은 선형, 판매금액-묶은 세로 막대형)

(2) 차트 레이아웃 : '레이아웃 1' 지정, 축 제목은 삭제

(3) 차트 제목 : 가전제품 수입/판매금액

(4) 데이터 레이블 : 없음

(5) 범례 : 위쪽에 범례 표시

(6) 데이터 표 : 데이터 표 표시 (범례 표지 없음)

【출력 형태】

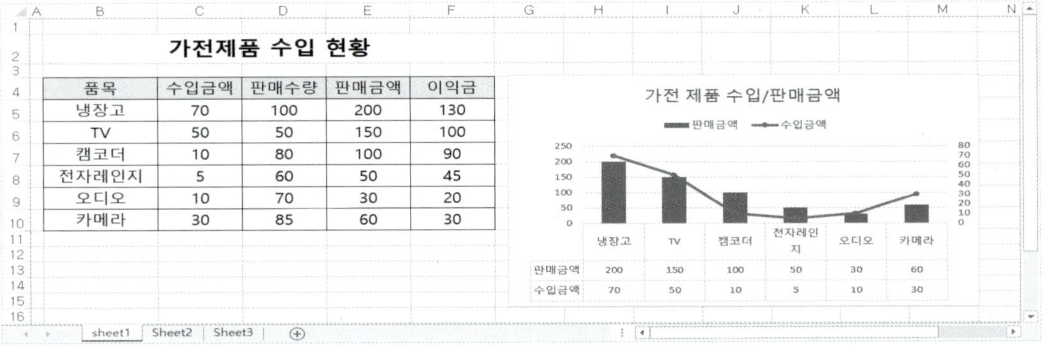

가전제품 수입 현황

품목	수입금액	판매수량	판매금액	이익금
냉장고	70	100	200	130
TV	50	50	150	100
캠코더	10	80	100	90
전자레인지	5	60	50	45
오디오	10	70	30	20
카메라	30	85	60	30

2. 연습4-2.xlsx 파일을 열고 아래 조건에 맞게 차트를 완성하시오(연습4-2(완성).xlsx).

【조건】

(1) 차트 종류 : 3차원 원형(후보, 10월 이용)

(2) 차트 레이아웃 : '레이아웃 2'

(3) 차트 제목 : 10월 지지율

(4) 데이터 레이블 : 안쪽 끝에

(5) 범례 : 위쪽에 범례 표시 (6) '오기쁨' 요소만 조각 분리

【출력 형태】

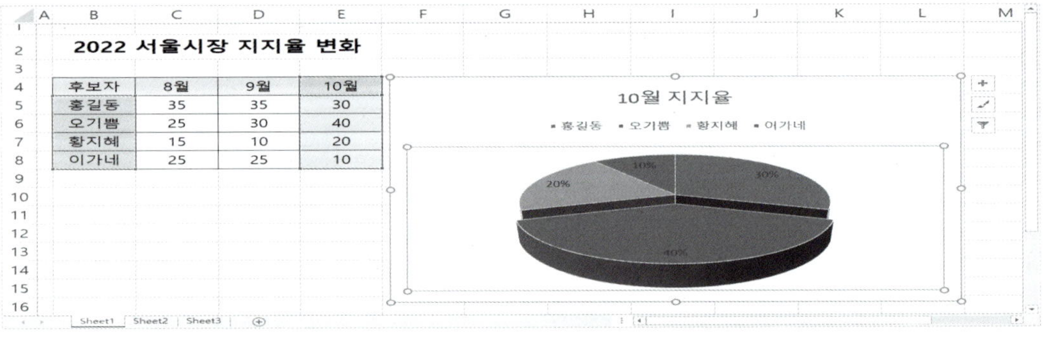

2022 서울시장 지지율 변화

후보자	8월	9월	10월
홍길동	35	35	30
오기쁨	25	30	40
황지혜	15	10	20
이가네	25	25	10

3. 다음의 조건에 맞게 제1작업~제4작업까지 완성하시오.

【조건】

(1) 문제는 총 4단계, 즉 제1작업부터~제4작업까지 구성되어 있으며 반드시 제1작업부터 순서대로 작성
(2) 모든 작업시트의 A열은 열 너비 '1'로, 나머지 열은 적당하게 조절
(3) 모든 작업시트의 테두리는 【출력 형태】와 같이 작업
(4) 답안 시트 이름은 "제1작업", "제2작업", "제3작업", "제4작업"이어야 하며 답안 시트 이외의 것은 감점

[제1작업] 표 서식 작성 및 값 계산 240점

☞ **다음은 '우리 주방기기 판매 현황'에 대한 자료이다. 자료를 입력하고 조건에 맞도록 작업하시오.**

【출력 형태】

우리 주방기기 판매 현황

결재	담당	팀장	부장

품목코드	구분	품명	계약일	제품가격 (단위:원)	판매수량	적립금 (단위:원)	판매금액 (단위:원)	재질
P1-01	냄비류	삼중소스팬	2018-07-10	40,330	29	760	(1)	(2)
D3-01	접시류	뷔페볼세트	2020-09-20	18,850	33	250	(1)	(2)
P2-02	냄비류	미니양수	2018-08-20	21,550	17	380	(1)	(2)
S2-01	보조기구	계량컵세트	2019-08-01	11,220	23	150	(1)	(2)
D3-02	접시류	샐러드접시	2020-09-10	25,680	45	530	(1)	(2)
D1-03	접시류	그라탕볼	2018-09-01	15,300	27	280	(1)	(2)
P1-03	냄비류	전골냄비	2019-07-20	51,850	19	1,010	(1)	(2)
S1-02	보조기구	서빙집게	2020-08-10	16,730	37	330	(1)	(2)
미니양수 제품가격(단위:원) 순위평가			(3)		냄비류 판매수량 합계			(5)
최다 판매수량			(4)		품명	삼중소스팬	판매수량	(6)

【조건】

○ 모든 데이터의 서식에는 글꼴(굴림, 11pt), 정렬은 숫자 및 회계 서식은 오른쪽 정렬, 나머지 서식은 가운데 정렬로 작성하며 예외적인 것은 【출력 형태】를 참조하시오.
○ 제 목 ⇒ 모서리가 둥근 직사각형과 바깥쪽 그림자 스타일(오프셋 대각선 오른쪽 아래)을 이용하여 작성하고 "우리 주방기기 판매 현황"을 입력한 후 다음 서식을 적용하시오 (글꼴-굴림, 24pt, 굵게, 채우기-노랑).
○ 임의의 셀에 결재란을 작성하여 그림으로 복사 기능을 이용하여 붙이기 하시오(단, 원본 삭제).
○ 「B4:J4, G14, I14」 영역은 '주황'으로 채우기 하시오.
○ 유효성 검사를 이용하여 「H14」셀에 품명(「D5:D12」 영역)이 선택 표시되도록 하시오.
○ 셀 서식 ⇒ 「G5:G12」 영역에 셀 서식을 이용하여 숫자 뒤에 '개'를 표시하시오 (예: 29 → 29개).
○ 「F5:F12」 영역에 대해 '제품가격'으로 이름 정의를 하시오.

☞ (1)~(6) **셀은 반드시 주어진 함수를 이용하여 값을 구하시오(결과값을 직접 입력하면 해당 셀은 0점 처리됨).**

(1) 판매금액(단위: 원) ⇒ 「제품가격(단위: 원)×판매수량」을 반올림하여 천 원 단위까지 구하시오(ROUND 함수) (예: 23,450 → 23,000).
(2) 재질 ⇒ 품목코드의 두 번째 글자가 1이면 '스테인리스', 2이면 '양은/경질', 3이면 '멜라민'으로 구하시오 (CHOOSE, MID 함수).

(3) 미니양수 제품가격(단위: 원) 순위평가 ⇒ 정의된 이름(제품가격)을 이용하여 제품가격(단위: 원)의 내림차순 순위를 구하고, 3 이하이면 '고가', 그 외에는 '보통'으로 구하시오(IF, RANK.EQ 함수).
(4) 최다 판매수량 ⇒ 결과값 뒤에 '개'를 붙이시오(MAX 함수, & 연산자)(예: 1개).
(5) 냄비류 판매수량 합계 ⇒ 조건은 입력데이터를 이용하시오(DSUM 함수).
(6) 판매수량 ⇒ 「H14」 셀에서 선택한 품명에 대한 판매수량을 구하시오(VLOOKUP 함수).
(7) 조건부 서식을 이용하여 적립금(단위: 원) 셀에 데이터 막대 스타일(녹색)을 최솟값 및 최댓값으로 적용하고, 수식을 이용하여 판매수량이 20 이하인 행 전체에 다음 서식을 적용하시오(글꼴: 파랑).

[제2작업] 필터 및 서식 80점

☞ **"제1작업" 시트의 「B4:H12」 영역을 복사하여 "제2작업" 시트의 「B2」 셀부터 모두 붙여넣기를 한 후 다음의 조건과 같이 작업하시오.**

【조건】

(1) 고급 필터 - 구분이 '냄비류'이면서 적립금(단위: 원)이 '500' 이상이거나, 적립금(단위: 원)이 '300' 이하인 자료의 데이터만 추출하시오.
 - 조건 범위: 「B13」 셀부터 입력하시오.
 - 복사 위치: 「B18」 셀부터 나타나도록 하시오.
(2) 표 서식 - 고급 필터의 결과셀을 채우기 없음으로 설정한 후 '표 스타일 보통 6'의 서식을 적용하시오.
 - 머리글 행, 줄무늬 행을 적용하시오.

[제3작업] 피벗테이블 80점

☞ **"제1작업" 시트를 이용하여 "제3작업" 시트에 조건에 따라 【출력 형태】와 같이 작업하시오.**

【조건】

(1) 계약일 및 구분별 품명의 개수와 판매수량의 평균을 구하시오.
(2) 계약일을 그룹화하고, 구분을 【출력 형태】와 같이 정렬하시오.
(3) 레이블이 있는 셀 병합 및 가운데 맞춤 적용 및 빈 셀은 '***'로 표시하시오.
(4) 행의 총합계를 지우고, 나머지 사항은 【출력 형태】에 맞게 작성하시오.

【출력 형태】

	A	B	C	D	E	F	G	H
1								
2			구분					
3			접시류		보조기구		냄비류	
4		계약일	개수 : 품명	평균 : 판매수량	개수 : 품명	평균 : 판매수량	개수 : 품명	평균 : 판매수량
5		7월	***	***	***	***	2	24
6		8월	***	***	2	30	1	17
7		9월	3	35	***	***	***	***
8		총합계	3	35	2	30	3	22

[제4작업] 그래프 100점

☞ "제1작업" 시트를 이용하여 조건에 따라 【출력 형태】와 같이 작업하시오.

【조건】

(1) 차트 종류 ⇒ <묶은 세로 막대형>으로 작업하시오.
(2) 데이터 범위 ⇒ "제1작업" 시트의 내용을 이용하여 작업하시오.
(3) 위치 ⇒ "새 시트"로 이동하고, "제4작업"으로 시트 이름을 바꾸시오.
(4) 차트 디자인 도구 ⇒ 레이아웃 3, 스타일 1을 선택하여 【출력 형태】에 맞게 작업하시오.
(5) 영역 서식 ⇒ 차트: 글꼴(굴림, 11pt), 채우기 효과(질감-분홍 박엽지)
그림: 채우기(흰색, 배경1)
(6) 제목 서식 ⇒ 차트 제목: 글꼴(굴림, 굵게, 20pt), 채우기(흰색, 배경1), 테두리
(7) 서식 ⇒ 판매수량 계열의 차트 종류를 <표식이 있는 꺾은선형>으로 변경한 후 보조 축으로 지정하시오.
계열: 【출력 형태】를 참조하여 표식(다이아몬드, 크기 10)과 레이블 값을 표시하시오.
눈금선: 선 스타일-파선
축: 【출력 형태】를 참조하시오.
(8) 범례 ⇒ 범례명을 변경하고 【출력 형태】를 참조하시오.
(9) 도형 ⇒ '타원형 설명선'을 삽입한 후 【출력 형태】와 같이 내용을 입력하시오.
(10) 나머지 사항은 【출력 형태】에 맞게 작성하시오.

【출력 형태】

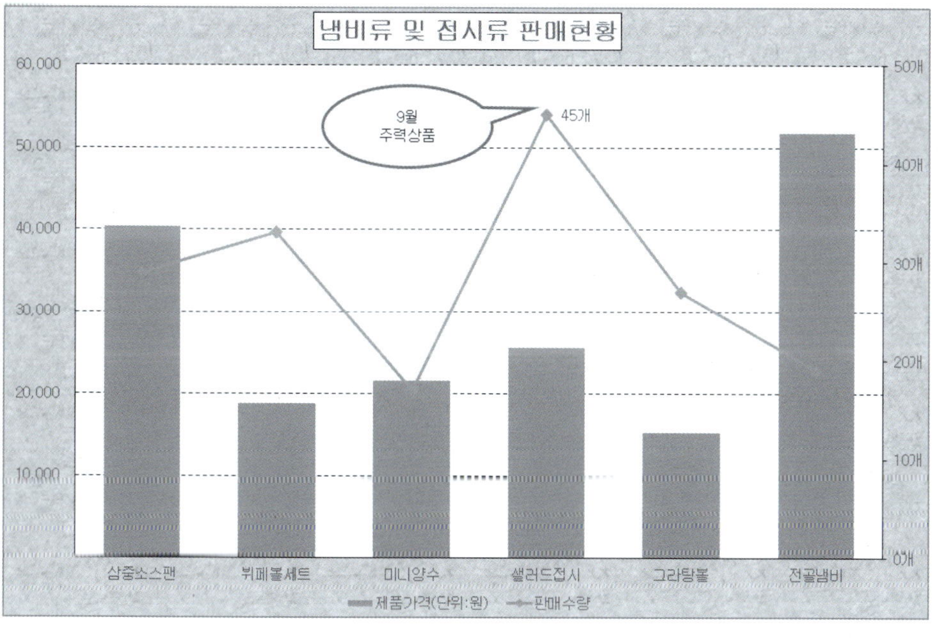

주의 ☞ 시트명 순서가 차례대로 "제1작업", "제2작업", "제3작업", "제4작업"이 되도록 할 것.

4. 다음의 조건에 맞게 제1작업~제4작업까지 완성하시오.

【조건】

(1) 문제는 총 4단계, 즉 제1작업부터~제4작업까지 구성되어 있으며 반드시 제1작업부터 순서대로 작성

(2) 모든 작업시트의 A열은 열 너비 '1'로, 나머지 열은 적당하게 조절

(3) 모든 작업시트의 테두리는 【출력 형태】와 같이 작업

(4) 답안 시트 이름은 "제1작업", "제2작업", "제3작업", "제4작업"이어야 하며 답안 시트 이외의 것은 감점

[제1작업] 표 서식 작성 및 값 계산 240점

☞ **다음은 '9월 중국여행 호텔 예약 현황'에 대한 자료이다. 자료를 입력하고 조건에 맞도록 작업하시오.**

【출력 형태】

9월 중국여행 호텔 예약 현황

결재	담당	팀장	부장

예약코드	고객명	호텔명	지역	예약일자	사용요금(1박)	사용일수	호텔등급	총이용금액
C3-078	김승현	하카타	서안	2015-09-20	257,000	3	(1)	(2)
B1-082	강진하	르네상스	계림	2015-09-02	108,000	3	(1)	(2)
K2-014	송해루	써튼	상해	2015-09-28	157,000	3	(1)	(2)
C1-014	정자인	래디언스	서안	2015-09-18	117,000	2	(1)	(2)
K1-025	주슬하	상하이	상해	2015-09-01	137,000	2	(1)	(2)
B2-024	나가영	오아시스	계림	2015-09-23	125,000	2	(1)	(2)
C2-063	민윤지	민정	서안	2015-09-30	180,000	3	(1)	(2)
C3-082	한가연	만다린	서안	2015-09-07	195,000	2	(1)	(2)
서안지역 호텔의 사용요금(1박) 평균			(3)		최저 사용요금(1박)			(5)
서안지역의 호텔 수			(4)		고객명	김승현	예약일자	(6)

【조건】

○ 모든 데이터의 서식에는 글꼴(굴림, 11pt), 정렬은 숫자 및 회계 서식은 오른쪽 정렬, 나머지 서식은 가운데 정렬로 작성하며 예외적인 것은 【출력 형태】를 참조하시오.

○ 제 목 ⇒ 배지와 바깥쪽 그림자 스타일(오프셋 아래쪽)을 이용하여 작성하고
"9월 중국여행 호텔 예약 현황"을 입력한 후 다음 서식을 적용하시오
(글꼴-굴림, 24pt, 검정, 굵게, 채우기-노랑).

○ 임의의 셀에 결재란을 작성하여 그림으로 복사 기능을 이용하여 붙이기 하시오(단, 원본 삭제).

○ 「B4:J4, G14, I14」영역은 '주황'으로 채우기 하시오.

○ 유효성 검사를 이용하여 「H14」셀에 고객명(「C5:C12」영역)이 선택 표시되도록 하시오.

○ 셀 서식 ⇒ 「H5:H12」영역에 셀 서식을 이용하여 숫자 뒤에 '박'을 표시하시오(예: 3박).

○ 「G5:G12」영역에 대해 '사용요금'으로 이름 정의를 하시오.

☞ (1)~(6) **셀은 반드시 주어진 함수를 이용하여 값을 구하시오(결과값을 직접 입력하면 해당 셀은 0점 처리됨).**

(1) 호텔등급 ⇒ 예약코드의 두 번째 자리 숫자가 1이면 '★★★', 2이면 '★★', 3이면 '★'로 구하시오 (CHOOSE, MID 함수).

(2) 총이용금액 ⇒ 사용일수가 3 이상이면 「사용일수×사용요금(1박)×0.9」, 그 외에는 「사용일수×사용요금(1박)」으로 구하시오(IF 함수).
(3) 서안지역 호텔의 사용요금(1박) 평균 ⇒ 조건은 입력데이터를 이용하고, 내림하여 천 단위까지 구하시오(ROUNDDOWN, DAVERAGE 함수)(예: 123,456 → 123,000).
(4) 서안지역의 호텔 수 ⇒ 지역이 서안인 개수를 구한 후 '개'를 표시하시오(COUNTIF 함수, & 연산자)(예: 1개).
(5) 최저 사용요금(1박) ⇒ 정의된 이름(사용요금)을 이용하여 구하시오(MIN 함수).
(6) 예약일자 ⇒ 「H14」셀에서 선택한 고객명에 대한 예약일자를 구하시오(VLOOKUP 함수)(예: 2015-01-01).
(7) 조건부 서식의 수식을 이용하여 사용요금(1박)이 '150,000' 이상인 행 전체에 다음 서식을 적용하시오(글꼴: 파랑).

[제2작업] 필터 및 서식 80점

☞ **"제1작업" 시트의 「B4:H12」 영역을 복사하여 "제2작업" 시트의 「B2」 셀부터 모두 붙여넣기를 한 후 다음의 조건과 같이 작업하시오.**

【조건】

(1) 고급 필터 - 지역이 '계림'이거나 사용요금(1박)이 '200,000' 이상인 자료의 데이터만 추출하시오.
- 조건 범위: 「B13」셀부터 입력하시오.
- 복사 위치: 「B18」셀부터 나타나도록 하시오.

(2) 표 서식 - 고급 필터의 결과 셀을 채우기 없음으로 설정한 후 '표 스타일 밝게 10'의 서식을 적용하시오.
- 머리글 행, 줄무늬 행을 적용하시오.

[제3작업] 피벗 테이블 80점

☞ **"제1작업" 시트를 이용하여 "제3작업" 시트에 조건에 따라 【출력 형태】와 같이 작업하시오.**

【조건】

(1) 예약일자 및 지역별 고객명의 개수와 사용요금(1박)의 평균을 구하시오.
(2) 예약일자를 그룹화하고, 지역을 【출력 형태】와 같이 정렬하시오.
(3) 레이블이 있는 셀 병합 및 가운데 맞춤 적용 및 빈 셀은 '***'로 표시하시오.
(4) 행의 총합계를 지우고, 나머지 사항은 【출력 형태】에 맞게 작성하시오.

【출력 형태】

	A	B	C	D	E	F	G	H
1								
2			지역					
3			서안		상해		계림	
4		예약일자	개수 : 고객명	평균 : 사용요금(1박)	개수 : 고객명	평균 : 사용요금(1박)	개수 : 고객명	평균 : 사용요금(1박)
5		2015-09-01 - 2015-09-10	1	195,000	1	137,000	1	108,000
6		2015-09-11 - 2015-09-20	2	187,000	***	***	***	***
7		2015-09-21 - 2015-09-30	1	180,000	1	157,000	1	125,000
8		총합계	4	187,250	2	147,000	2	116,500

[제4작업] 그래프 100점

☞ "제1작업" 시트를 이용하여 조건에 따라 【출력 형태】와 같이 작업하시오.

【조건】

(1) 차트 종류 ⇒ <묶은 세로 막대형>으로 작업하시오.
(2) 데이터 범위 ⇒ "제1작업" 시트의 내용을 이용하여 작업하시오.
(3) 위치 ⇒ "새 시트"로 이동하고, "제4작업"으로 시트 이름을 바꾸시오.
(4) 차트 디자인 도구 ⇒ 레이아웃 3, 스타일 1을 선택하여 【출력 형태】에 맞게 작업하시오.
(5) 영역 서식 ⇒ 차트: 글꼴(굴림, 11pt), 채우기 효과(질감-분홍 박엽지)
그림: 채우기(흰색, 배경1)
(6) 제목 서식 ⇒ 차트 제목: 글꼴(굴림, 굵게, 20pt), 채우기(흰색, 배경1), 테두리
(7) 서식 ⇒ 사용요금(1박) 계열의 차트 종류를 <표식이 있는 꺾은선형>으로 변경한 후 보조 축으로 지정하시오.
계열: 【출력 형태】를 참조하여 표식(다이아몬드, 크기 10)과 레이블 값을 표시하시오.
눈금선: 선 스타일-파선
축: 【출력 형태】를 참조하시오.
(8) 범례 ⇒ 범례명을 변경하고 【출력 형태】를 참조하시오.
(9) 도형 ⇒ '모서리가 둥근 사각형 설명선'을 삽입한 후 【출력 형태】와 같이 내용을 입력하시오.
(10) 나머지 사항은 【출력 형태】에 맞게 작성하시오.

【출력 형태】

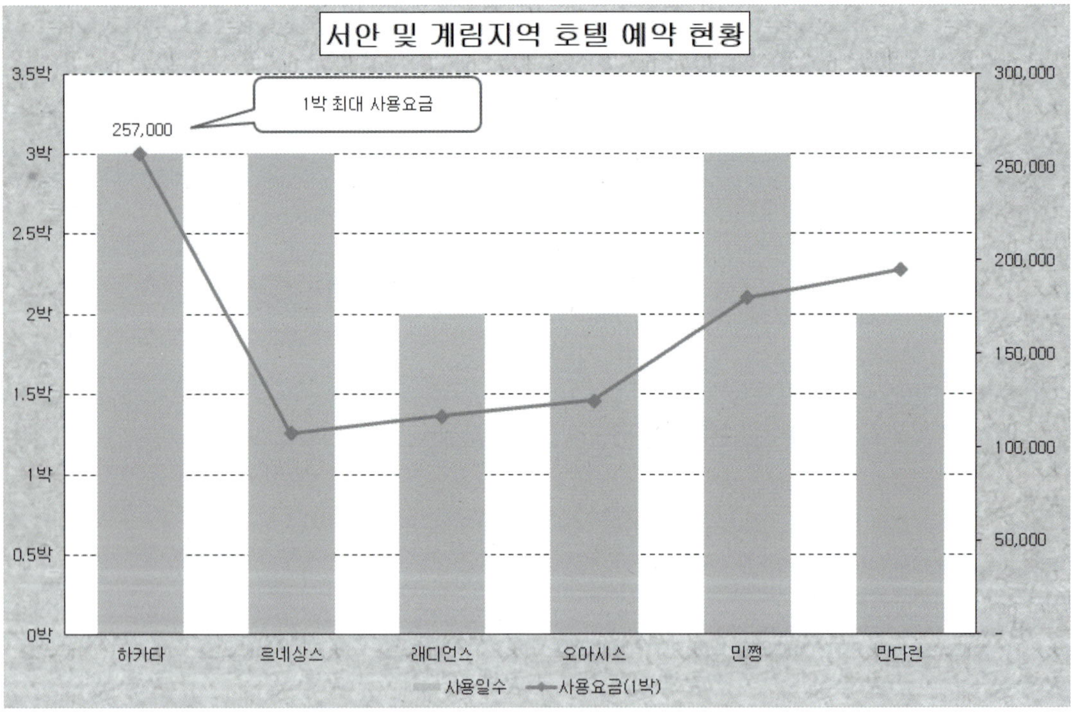

주의 ☞ 시트명 순서가 차례대로 "제1작업", "제2작업", "제3작업", "제4작업"이 되도록 할 것.

5. 다음의 조건에 맞게 제1작업~제4작업까지 완성하시오.

【조건】

(1) 문제는 총 4단계, 즉 제1작업부터~제4작업까지 구성되어 있으며 반드시 제1작업부터 순서대로 작성
(2) 모든 작업시트의 A열은 열 너비 ‘1’로, 나머지 열은 적당하게 조절
(3) 모든 작업시트의 테두리는 【출력 형태】와 같이 작업
(4) 답안 시트 이름은 “제1작업”, “제2작업”, “제3작업”, “제4작업”이어야 하며 답안 시트 이외의 것은 감점

[제1작업] 표 서식 작성 및 값 계산 240점

☞ 다음은 ‘우리 동물원 관리 현황’에 대한 자료이다. 자료를 입력하고 조건에 맞도록 작업하시오.

【출력 형태】

	A	B	C	D	E	F	G	H	I	J
1		우리 동물원 관리 현황					결재	담당	과장	차장
2										
3										
4		식별번호	동물명	위치	마릿수	마리당 평균 몸무게	월별 사료비용 (단위:원)	동물 투입 날짜	투입순위	성별
5		18729-F	하마	숲속마을	2	1,105	685,000	2019-10-30	(1)	(2)
6		25346-M	호랑이	숲속마을	1	332	521,000	2019-11-27	(1)	(2)
7		62436-M	사슴	사랑마을	5	121	365,000	2019-08-14	(1)	(2)
8		34744-F	얼룩말	우정마을	2	116	348,000	2019-07-25	(1)	(2)
9		64223-N	사자	숲속마을	2	278	356,000	2019-11-05	(1)	(2)
10		23498-F	기린	우정마을	4	247	559,000	2019-08-22	(1)	(2)
11		32546-N	양	우정마을	6	223	232,000	2019-09-23	(1)	(2)
12		24354-F	코끼리	사랑마을	2	2,528	603,000	2019-10-17	(1)	(2)
13		우정마을의 월별 사료비용(단위:원) 평균			(3)		두 번째로 큰 마리당 평균 몸무게			(5)
14		숲속마을 마릿수 합계			(4)		식별번호	18729-F	위치	(6)

【조건】

○ 모든 데이터의 서식에는 글꼴(굴림, 11pt), 정렬은 숫자 및 회계 서식은 오른쪽 정렬, 나머지 서식은 가운데 정렬로 작성하며 예외적인 것은 【출력 형태】를 참조하시오.
○ 제 목 ⇒ 사다리꼴 도형과 바깥쪽 그림자 스타일(오프셋 오른쪽)을 이용하여 작성하고
“우리 동물원 관리 현황”을 입력한 후 다음 서식을 적용하시오
(글꼴-굴림, 24pt, 검정, 굵게, 채우기-노랑).
○ 임의의 셀에 결재란을 작성하여 그림으로 복사 기능을 이용하여 붙이기 하시오(단, 원본 삭제).
○ 「B4:J4, G14, I14」 영역은 ‘주황’으로 채우기 하시오.
○ 유효성 검사를 이용하여 「H14」셀에 식별번호(「B5:B12」 영역)가 선택 표시되도록 하시오.
○ 셀 서식 ⇒ 「F5:F12」 영역에 셀 서식을 이용하여 숫자 뒤에 ‘kg’을 표시하시오
(예: 1,105kg).
○ 「F5:F12」 영역에 대해 ‘몸무게’로 이름 정의를 하시오.

☞ (1)~(6) **셀은 반드시 <u>주어진 함수</u>를 이용하여 값을 구하시오(결과값을 직접 입력하면 해당 셀은 0점 처리됨).**

(1) 투입순위 ⇒ 동물 투입 날짜를 이용하여 오름차순 순위를 구한 결과값에 '번째'를 붙이시오(RANK.EQ 함수, & 연산자)(예: 1번째).

(2) 성별 ⇒ 식별번호의 마지막 글자가 F이면 '암컷', M이면 '수컷', 그 외에는 '중성'으로 구하시오(IF, RIGHT 함수).

(3) 우정마을의 월별 사료비용(단위: 원) 평균 ⇒ (SUMIF, COUNTIF 함수)

(4) 숲속마을 마릿수 합계 ⇒ 위치가 숲속마을인 동물의 마릿수 합계를 구하시오. 단, 조건은 입력데이터를 이용하시오(DSUM 함수).

(5) 두 번째로 큰 마리당 평균 몸무게 ⇒ 정의된 이름(몸무게)을 이용하여 구하시오(LARGE 함수).

(6) **위치 ⇒ 「H14」 셀에서 선택한 식별번호에 대한 위치를 구하시오(VLOOKUP 함수).**

(7) 조건부 서식의 수식을 이용하여 월별 사료비용(단위: 원)이 '600,000' 이상인 행 전체에 다음의 서식을 적용하시오(글꼴: 파랑, 굵게).

[제2작업] 목표값 찾기 및 필터 80점

☞ **"제1작업" 시트의 「B4:H12」 영역을 복사하여 "제2작업" 시트의 「B2」 셀부터 모두 붙여넣기를 한 후 다음의 조건과 같이 작업하시오.**

【조건】

(1) 목표값 찾기 - 「B11:G11」셀을 병합하여 "월별 사료비용(단위: 원)의 전체 평균"을 입력한 후 「H11」셀에 월별 사료비용(단위: 원)의 전체 평균을 구하시오(AVERAGE 함수, 테두리, 가운데 맞춤).
- '월별 사료비용(단위: 원)의 전체 평균'이 '460,000'이 되려면 하마의 월별 사료비용(단위: 원)이 얼마가 되어야 하는지 목표값을 구하시오.

(2) 고급 필터 - 마릿수가 '5' 이상이거나, 마리당 평균 몸무게가 '200' 이하인 자료의 동물명, 위치, 월별 사료비용(단위: 원), 동물 투입 날짜의 데이터만 추출하시오.
- 조건 범위: 「B14」 셀부터 입력하시오.
- 복사 위치: 「B18」 셀부터 나타나도록 하시오.

[제3작업] 정렬 및 부분합 80점

☞ **"제1작업" 시트의 「B4:H12」 영역을 복사하여 "제3작업" 시트의 「B2」 셀부터 모두 붙여넣기를 한 후 다음의 조건과 같이 작업하시오.**

【조건】

(1) 부분합 - 【출력 형태】처럼 정렬하고, 동물명의 개수와 월별 사료비용(단위: 원)의 평균을 구하시오.

(2) 윤곽 - 지우시오.

(3) 나머지 사항은 【출력 형태】에 맞게 작성하시오.

【출력 형태】

	A	B	C	D	E	F	G	H
1								
2		식별번호	동물명	위치	마릿수	마리당 평균 몸무게	월별 사료비용 (단위:원)	동물 투입 날짜
3		34744-F	얼룩말	우정마을	2	116kg	348,000	2019-07-25
4		23498-F	기린	우정마을	4	247kg	559,000	2019-08-22
5		32546-N	양	우정마을	6	223kg	232,000	2019-09-23
6				**우정마을 평균**			379,667	
7			3	**우정마을 개수**				
8		18729-F	하마	숲속마을	2	1,105kg	685,000	2019-10-30
9		25346-M	호랑이	숲속마을	1	332kg	521,000	2019-11-27
10		64223-N	사자	숲속마을	2	278kg	356,000	2019-11-05
11				**숲속마을 평균**			520,667	
12			3	**숲속마을 개수**				
13		62436-M	사슴	사랑마을	5	121kg	365,000	2019-08-14
14		24354-F	코끼리	사랑마을	2	2,528kg	603,000	2019-10-17
15				**사랑마을 평균**			484,000	
16			2	**사랑마을 개수**				
17				**전체 평균**			458,625	
18			8	**전체 개수**				

[제4작업] 그래프 100점

☞ "제1작업" 시트를 이용하여 조건에 따라 【출력 형태】와 같이 작업하시오.

【조건】

(1) 차트 종류 ⇒ <묶은 세로 막대형>으로 작업하시오.

(2) 데이터 범위 ⇒ "제1작업" 시트의 내용을 이용하여 작업하시오.

(3) 위치 ⇒ "새 시트"로 이동하고, "제4작업"으로 시트 이름을 바꾸시오.

(4) 차트 디자인 도구 ⇒ 레이아웃 3, 스타일 1을 선택하여 【출력 형태】에 맞게 작업하시오.

(5) 영역 서식 ⇒ 차트: 글꼴(굴림, 11pt), 채우기 효과(질감-파랑 박엽지)
그림: 채우기(흰색, 배경1)

(6) 제목 서식 ⇒ 차트 제목: 글꼴(굴림, 굵게, 20pt), 채우기(흰색, 배경1), 테두리

(7) 서식 ⇒ 마리당 평균 몸무게 계열의 차트 종류를 <표식이 있는 꺾은선형>으로 변경한 후 00보조 축으로 지정하시오.
계열: 【출력 형태】를 참조하여 표식(다이아몬드, 크기 10)과 레이블 값을 표시하시오.
눈금선: 선 스타일-파선
축: 【출력 형태】를 참조하시오.

(8) 범례 ⇒ 범례명을 변경하고 【출력 형태】를 참조하시오.

(9) 도형 ⇒ '모서리가 둥근 사각형 설명선'을 삽입한 후 【출력 형태】와 같이 내용을 입력하시오.

(10) 나머지 사항은 【출력 형태】에 맞게 작성하시오.

【출력 형태】

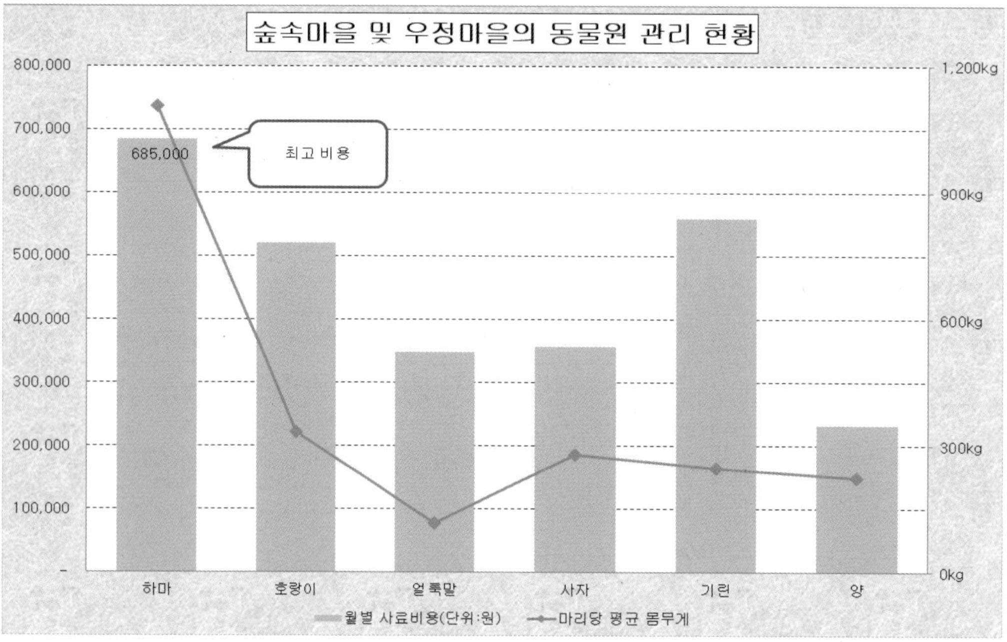

주의 ☞ 시트명 순서가 차례대로 "제1작업", "제2작업", "제3작업", "제4작업"이 되도록 할 것.

Part 3

통계학의 기본개념

CHAPTER 01 통계 기초

Excel

오늘은 사회는 정보기술(Information Technology, IT) 시대에서 데이터기술(Data Technology, DT)의 시대로 가고 있다. 다양한 Smart IT 기기에서 실시간 수많은 정보가 홍수처럼 쏟아지고 있고, 빅데이터 기술이란 이러한 형식이 서로 다른 엄청난 양의 데이터가 실시간으로 발생할 때 무질서한 것처럼 보이는 데이터 속에서 특정 또는 일정한 패턴을 찾아내는 기술이라고 할 수 있다. 통계학은 데이터에서 의미를 찾아내는 방법을 다루는 학문이다. 따라서 빅데이터 기술은 바로 통계학이 되고, 데이터기술의 시대에 통계학은 반드시 알아야 할 학문 분야이다.

Section 01 통계학이란?

통계학(statistics)은 객관적인 판단을 내리기 위하여 자료를 효율적으로 수집하고 정리 요약하거나, 제한된 자료를 이용하여 불확실한 사실에 대하여 과학적인 판단을 내릴 수 있도록 여러 가지 방법을 제시하여 의사결정에 도움을 주는 학문이다. 인구나 경제와 관련된 자료를 수집하고 요약하여 국가의 상태를 알아보기 위해 즉 국가 산술의 의미에서 시작하였으나 현재에는 의사결정과학으로 발전하였다.

그동안 인류는 통계적인 개념을 기반으로 크고 작은 역사를 기록해왔고, 인류 역사와 함께 발전해 온 통계학이 대도약의 시기를 맞고 있다. 지금의 빅데이터와 인공지능 시대의 기술 개발에서 있어 그 핵심 이론은 통계학이다. 다양한 종류의 대규모 데이터에 대한 생성, 수집, 분석, 표현을 그 특징으로 하는 빅데이터 기술의 발전은 다변화된 현대 사회를 더욱 정확하게 예측하여 효율적으로 작동하게 한다.

통계학은 일상생활과 사회의 여러 분야에 걸쳐 그 응용이 매우 다양하다. 다음의 예를 살펴보자.

- 빅데이터 활용 : 구글 및 페이스북의 맞춤형 광고, 건강검진 결과, 투표율 등
- 선거 여론조사 : 각종 선거에서 정당이나 언론기관이 표본조사를 통하여 정당 선호도나 후보자의 당선을 예측 등
- 각종 사회여론조사 : 대통령 지지율, 정당 지지율, 4대강 사업에 대한 여론조사, 환경 의식조사, 각종 정책에 대한 여론조사 등
- 농업 통계 : 벼 품종 개발, 가축과 사료, 쌀 수확량 예측 등
- 공업 통계 : 품질 관리(6-시그마 법), 불량품 예측 조사, 제품의 우수성 조사 등
- 그 외 교육 통계, 스포츠 통계, 의학 통계, 국가 통계 등

자료를 수집하는 방법으로는 실험을 통하여 자료를 얻는 실험계획과 모집단에서 표본을 추출하여 자료를 얻는 표본추출법이 있다. 통계학에는 자료를 수집한 후에 정보를 파악하기 위하여 자료의 대푯값이나 산포도 등을 구하고 그림을 통하여 자료의 특징을 파악하는 기술통계학과 표본을 이용하여 모집단의 특성을 추론하는 과정인 추정, 가설검정, 분산분석, 회귀분석, 분할표 검정 등을 다루는 추론통계학이 있다.

- 기술통계학(descriptive statistics) : "기술"은 descriptive로 "묘사하는" 또는 "그려서 설명하는"이라는 뜻이다. 그러므로 기술통계학은 자료를 요약 · 정리하여 전체 자료의 특성을 도출하고 자료를 쉽게 해석하는 것
- 추론통계학(inferential statistics) : 모집단에서 추출한 표본을 이용하여 표본의 특성값(통계량: statistic)을 근거로 모집단의 특성값(모수: parameter)을 추정 · 가설검정하는 것

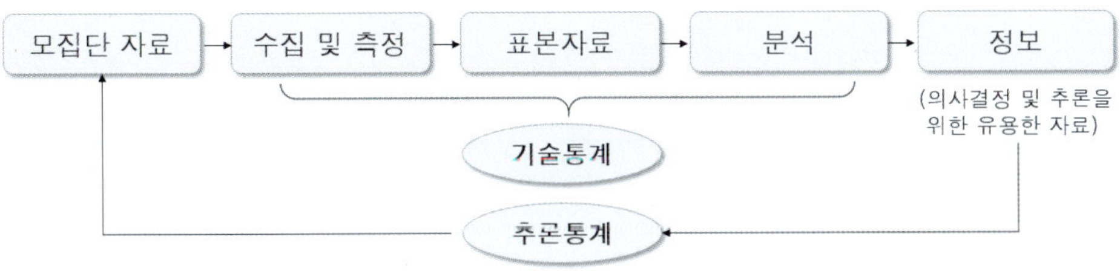

Section 02 모집단과 표본

모집단(population)은 특정 연구에서 관심의 대상이 되는 전체집단을 말한다. 특정 회사의 고객들을 조사하려고 한다면, 고객 전체가 모집단이 되고, 모집단이 너무 거대하므로 이것을 직접 조사하는 것은 매우 어렵다. 그래서 우리가 실제로 관찰하는 대부분 데이터는 모집단 전체가 아니고 그 모집단의 어떤 특정한 부분집합이 된다. 특정 연구에서 추출된 이 부분집합을 **표본**(sample)이라고 한다.

모집단은 관심의 대상이 되는 전체집단이다

모집단에서 표본을 뽑는 것을 표본추출 또는 표집(sampling)이라고 하며, 영어로 표현하면 sample은 표본, sampling은 표본을 뽑는 행위를 말한다. 보통 표집은 무작위(random)로 하게 되는데, 이것은 사례들이 골고루 뽑히기 때문이다. 그런데 무작위로 뽑는다는 말은 같은 모집단에서 같은 방법으로 표집을 하더라도 서로 다른 표본이 나올 수 있다는 뜻이 된다.

표본은 모집단 일부를 측정하여 얻은 값의 모임이다

여기에 통계학이라는 학문의 근본적인 질문이 담겨 있다. 우리가 관심 있는 것은 모집단이지만, 우리는 그 부분집합인 표본만을 가지고 있다. 즉, 부분을 보고 전체를 추측해야 하는 문제가 있다. 여기에 더해서 부분과 전체의 관계조차 일정하지 않고 무작위적이라는 것이다. 이러한 상황에서 우리가 어떻게 하면 올바르게 모집단에 대해 추론을 할 수 있는가, 이것이 통계학이 풀고자 하는 문제이다.

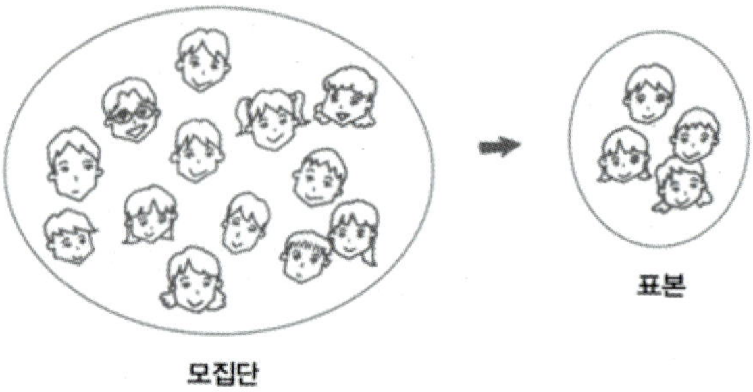

Section 03 표본분포

모집단은 관심의 대상 전체집단을 의미하고, 표본은 모집단 일부를 측정하여 얻은 값의 모임이다. **모수**(parameter)는 모집단의 수치적 특성치로써 모평균, 모분산, 모표준편차, 모비율 등을 말하고, **통계량**(statistic)은 표본의 특성치로써 모수를 추론하기 위한 것이다. 추정에 사용하면 추정량, 가설검정에 사용되면 검정통계량이라 한다. 통계량의 예로는 표본평균, 표본 분산, 표본표준 편차, 표본비율 등이 있다. 통계량은 표본을 추출할 때마다 바뀌게 되므로 확률분포를 가지게 되므로, 이때의 분포를 표집분포라고 한다.

모수	통계량
모평균(μ) 모비율(p) 모분산(σ^2)	표본평균($\overline{X}$) 표본비율($\hat{p}$) 표본분산(S^2)

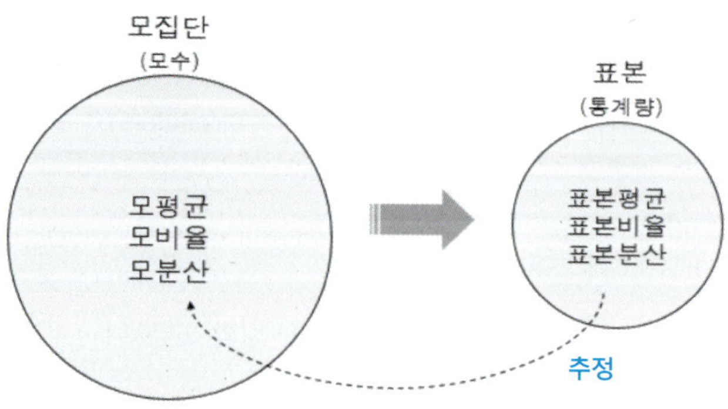

여론조사에서 많이 사용되는 표본비율의 표집분포에 대하여 알아보자. 모비율이 p 인 무한모집단으로부터 n개의 표본을 임의추출하여 표본비율 $\hat{p}$을 구했을 때 표집분포는 다음과 같다.

(1) 표본비율의 평균은 모비율과 같다.

(2) 표본비율의 분산과 표준편차는

$$Var(\hat{p}) = \frac{p(1-p)}{n}, \quad s.d(\hat{p}) = \sqrt{\frac{p(1-p)}{n}}$$

(3) 표본비율은 표본크기가 충분히 크면 근사적으로 정규분포 한다.

$$\frac{\hat{p}-p}{\sqrt{\frac{p(1-p)}{n}}} \sim N(0,1), \qquad \frac{\hat{p}-p}{\sqrt{\frac{\hat{p}(1-\hat{p})}{n}}} \sim N(0,1)$$

표본평균의 표집분포의 특성은 다음과 같다. 평균이 μ, 분산이 σ^2인 모집단으로부터 표본크기 n의 임의표본을 추출했을 때 이 표본의 표본평균을 $\overline{X}$ 라고 하면,

(1) 표본평균의 평균은 모평균과 같다.

(2) 표본평균의 분산과 표준편차는

$$Var(\overline{X}) = \frac{\sigma^2}{n}, \quad s.d(\overline{X}) = \frac{\sigma}{\sqrt{n}}$$

여기서, $\overline{X}$ 의 표준편차를 평균의 표준오차(standard error)라고 한다.

(3) 모집단이 정규분포 하면 표본평균도 정규분포 한다. 그리고 모집단이 정규분포 하지 않더라도 표본의 크기가 충분히 커지면, $n \geq 30$, 표본평균의 분포는 중심극한정리(central limit theorem)에 의해 근사적으로 정규분포 한다.

$$\frac{\overline{X}-\mu}{\sigma/\sqrt{n}} \sim N(0,1)$$

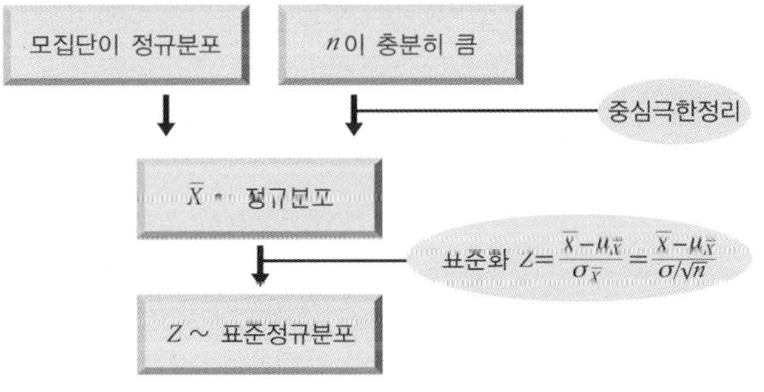

Section 04 표본추출

1 표본 크기

표본조사에서 통계적 신뢰성이란 조사 결과의 재현성에 관한 것으로 조사 방법과 표본크기에 의하여 영향을 받는다. 조사 대상 전체를 조사한 것이 아니라 일부 즉 표본을 조사 한 경우 표본 결과치와 전체 조사치 사이에는 차이가 있다. 그 차이를 과학적으로 관리하기 위해서는 표본이 정해진 확률적 방식에 의하여 구성되어야 한다.

표본의 크기를 결정하는 데 있어서 고려해야 할 사항은 크게 두 가지로 볼 수 있다. 첫째는 조사 수행의 인적·물적 자원이고 두 번째는 조사의 정확성의 수준이다. 이들은 상호 관련된 요인으로서 통계적 신뢰수준과 신뢰구간의 개념과 연관되어 있다. 보통 신뢰수준으로 95%를 사용하고 있는데 이때의 오차한계는 신뢰구간 크기의 반을 나타내는데 이것이 표본조사의 정도(Accuracy)를 의미한다.

일반적으로 조사 결과가 비율을 계산할 때는 신뢰수준 95%에서의 표본오차 또는 오차한계는 단순임의추출인 경우 최대 $\pm 2 \cdot \sqrt{0.5^2/n}$, 즉 $\pm 1/\sqrt{n}$ 로 주어지는데, 실제 여론조사에서는 단순임의추출법이 적용되는 것이 아니기 때문에, 원칙적으로는 이 공식을 그대로 쓸 수는 없다. 그러나 각 표본 방식에 따라 표본오차를 엄밀하게 계산하더라도 이것과 거의 비슷하므로 앞의 공식을 별문제 없이 쓸 수 있는 것으로 알려져 있다. 예를 들어 표본크기 $n = 1600$ 조사에서 오차한계는 $\pm \sqrt{1600}$ = $\pm 1/40$ = ± 0.025 즉 2.5%가 된다. 그러나 Y 대학교 학생을 모집단으로 했을 때는 유한모집단이 되므로 신뢰수준 95%에서의 오차한계를 계산할 때 유한모집단의 수정 항을 포함한 다음의 공식을 사용해야 한다.

$$\pm 1.96 \times \sqrt{p(1-p)/n} \times \sqrt{(N-n)/(N-1)}$$

위의 식에서 $p = 0.5$을 대입하고, 입학정원을 기준으로 모집단의 수 $N = 15,160$일 때 구한 최대오차한계는 다음과 같다.

표본크기	오차한계	표본크기	오차한계	표본크기	오차한계	표본크기	오차한계
100	9.8%	400	4.8%	700	3.6%	1000	3.0%
150	8.0%	450	4.5%	750	3.5%	1100	2.8%
200	6.9%	500	4.3%	800	3.4%	1200	2.7%
250	6.1%	550	4.1%	850	3.3%	1300	2.6%
300	5.6%	600	3.9%	900	3.2%	1400	2.5%
350	5.2%	650	3.8%	950	3.1%	1500	2.4%

2 표본추출 방법

통계적 신뢰성의 관점에서 표본크기가 매우 중요하지만, 그것으로는 표본의 대표성에 대한 타당성을 결정할 수는 없고, 표본추출이 체계적으로 명확한 방법에 근거하여 이루어졌는지 평가하여야 한다. 본 절에서는 과학적인 표본 선정 방법에 대해 논의하고자 한다. 표본추출을 위하여 먼저 고려해야 할 사항은 목표 모집단(population)이다. 목표 모집단은 연구자가 잠정적으로 그의 연구에 적용하기 위해 가정한 이론적인 모집단이다. 즉 목표 모집단은 연구자가 연구의 결과가 일반화되기를 희망하는 이론적인 모집단으로서 Y 대학교 학생들의 의견을 분석하기 위한 연구일 경우에는 Y 대학교 학생 전부가 목표 모집단이 된다.

목표 모집단의 설정은 연구의 목표나 목적을 개념화하기 위하여 사용되지만, 실제 표본을 선정할 때는 조사 모집단(working population)을 고려한다. 조사 모집단은 목표 모집단과 실제 표본 사이의 중간단계에 놓인 것으로 목표 모집단의 가능한 모든 대상을 완벽한 명부로 작성함으로써 얻는 표본 추출틀(sampling frame)이라 한다. Y 대학교 재학 중인 학생들의 학번을 표본 추출틀로 사용할 수 있을 것이다.

표본추출 방법으로는 확률추출법과 비확률추출법으로 구분할 수 있는데 확률추출법을 고려한다. 확률추출법은 조사 모집단을 구성하고 있는 추출단위가 표본으로 선정될 확률이 알려진 경우이다. 확률표본의 특성은 모든 추출단위가 표본으로 선정될 확률이 모든 단계에서 같고, 서로 독립적이어야 한다. 확률추출법으로는 단순임의추출법, 층화임의추출법, 집락추출법, 그리고 계통추출법 등이 있다.

(1) 단순임의추출법(simple random sampling)

단순임의추출법은 확률추출법의 기본으로 모든 추출단위가 표본으로 뽑힐 가능성이 같다는 조건에서 추출하는 방법이다. 이때 표본으로 선정되는 추출단위가 한쪽으로 치우침이 없이 임의로 뽑아야 한다. 임의성을 유지하기 위하여 난수표를 이용하거나 컴퓨터에서 난수발생 프로그램을 사용하기도 한다. 다음은 엑셀에서 난수 발생 함수인 '**RANDBETWEEN**'을 사용하여 1에서 400 사이의 난수 10개를 발생시키는 방법이다.

=RANDBETWEEN(1,400) 입력 후 Enter↵	해당 셀의 채우기 핸들을 드래그하여 [A10] 셀까지 자동 채우기	1~400 사이의 난수 10개 발생

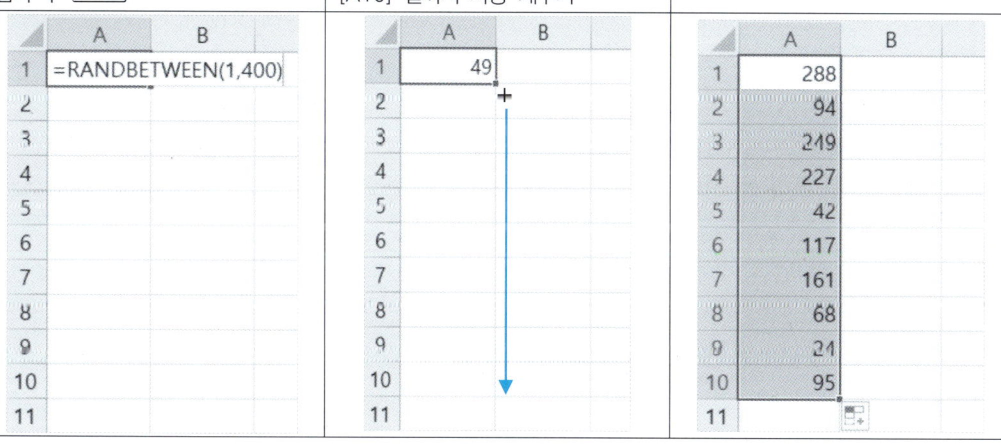

(2) 계통추출법 (Systematic sampling)

계통추출법은 표본추출단위에 순서를 정해서 표본크기에 따라 일정한 간격(표집 추출간격:k)을 두고 표본을 선정하는 방법으로, 조사 모집단에 일련의 번호를 매기거나 난수표를 이용하기 곤란한 경우에 사용한다. 일련번호가 부여된 모집단의 각 대상에 대하여 임의의 난수표로부터 1~k 숫자 중 하나를 첫 번째 표본으로 추출하고, 두 번째 이후의 표본은 일정한 간격 k만큼 증가시켜 가면서 표본으로 선택한다.

예를 들어 크기가 400인 모집단에서 10개의 표본을 계통추출법으로 추출하는 방법은 다음과 같다.

① 모집단에 일련번호를 부여하여 표본추출간격 k를 구한다.

표본추출간격 k =모집단 개체 수/표본의 크기 = 400/10 = 40

② 1~k 숫자 중 하나를 임의 추출하여 첫 번째 표본으로 추출하고, 두 번째 이후의 표본은 k 간격만큼 증가시켜 가면서 표본으로 선택한다.

- 난수 발생 결과에서 1~40의 숫자 중 하나로 21이 선택되었다면, 첫 번째 표본은 21번이 된다.
- 첫 번째 표본인 21번에 k=40을 더한 값들을 나열하여 10개를 뽑는다.

21번, 61번, 101번, 141번, 181번,
221번, 261번, 301번, 341번, 381번

(3) 층화추출법 (stratified sampling)

층화추출방법은 모집단이 서로 다른 성격으로 구성되면 모집단을 층(strata)으로 나누어서 하위집단들로 층화 시킨다. 이때 층간(하위집단 간)은 이질적으로 되고, 층내(하위집단 내)는 동질적으로 되도록 표본을 구성하여야 한다. 각 층으로 나누었다면, 각 층으로부터 단순임의추출로 적절한 수의 표본을 뽑아내는 방법이다. 예를 들어 학년을 층으로 볼 수도 있고, 계열을 층으로 볼 수도 있을 것이다. 단순임의추출법에 따른 표본보다 일반적으로 모집단이 더 잘 반영된다. 층화추출법은 각층이 정하는 비례에 따라 각 층의 크기를 할당하여 추출하는 비례 층화추출과 각층의 크기와 상관없이 같은 수의 표본을 뽑는 비비례 층화추출이 있다.

모집단의 구성원인 대학생 수가 500명이고 남 여비가 90:10으로 구성된 대학에서 성별 독서량을 층화추출법으로 추출하려 한다. 이때 비례 층화추출에서는 남자 90%, 여자 10%이므로 남자 450명, 여자 50명을 추출하므로 모집단의 특성을 파악하는 데 유리하다고 할 수 있고, 비비례 층화추출에서는 남여 각각 250명을 추출한다.

(4) 집락추출법 (Cluster sampling)

집락추출법은 다단추출법 또는 지역추출법이라고도 한다. 모집단을 대표할 수 있는 여러 개의 집락으로 구분하고, 집락을 표본 추출단위로 생각하여 확률표본 하는 방법이다. 1차 추출단위는 연구의 목적에 맞게 개별단위를 집락으로 만든 것이다. 이 집락들은 잘 분류된 모집단의 부분집합으로서 모집단의 특성이 잘 반영되도록 구성되어야 한다. 예를 들어 3단 집락추출법을 사용하여 표본을 선정하는 방법은 각 계열이 1단계 집락이 되고, 뽑힌 계열에서 2단계 집락은 전공이 되고 마지막으로 3단계에서는 선정된 전공에서 학생들을 표본추출 한다.

(5) 층화 3단 집락추출법(stratified three stage cluster sampling)

이들 표본추출 방법들이 개별적으로 사용되는 것이 아니라 서로 결합된 방식으로 사용된다. 대표적으로는 층화 집락 임의추출법이 많이 쓰이고 집락이 3단이면 층화 3단 집락추출법이라고 한다. Y 대학교 학생들을 대상으로 조사할 때도 조사 모집단의 전체 리스트를 구하는 것이 불가능하지는 않지만 이를 표본추출틀로 사용하여 단순임의추출하는 것은 쉬운 일은 아니다. 표본 선정은 난수발생프로그램을 통하여 쉽게 할 수 있으나 선정된 학생을 찾는 과정이 쉽지 않을 것이다. 그러므로 층화집락 임의추출법을 사용하는 것이 적절할 것이다.

다음은 층화 3단 집락추출의 예제이다.

(예1) 서울 시민 의식조사의 설계

1. 서울시 22개구로 나눔(구가 층이 됨) (1 2 … 22 층)
2. 구내(區內)에서 일부 동을 추출 (동이 집락이며 1차 추출단위)
3. 동내(洞內)에서 통을 추출 (통이 집락이며 2차 추출단위)
4. 통내(通內)에서 가구를 무작위 추출 또는 통내 가구 대장에서 계통추출 (가구가 최종(3차) 추출단위임)

(예2) 대학교 내(內)에서의 표본추출

학생 수 12,000명 중에서 240명을 추출

1. 학생들의 전체 리스트(일련번호 부여)
2. 층: 계열
   - 1단계 : 학과 (집락)
   - 2단계 : 학년 (집락)
   - 3단계 : 학생
3. 계열1 표본추출의 예

집락 1단계		집락 2단계		집락 3단계		
4개 학과		2개 학년		5명 학생		
4	×	2	×	5	=	40(명)

계열별 추출 인원은 다음과 같다.

모집단		비례 할당	표본 (계열별 추출 인원)
계열1 (10개 학과)	2,000명	2/12	40명
계열2 (5개 학과)	1,000명	1/12	20명
계열3 (15개 학과)	3,000명	3/12	60명
계열4 (10개 학과)	2,000명	2/12	40명
계열5 (20개 학과)	4,000명	4/12	80명
합계	12,000명		240명

Section 05 추정

모집단으로부터 추출한 표본을 통하여 모집단의 모수에 관한 결론을 유추하는 과정을 통계적 추론이라 한다. 통계적 추론은 추정과 가설검정으로 나누어 생각할 수 있다. 모수를 추정하기 위해 사용되는 통계량을 추정량(estimator)이라 하고 추정량의 값을 추정치(estimate)라 한다. 추정량의 표준편차를 그 추정량의 표준오차라 한다. 추정은 모수의 참값으로 생각되는 하나의 값을 추정하는 점 추정과 모수의 가능한 값들의 구간으로 추정하는 구간추정이 있다.

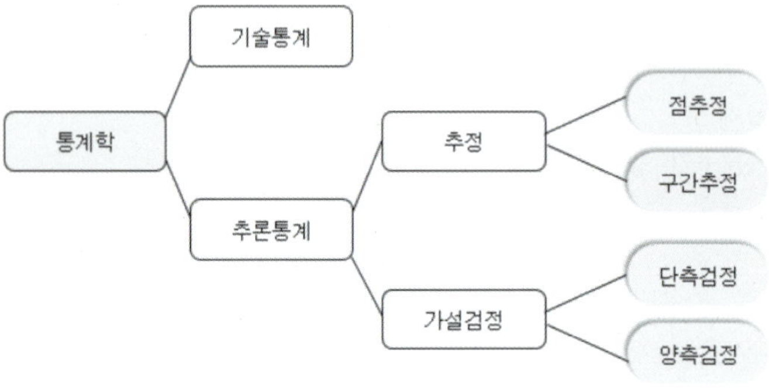

예를 들어 어떤 선거 여론조사에서 A 후보자의 지지율(모비율 p)을 조사한다. 임의로 추출한 유권자 1,000명 중에서 지지하는 유권자가 420명이라면 A 후보자의 지지율은 다음과 같이 추정된다.

- 점 추정치 : $\hat{p} = \frac{420}{1000} = 0.42$
- 추정된 표준오차 : $\widehat{s.d.}(\hat{p}) = \sqrt{\frac{\hat{p}(1-\hat{p})}{n}} = \sqrt{\frac{0.42(1-0.42)}{1000}} = 0.0156$
- 95% 오차한계 : $1.96 \times \widehat{s.d.(\hat{p})} = 1.96 \times 0.0156 = 0.0306$
- 95% 신뢰구간 : 0.42 ± 0.0306, 즉 $(0.3894, 0.4506)$

구간추정의 의미는 A 후보자의 지지율에 대한 참값이 신뢰계수 95%에서 신뢰구간 (0.3894, 0.4506)에 포함된다는 것으로, 이러한 조사를 100번 해서 신뢰구간을 100개 구한다면 그중에 95개는 실제의 참값을 포함하고 나머지 5개는 포함하지 않는다는 것을 의미한다. 물론 지금 구한 신뢰구간이 참값을 포함하고 있는지는 알 수 없으나, 100개 중에서 95개의 신뢰구간이 참값을 포함하고 있으므로 우리는 95% 신뢰로 이 구간에 참값이 포함되었으리라 추측하는 것이다.

위의 예에서 모비율 p를 모르기 때문에 $\hat{p}$을 이용하여 추정된 표준오차를 구하였다. 그러나 모비율 p는 0과 1 사이의 값이므로 $p(1-p) \le 1/4$가 성립한다. 또한 95.4% 표준정규분포의 z-계수가 2이므로 다음과 같이 간략하게 구할 수도 있다.

- 표준오차의 최대한계 : $s.d(\hat{p}) = \sqrt{\frac{p(1-p)}{n}} \le \sqrt{\frac{1}{4n}} = \frac{1}{2\sqrt{n}}$
- 95.4% 오차한계 : $2 \times s.d(\hat{p}) = 2 \times \frac{1}{2\sqrt{n}} = \frac{1}{\sqrt{n}} = 0.0316$

- 95.4% 신뢰구간 : 0.42 ± 0.0316, $(0.3884, 0.4516)$

오차한계(신뢰계수 95%)와 표본크기를 간단히 구하는 방법으로 위의 식을 많이 사용되며, 다음 표를 참조하면 된다.

표본크기 n	오차한계 $1/\sqrt{n}$	표본크기 n	오차한계 $1/\sqrt{n}$
100	0.10	1000	0.0316
400	0.05	1600	0.025
500	0.0447	10000	0.01

Section 06 가설검정

모수에 관한 주장이 옳은지를 표본을 이용하여 판정하는 통계적 분석 방법을 통계적 가설검정이라 한다. 예를 들어 A 후보의 지지율이 50% 이상이라는 주장, A 후보의 지지율이 B 후보보다 높다는 주장, 새로 개발한 약품의 효과가 더 높다는 주장, 새로 개발한 교육 방법이 더 효과가 높나는 주장 등에 내한 판정을 표본을 이용하여 사실 여부를 판단한다. 통계적 가설은 상반된 귀무가설(null hypothesis)과 대립가설(alternative hypothesis)로 나누어지는데, 주장에 반하는 가설 즉 버리고자 하는 가설을 귀무가설로 설정하고 받아들이고자 하는 주장을 대립가설로 설정한다.

가설의 종류

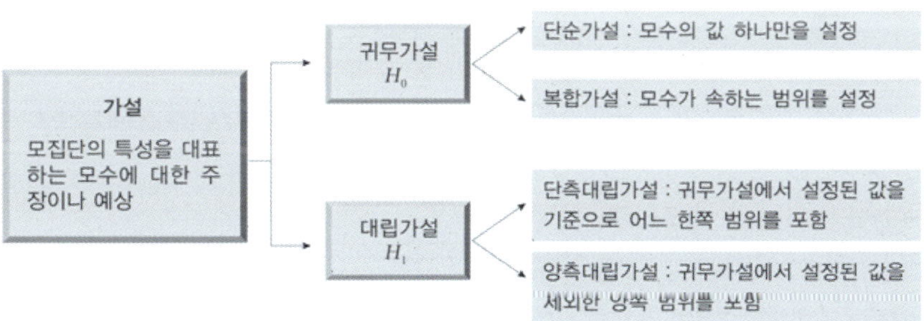

가설이 설정되면 이에 적합한 검정통계량과 기각역을 찾고, 검정통계량의 값이 기각역에 포함되면 귀무가설을 기각하게 된다. 귀무가설을 기각하거나 기각하지 못하거나 어떤 결정을 내리더라도 검정통계량이 표본을 이용하여 내린 결정이므로 모두 잘못을 범할 수 있다. 이를 가설검정의 두 가지 오류라고 하는데 다음과 같다.

- 제1종 오류 : 귀무가설이 참인데도 불구하고 귀무가설을 기각하는 오류
- 제2종 오류 : 귀무가설이 거짓인데도 불구하고 기각하지 못하는 오류

<table>
<tr><td colspan="2"></td><td colspan="2">실제</td></tr>
<tr><td colspan="2"></td><td>H_0가 참</td><td>H_0가 거짓</td></tr>
<tr><td rowspan="2">검정 결과</td><td>H_0 기각</td><td>제1종 오류
확률 = α(유의수준)</td><td>옳은 결정</td></tr>
<tr><td>H_0 기각 못함</td><td>옳은 결정</td><td>제2종 오류
확률 = β(β위험)</td></tr>
</table>

두 가지 오류 중에서 제1종의 오류가 더 중요한데, 그 이유는 귀무가설이 참인데도 불구하고 기각하고 옳지 않은 주장인 대립가설을 받아들이게 되므로 인해 심각한 잘못을 범하게 되기 때문이다. 그래서 제1종의 오류를 범할 확률의 최댓값을 **유의수준**(significance level)이라 하고, 보통 유의수준은 10%, 5%, 1%로 정하는데, 정해진 유의수준에 의해 기각역이 결정된다. 그러므로 가설검정의 결론은 다음과 같이 반드시 유의수준을 명시하여야 한다.

- 유의수준 10%(5%, 1%)에서 귀무가설을 기각한다.
  또는
- 유의수준 10%(5%, 1%)에서 귀무가설을 기각할 수 없다.

기각역에 의해 가설을 검정하는 방법보다는 가설의 검정 결과를 **유의확률**(significance probability) 또는 **p-값**(p-value)으로 나타내기도 한다. p-값은 귀무가설이 참인데도 불구하고 이러한 표본 데이터값이 나타날 확률을 의미하므로, p-값이 작을수록 대립가설을 받아들이는 강력한 증거가 될 수 있다. 예를 들어 p-값이 1% (5%, 10%)보다 작으면 유의수준 1%(5%, 10%)에서 귀무가설을 기각하고 대립가설을 받아들이면 된다.

검정 결과

유의확률(p-값) $\leq$ 유의수준(α)

☞ 유의수준(α)에서 귀무가설(H_0)이 기각되어 대립가설(H_1)을 받아들인다.

대표본에서 모비율 p의 가설검정을 살펴보기로 하자.

<table>
<tr><td rowspan="2">가설</td><td>귀무가설</td><td>$H_0: p = p_0$</td><td>$H_0: p = p_0$</td><td>$H_0: p = p_0$</td></tr>
<tr><td>대립가설</td><td>$H_1: p \neq p_0$</td><td>$H_1: p < p_0$</td><td>$H_1: p > p_0$</td></tr>
<tr><td colspan="2">검정통계량</td><td colspan="3">$Z_0 = \dfrac{\hat{p} - p_0}{\sqrt{p_0(1-p_0)/n}}$</td></tr>
<tr><td rowspan="3">기각역
(유의수준)</td><td>10%</td><td>$|Z_0| \geq 1.645$</td><td>$Z_0 \leq -1.28$</td><td>$Z_0 \geq 1.28$</td></tr>
<tr><td>5%</td><td>$|Z_0| \geq 1.96$</td><td>$Z_0 \leq -1.645$</td><td>$Z_0 \geq 1.645$</td></tr>
<tr><td>1%</td><td>$|Z_0| \geq 2.58$</td><td>$Z_0 \leq -1.96$</td><td>$Z_0 \geq 1.96$</td></tr>
<tr><td colspan="2" rowspan="2">p-값</td><td>$2P[Z \geq |z_0|]$</td><td>$P[Z \leq z_0]$</td><td>$P[Z \geq z_0]$</td></tr>
<tr><td>양측검정</td><td>하단 단측검정</td><td>상단 단측검정</td></tr>
</table>

예를 들어 A 후보자의 지지율이 40%를 초과한다고 단정할 수 있는지 조사하기 위하여 1,000명의 임의표본을 추출하여 표본비율 $\hat{p}=0.42$을 얻었다. 이는 <표 5.4.1>의 상단 단측검정에 해당하므로,

- 귀무가설 $H_0 : p=0.40$, 대립가설 $H_1 : p>0.40$
- 검정통계량의 값 $Z_0=\dfrac{\hat{p}-p_0}{\sqrt{p_0(1-p_0)/n}}=\dfrac{0.42-0.40}{\sqrt{0.40(1-0.40)/1000}}=1.291$
- 기각역 $Z_0=1.291 \geq 1.28$ 이므로, 유의수준 10%에서 귀무가설을 기각한다.

결론적으로 유의수준 10%에서는 귀무가설을 기각할 수 있으므로 A 후보자의 지지율이 40%를 초과한다고 판단할 수 있다. 그러나 유의수준 5%와 1%에서는 귀무가설을 기각할 수 없다.

두 모비율의 비교를 위한 가설검정을 고려해보자. 예를 들어 선거 여론조사에서 1,000명의 임의표본을 추출하여 A 후보자를 지지하는 사람의 비율은 38%, B 후보자는 33%, C 후보자는 25%였다. 이때 후보자들의 지지율에 차이가 있는지를 검정하고자 한다. 이 경우에 유의수준을 5%로 생각한다면, 앞 절에서 다룬 오차한계를 사용해 보기로 하자.

- 95.4%(약 95%) 오차한계 : $2\times s.d(\hat{p})=2\times\dfrac{1}{2\sqrt{n}}=\dfrac{1}{\sqrt{n}}=0.0316$
- 신뢰구간 : A 후보자 0.38±0.316, B 후보자 0.33±0.316, C 후보자 0.25±0.316

A 후보자와 B 후보자의 신뢰구간은 겹지므로 두 후보자는 오차한계 범위 내에 있고, B 후보자와 C 후보자의 신뢰구간은 겹치지 않고 떨어져 있으므로 오차한계 범위를 벗어났다고 볼 수 있다. 즉 신뢰구간이 ±0.316으로 상한과 하한이 결정되므로, 차이가 있으려면 두 후보자의 차이가 두 배의 오차한계보다 커야만 한다. 그러므로 A 후보자와 B 후보자는 유의수준 5%에서 차이가 있다고 볼 수 없으나, C 후보자는 A, B 두 후보자보다 지지율이 낮다고 볼 수 있다. 이 경우에 A 후보자가 오차범위 내에서 B 후보자보다 지지율이 높다고 말하기도 한다.

그 밖의 기초통계로서의 가설검정으로 분할표를 이용한 적합도, 동질성, 독립성 검정, 3개 이상의 모평균을 검정하는 방법으로 분산분석법, 변수들의 관련성을 검토하기 위한 상관분석과 회귀분석이 있다.

통계적 가설검정은 다음과 같이 5단계로 요약할 수 있다.

통계적 가설검정 단계

1단계 : 가설 설정
2단계 : 유의수준 설정
3단계 : 기각역 설정
4단계 : 표본으로부터 검정통계량 계산
5단계 : 검정통계량이 기각역에 포함되는지 확인하고 결론 내림

☞ 통계 프로그램 사용할 경우

3단계 : 표본으로부터 유의확률 p-값 계산
4단계 : 유의확률 p-값 ≤ 유의수준 α이면 귀무가설(H_0)이 기각

연습문제

1. 모집단과 표본에 대해 작성하시오.

2. 기술통계학과 추측통계학에 대해 작성하시오.

3. 가설의 종류에 대해 작성하시오.

4. 데이터 분석 과정에 대해 작성하시오.

5. 유의수준과 유의확률에 대해 작성하시오.

6. 통계적 가설검정 과정에 대해 작성하시오.

CHAPTER 02

데이터 요약과 시각화

Excel

Section 01 데이터 요약

데이터를 요약할 때는 먼저 도수분포표와 그래프를 그려보고, 평균, 분산과 같은 수치적인 계산을 해야 한다. 도수분포표와 그래프를 그리는 방법은 데이터의 형태에 따라 다르므로 데이터 형태를 범주형과 수치형으로 나누어 알아본다.

1 범주형 데이터

범주형 데이터는 어느 범주에 속하는지를 조사하여 수집한 데이터를 말하며, 범주에 속하는 데이터의 개수를 파악하여 데이터를 요약한다. 각 범주에 속하는 개체 수를 도수라 하고 이를 전체 데이터의 개수로 나눈 값을 상대도수라 한다. 각 범주에 속하는 개체의 비율인 상대도수는 데이터를 이해하는 데 활용된다. 한편 도수를 모아 표로 만든 것을 도수분포표라 한다.

$$\text{도수} = \text{해당 범주에 속하는 데이터 수}$$

$$\text{상대도수} = \frac{\text{해당범주의 도수}}{\text{전체데이터의 개수}}$$

$$\text{누적 상대도수} = \frac{\text{첫 범주부터 해당 범주까지 도수의 합}}{\text{전체데이터의 개수}}$$

예제 **도수분포표**

어느 지역에서 도시 통합에 대해 100명 주민의 의견을 조사하였다. 찬성한 사람은 77명, 반대한 사람은 16명, 무효는 7명이다. 이를 도수분포표로 나타내면 다음과 같다.

응답	도수	상대도수	누적 상대도수
찬성	77	77/100=0.77= 77%	77/100=0.77= 77%
반대	16	16/100=0.16= 16%	(77+16)/100=0.93= 93%
무효	7	7/100=0.07= 7%	(77+16+9)/100=1.00=100%
합계	100	1.00=100%	

2 수치형 데이터(이산형 데이터)

수치형 데이터는 다시 이산형과 연속형으로 구분할 수 있고, 이산형과 연속형 데이터의 요약 방법은 다소 다른 부분이 있으므로 이를 나누어 알아본다.

이산형 데이터의 요약은 범주형 데이터와 마찬가지로 도수분포표를 이용하여 요약할 수 있다. 이산형 데이터에서는 도수분포표를 직선그림이나 히스토그램을 그려 표의 특징을 시각화하는 방법이 많이 이용된다. 직선그림에서는 직선의 길이의 합은 1이 되고, 히스토그램에서는 사각기둥의 넓이의 합이 1이 되게 그려야 한다. 히스토그램에서는 사각기둥의 밑변의 길이에 따라 히스토그램의 모양이 달라진다.

예제 도수분포표 작성

G 카페 이용 만족도에 대해 25명의 고객을 대상으로 "전혀 그렇지 않다/그렇지 않다/보통이다/그렇다/매우 그렇다"의 5점 리커트 척도 즉, 등간척도로 조사하였다. 이를 도수분포표, 직선그림 그리고 히스토그램으로 나타내면 다음과 같다.

응답	도수	상대도수	누적 상대도수
1.전혀 그렇지 않다	1	1/25=0.04= 4%	1/25=0.04= 4%
2.그렇지 않다	2	2/25=0.08= 8%	(1+2)/25=0.16= 12%
3.보통이다	5	5/25=0.20= 20%	(1+2+5)/25=0.36= 32%
4.그렇다	12	12/25=0.48= 48%	(1+2+5+12)/25=0.68= 80%
5.매우 그렇다	5	5/25=0.20= 20%	(1+2+5+12+5)/25=1.00=100%
합계	25	1.00=100%	

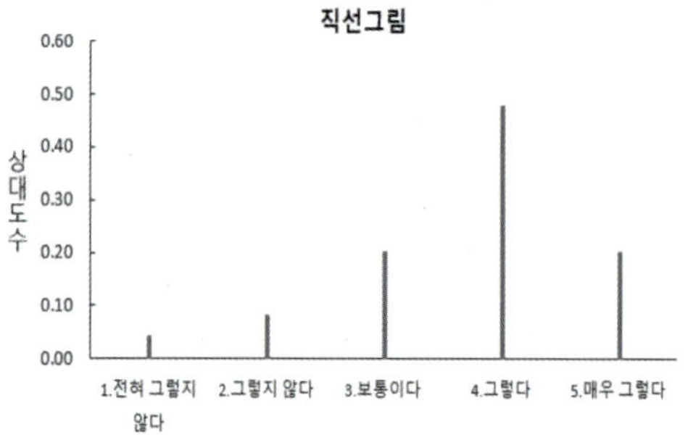

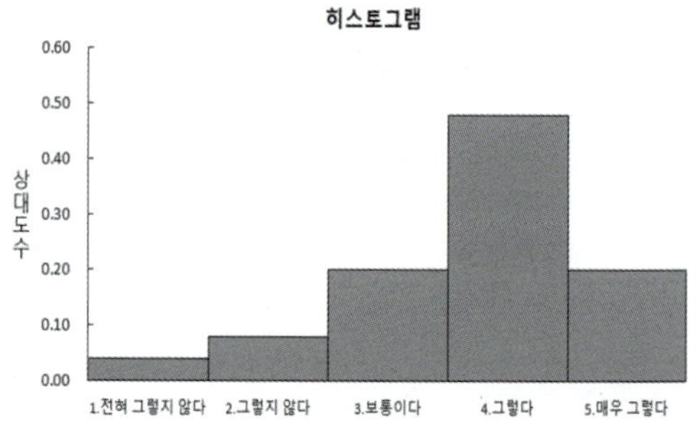

3 수치형 데이터(연속형 데이터)

연속형 데이터의 경우는 이산형 데이터의 경우와는 대조적으로 매우 많은 서로 다른 값으로 되어 있다. 서로 다른 모든 값에 관한 표나 그림으로는 데이터를 잘 요약할 수 없으므로 데이터의 특징을 파악하기는 어렵다. 이러한 데이터는 주로 점도표와 히스토그램을 이용하여 나타낸다. 점도표는 상대적으로 데이터의 개수가 적을 때 사용하고, 히스토그램은 데이터의 개수가 많을 때 사용된다.

- 점도표

점도표는 데이터들의 분포를 점으로 나타내주는 도표로 데이터의 수가 적을 때 적합하다. 점도표는 측정값을 모두 포함하는 단위를 직선 위에 그리고 각 측정값은 이 직선 위에 굵은 점으로 나타낸다. 데이터의 수가 많을 때는 히스토그램을 그리는 것이 좋다.

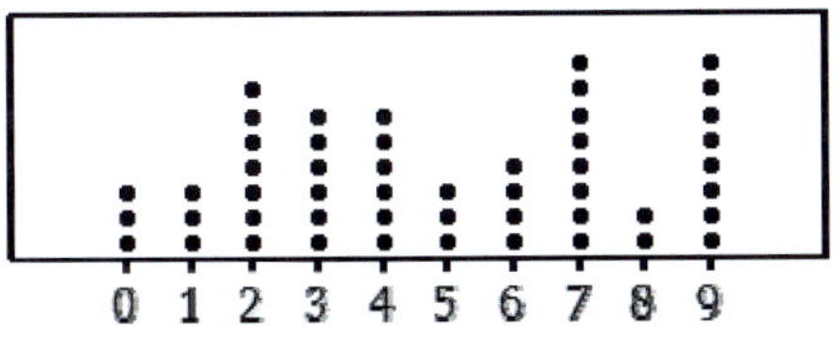

- 구간 도수분포표

데이터의 수가 많으면 점도표를 그리는 것은 번거로운 일이다. 이 경우에는 히스토그램을 그리는 것이 좋으며, 히스토그램을 작성하기 위해 먼저 구간 도수분포표로 데이터를 요약하여 히스토그램을 그린다.

연속형 데이터의 도수분포표 작성에서 구간을 계급구간(class interval)이라고도 하며, 구간의 양 끝점을 구간의 경계값 혹은 계급의 경계값이라 한다. 한편 구간도수를 칸도수 혹은 계급도수라고도 한다. 구간 도수를 모아 표로 만든 것을 구간 도수분포표라 한다.

일반적으로 구간의 개수는 5~15개 사이로 하는 것이 좋은 결과를 얻는 것으로 알려져 있다. 구간의 개수를 정할 때는 히스토그램의 도움을 받는 것이 좋다. 처음에는 많은 개수의 구간으로 하여 히스토그램을 그려보고 구간의 개수를 줄여나가면서 원하는 히스토그램이 되는 구간의 개수를 선택하면 된다.

구간 도수분포표 작성 순서

① 데이터의 개수를 구한다.
② 데이터 내에서 최소값과 최대값을 구한다.
③ 구간의 개수를 정한다.
   5~15개 구간 또는 $=1+3.3\log(n)$, n: 데이터의 개수
④ 구간의 폭을 구한다.
   구간 폭 = (최대값-최소값)/구간 수
⑤ 구간의 경계값을 구한다.
⑥ 각 구간에 속하는 데이터 개수(구간도수)를 구한다.
⑦ 각 구간도수를 전체 데이터 개수로 나누어 상대도수를 구한다.

$$상대도수 = \frac{구간\ 도수}{전체데이터의\ 개수}$$

예제 구간 도수분포표 작성

다음은 「데이터로 보는 세상」 중간고사 시험 성적이다. 모두 30명을 조사하였고, 자료를 크기 순서대로 정렬하였다. 연속형 데이터의 구간 도수분포표 작성 절차에 따라 도수분포표를 작성하고 히스토그램으로 나타낸다.

31	53	70	72	72	73	74	75	78	79
79	79	80	80	86	88	88	89	89	89
89	91	92	94	94	96	98	98	99	99

① 데이터의 개수를 구한다.

- 30개

② 데이터 내에서 최소값과 최대값을 구한다.

- 최대값 99, 최소값 31

③ 구간의 개수를 정한다(일반적으로 5~15개 구간).

- 구간 수=1+3.3*log(30)=5.78≒5개~6개
- 구간 수는 5개로 설정

④ 구간의 폭을 구한다.

- 구간 폭 = (최대값-최소값)/구간 수
  =(99-31)/5=68/6=13.5
- 구간 폭 13.5, 구간 개수 5, 구간 경계값 등을 고려하여 최종 구간 폭을 결정

⑤ 구간의 경계값을 구한다.

- 0~60, 60~70, 70~80, 80~90, 90~100

⑥ 각 구간에 속하는 데이터의 개수(구간도수)를 구한다.

⑦ 각 구간도수를 전체 데이터의 개수로 나누어 상대도수를 구한다.

계급구간*	구간도수	상대도수	누적 상대도수
0~60	2	2/30=0.07= 7.0%	2/30=0.07= 7.0%
60~70	0	0/30=0.00= 0.0%	(2+0)/30=0.07= 7.0%
70~80	10	10/30=0.33= 33.3%	(2+0+10)/30=0.40= 40.0%
80~90	9	9/30=0.30= 30.0%	(2+0+10+9)/30=0.70= 70.0%
90~100	9	9/30=0.30= 30.0%	(2+0+10+9+9)/30=1.00=100.0%
합계	30	1.00=100.0%	

*좌측 경곗값은 포함하고 우측 경곗값은 포함하지 않음

- **히스토그램**

히스토그램은 도수분포표를 시각적으로 표현한 막대그래프이다. 도수분포표가 작성되면 히스토그램을 그리는 일은 쉽다. 각 계급구간 위에 사각기둥을 그리면 되는데, 각 사각기둥의 높이는 사각기둥의 면적이 상대도수가 되도록 한다. 이때 히스토그램에서 모든 사각기둥의 면적의 합은 1이 되도록 작성한다. 히스토그램에서 사각기둥의 밑변의 길이가 모두 같으면, 사각기둥의 높이가 상대도수이다.

예제 **히스토그램 작성**

다음은 「데이터로 보는 세상」 중간고사 시험 성적에 대한 도수분포표를 이용하여 히스토그램으로 나타낸 것이다. 수직축의 단위는 수평축의 단위에 대한 상대도수로 볼 수 있다. 히스토그램의 계급구간 가운데 70 이상 구간(70 이상~80 미만)의 상대도수가 0.33으로 가장 높다.

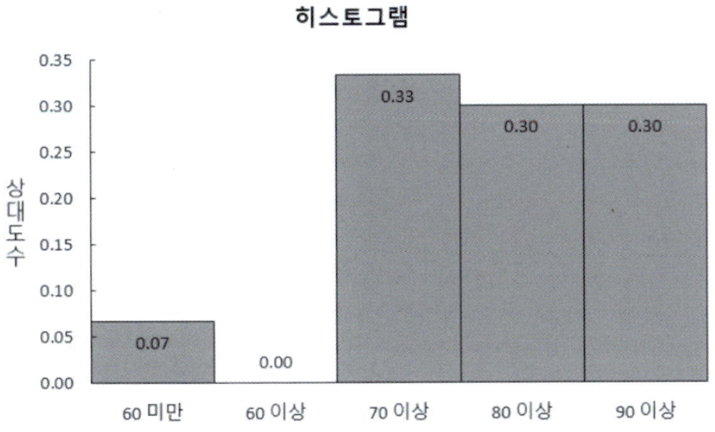

- 줄기-잎 그림

줄기 잎 그림(stem-and-leaf plot)은 데이터 자릿수에 따라 맨 앞자리 수는 "줄기"로 하고, 마지막 자리의 수는 "잎"으로 하여 도수분포표 형태로 나타내는 것이다. 데이터값이 두 자릿수 값일 때 특히 유용하게 사용할 수 있다. 10의 자릿수 값은 줄기가 되고 1의 자릿수 값은 잎으로 그린다. 히스토그램에서는 원래의 값을 알 수 없지만, 줄기-잎 그림에서는 원래의 자료를 정확히 복원할 수 있다는 장점이 있다.

줄기-잎 그림 작성

① 줄기와 잎으로 나눈다.
② 세로 수직선을 그리고, 왼쪽에 줄기의 숫자 0~9까지 적는다.
③ 세로선 오른쪽에 잎의 숫자를 적는다.
④ 잎에 있는 숫자를 크기순으로 정렬한다.

예제 **줄기-잎 그림 작성**

「데이터로 보는 세상」 중간고사 시험 성적을 줄기 잎 그림으로 나타내면 나음과 같다.

① 줄기와 잎으로 나눈다: 줄기는 십의 자리 수, 잎은 일의 자리의 수

3|1 5|3 7|0 7|2 7|2 7|3 7|4 7|5 7|8 7|9
7|9 7|9 8|0 8|0 8|6 8|8 8|8 8|9 8|9 8|9
8|9 9|1 9|2 9|4 9|4 9|6 9|8 9|8 9|9 9|9

② 세로 수직선을 그린다: 십의 자리의 수 3, 4, 5, 6, 7, 8, 9를 세로 행에 표시하고, 측정값을 포함하지 않는 행이 있어도 그 행을 표시한다.

```
3|
4|
5|
6|
7|
8|
9|
```

③ 세로선 오른쪽에 잎의 숫자를 적는다: 각 줄기 오른편에 잎에 해당하는 일의 자리 수를 표시한다.

```
3|1
4|
5|3
6|
7|0223458999
8|006889999
9|124468899
```

④ 잎에 있는 숫자를 크기순으로 정렬한다.

Section 02 중심 측도

데이터에 대해 도수분포표, 점도표, 히스토그램 등은 데이터의 시각화에 큰 도움이 된다. 연속형 데이터를 보다 객관적으로 요약하여 설명·비교하기 위해서는 데이터의 중심을 나타내는 중심 측도와 데이터의 흩어짐을 나타내는 변이 측도를 계산해야 한다.

일반적으로 데이터는 모집단에서 표본추출로 얻어지므로, 표본에 대한 데이터를 다룬다. 많이 사용되는 중심위치의 측도에는 평균, 중앙값, 최빈값 등이 있다. n개의 측정값 $x_1, x_2, x_3, \cdots, x_n$으로 되어 있다면, 중심 측도를 다음과 같이 계산할 수 있다.

중심 측도	기능
평균(mean)	• $\frac{1}{n}\sum_{i=1}^{n} x_i = \frac{x_1, x_2, x_3, \cdots, x_n}{n}$
중앙값(median)	• 가운데 위치한 값 • n=5라면 순서대로 나열할 때 3번째 위치가 중앙값이고, n=6이라면 2번째와 3번째 값의 평균이 중앙값을 의미
최빈값(mode)	• 가장 빈도가 많은 데이터값 • n=3이고 1, 2, 2로 데이터가 있다면 가장 빈도가 많은 2가 최빈값

만약 데이터의 개수가 상당히 크면 중앙값의 개념을 확장하여 크기순으로 나열한 데이터를 4분의 1씩 나누기도 한다. 4분의 1로 나누는 점을 사분위수라 하고 일반적인 분할점은 백분위수라고 부른다.

표본의 제100p백분위수는 데이터값을 크기순으로 나열하여 적어도 데이터값의 100p%가 이 값보다 작거나 같고, 적어도 100(1-p)%가 이 값보다 크거나 같은 값이다. 이 중 p가 확률을 의미하는데, 0.25이면 제25백분위수 혹은 제1사분위수라고 한다. p=0.5이면 중앙값, 제2사분위수, 제50백분위수라고 한다. p=0.75이면 제3사분위수, 제75백분위수라고 한다.

표본사분위수

데이터를 크기순으로 나열하여 데이터의 위치를 4분의 1씩 나누는 것

제1사분위수	Q_1=제25백분위수
제2사분위수(중앙값)	Q_2=제50백분위수
제3사분위수	Q_3=제75백분위수

예제 중심 측도 계산

다음은 간호학과 4학년 학생들의 이번 학기 수강 신청 과목 수를 조사한 자료이다($n=11$).

5	9	1	3	4	1	5	7	6	4	5

데이터를 크기순으로 나열하여 중심 측도를 계산한다.

- 평균 $=(1+1+3+4+4+5+5+5+6+7+9)/11=4.5$

1	1	3	4	4	5	5	5	6	7	9

- 중앙값 = 5, $n=11$이므로 크기순으로 나열할 때 6번째 관측값

1	1	3	4	4	**5**	5	5	6	7	9

- 최빈값 = 5, 관측값 5의 빈도가 3개로 가장 많이 관측

1	1	3	4	4	**5**	**5**	**5**	6	7	9

- 제1사분위수(Q_1) = 중앙값을 기준으로 왼쪽 관측값들의 중앙값
  = (3+4)/2=3.5

1	1	**3**	**4**	4	5	5	5	6	7	9

- 제3사분위수(Q_3) = 중앙값을 기준으로 오른쪽 관측값들의 중앙값
  = (5+6)/2=5.5

1	1	3	4	4	5	5	5	6	7	9

■ 사분위범위(IQR) = 제3사분위수(Q_3) - 제1사분위수(Q_1)
= 5.5 - 3.5 = 2

Section 03 변이 측도

데이터의 중심 측도와 더불어 중심으로부터 데이터가 흩어져 있는 정도를 수치로 측정하는 것은 데이터의 특성을 연구하는 데 있어 매우 중요하다. 두 자료의 중심이 같은 경우라도 변이도는 상당히 다를 수 있다. 대표적으로 분산, 표준편차, 변동계수, 범위와 사분위 범위가 있다.

분산을 구하기 위하여 먼저 편차의 개념을 알아보면 편차는 데이터값과 평균 사이의 거리를 의미하며 다음과 같이 구한다.

$$\text{편차} = \text{데이터값} - (\text{표본평균}) = x - \bar{x}$$

- **분산**

편차의 특징은 어느 데이터에 대해서도 총합이 0이다. 따라서 분산을 측정하기 위해 편차를 제곱하여 모두 합하여 관측값의 개수에서 1을 뺀 수로 나누어서 얻는다.

$$\text{표본분산} = s^2 = \frac{\sum_{i=1}^{n}(x_i - \bar{x})^2}{n-1}$$

여기서 $n-1$을 자유도라 하며, 자유도는 자유로운 값으로 간주할 수 있는 편차의 개수를 나타낸다. 편차의 합이 0이므로 $n-1$개의 편차를 알면 나머지 한 개의 편차는 알 수 있다. 그러므로 $n-1$의 값으로 나눠준다.

- **표준편차**

분산은 제곱의 합으로 얻어지므로 그 단위가 원래 데이터 단위의 제곱이다. 따라서 데이터와 같은 단위의 변이 측도를 얻기 위하여 분산의 제곱근을 구하는데 이를 표준편차(standard deviation)라고 한다. 분산보다는 표준편차가 변이 측도로 많이 쓰인다.

$$\text{표본편차}(s) = \sqrt{\text{분산}} = \sqrt{\frac{\sum_{i=1}^{n}(x_i - \bar{x})^2}{n-1}}$$

- **변동계수**

여러 종류의 데이터 변이를 비교하고자 할 때는 상대적 변이를 나타내는 변동계수(coefficient of variation)가 유용하게 사용된다. 이는 표본표준편차를 표본평균으로 나눈 값으로 정의된다.

$$\text{변동계수}(c.v) = \frac{s}{\bar{x}}$$

- **범위**

범위는 변이 측도로써 관측값이 흩어져 있는 구간의 길이를 나타낸다.

$$\text{표본범위} = \text{가장 큰 관측값} - \text{가장 작은 관측값}$$

변이 측도로써 범위는 계산과 해석이 지극히 간단하다는 두 가지 장점을 가지고 있다. 그러나 데이터 집합에 있는 매우 큰 값이나 매우 작은 값에 너무 민감하게 영향을 받는다. 또한 가운데 값들이 가진 흩어짐의 정보가 무시된다.

- **사분위범위**

한두 개의 극단적인 값에 영향을 받는 측도를 사용하는 문제를 극복하는 방법의 하나로 사분위범위를 사용하는 것이다.

$$\text{표본사분위범위} = \text{제3사분위수}(Q_3) - \text{제1사분위수}(Q_1)$$

표본사분위범위는 관측값 중에서 매우 큰 값이 있거나 매우 작은 값이 있더라도 영향을 받지 않으므로, 히스토그램을 그렸을 때 좌우대칭이 아니거나 긴 꼬리를 가지고 있는 경우에 표본표준편차 대신에 사용된다.

- **사분편차**

사분편차는 데이터를 크기순으로 정렬하고 분포의 1/4에 해당하는 자료값과 3/4에 해당하는 자료값의 차이를 반으로 나눠준 값이다.

$$\text{사분편차} = \frac{Q_3 - Q_1}{2}$$

- **상자그림**

상자그림(box plot)은 제1사분위수와 제2사분위수, 제3사분위수를 상자에 표시하고 제일 큰 값과 제일 작은 값을 선으로 연결한 그림이다. 데이터에 대해 상자그림을 그려보면 대략적인 분포의 모양과 이상치를 한눈에 볼 수 있어 데이터의 특징을 파악하는 데 유용하게 쓰일 수 있다.

상자그림을 이용하면 데이터 분포가 오른쪽으로 꼬리가 긴 우측 왜도(skewed to right) 인지, 좌우대칭을 이루는지 아니면 왼쪽으로 꼬리가 긴 좌측 왜도(skewed to left) 인지를 직관적으로 판단할 수 있다.

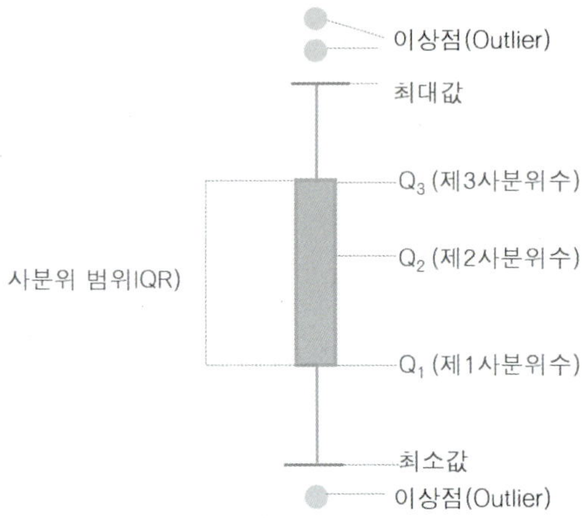

예제 **변이 측도 계산**

간호학과 4학년 학생들의 수강 신청 과목 수 자료에 대해 변이 측도를 계산하면 다음과 같다($n=11$).

관측값 x_i	편차 $(x_i-\bar{x})$	(편차)^2 $(x_i-\bar{x})^2$
1	-3.5	12.6
1	-3.5	12.6
3	-1.5	2.4
4	-0.5	0.3
4	-0.5	0.3
5	0.5	0.2
5	0.5	0.2
5	0.5	0.2
6	1.5	2.1
7	2.5	6.0
9	4.5	19.8
합 $\sum x_i=50$ 표본평균 $\bar{x}=\frac{50}{11}=4.5$	편차합 $\sum(x_i-\bar{x})=0$	편차제곱합 $\sum(x_i-\bar{x})^2=56.7$ 표본분산 $s^2=\frac{56.7}{11-1}=5.7$ 표본표준편차 $s=\sqrt{5.7}=2.4$

- 변동계수$(c.v)=s/\bar{x}=2.4/4.5=0.5$
- 범위 $=9-1=8$
- 사분위범위$=5.5-3.5=2$
- 상자그림: 오른쪽으로 꼬리가 긴 우측 왜도

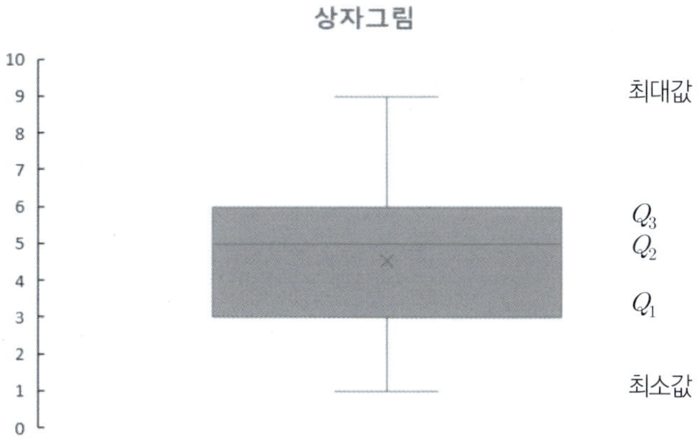

Section 04 데이터 형태

데이터의 형태를 파악할 수 있는 대표적인 통계량이 왜도와 침도이다.

- 왜도

왜도(skewness)는 분포 모양이 얼마나 비대칭인지를 나타낸다. 왜도 값은 분포가 오른쪽으로 꼬리가 긴 우측 왜도(skewed to right) 이면 양수이고, 왼쪽으로 꼬리가 긴 좌측 왜도(skewed to left) 이면 음수이다. 한쪽 꼬리 부분에 더 많은 자료가 분포할수록 즉, 비대칭도가 커질수록 왜도의 절대값은 증가한다.

왜도

왜도 〉0 : 우측 왜도(skewed to right)

왜도 = 0 : 좌우대칭

왜도〈 0 : 좌측 왜도 (skewed to left)

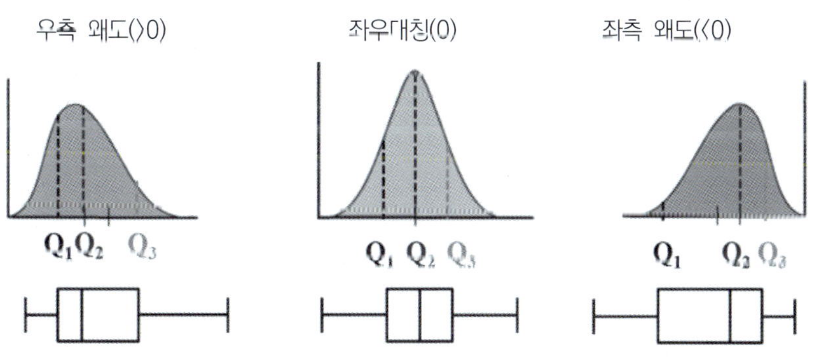

- **첨도**

첨도(kurtosis)는 분포의 꼬리 부분의 두꺼운 정도와 중심 부분의 뾰족함에 대한 정도를 나타내는 것이다. 극단적인 편차 또는 이상치가 많을수록 큰 값을 나타낸다. 정규분포의 첨도는 0이고, 첨도가 0보다 크면 중앙 부분이 뾰족한 모양을 가지게 되고, 0보다 작으면 중앙 부분이 완만한 모양을 가지게 된다. 분산과 표준편차는 데이터의 전반적인 산포 경향을 나타내는 것이고, 첨도는 중심에 얼마나 집중적으로 쏠려 있는가를 나타낸다는 데 차이가 있다.

첨도

첨도 〉0 : 자료의 중심이 정규분포보다 높아 뾰족하다

첨도 = 0 : 정규분포

첨도 〈 0 : 자료의 중심이 정규분포보다 낮아 완만하다

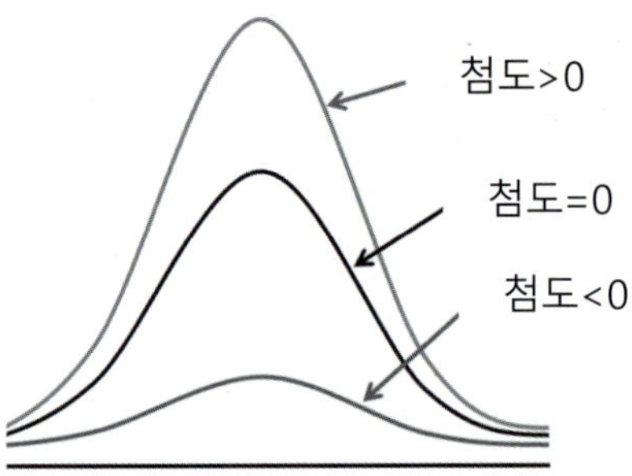

연습문제

1. 어느 유치원 학생의 띠를 조사하여 다음 자료를 얻었다. 이 자료에 대해 도수분포표를 작성하시오. 상대도수도 함께 구하시오.

돼지	쥐	돼지	쥐	쥐	소	소	쥐	쥐	쥐
쥐	쥐	소	쥐	쥐	돼지	쥐	쥐	소	쥐

2. 다음은 어느 시장의 옷가게에서 고객이 구입한 옷값을 조사한 자료이다. 모두 40명을 조사하였다. 자료는 편의상 크기순으로 정렬하였다. 이 자료의 구간 도수분포표를 작성하시오. 상대도수도 함께 구하시오.

14	19	20	21	23	25	29	33
39	40	41	45	47	50	50	52
53	53	55	56	57	58	60	62
65	68	69	71	72	75	76	77
79	82	85	91	96	99	100	102

3. 연습문제 2번에 주어진 옷값 자료에 다음을 작성하시오.
   (1) 표본평균과 표본중앙값을 구하시오.
   (2) Q_1과 Q_3을 구하시오.
   (3) 상자그림을 그리시오.

4. 다음 표는「데이터로 보는 세상」중간고사 시험 성적이다. 다음을 작성하시오.

31	53	70	72	72	73	74	75	78	79
79	79	80	80	86	88	88	89	89	89
89	91	92	94	94	96	98	98	99	99

   (1) 엑셀 함수를 이용하여 구간 도수분포표를 구하시오.
   (2) 엑셀 함수를 이용하여 중심 측도를 구하시오.
   (3) 엑셀 함수를 이용하여 산포 측도를 구하시오.

Part 4

엑셀을 활용한 데이터 분석

CHAPTER 01

내부 데이터의 활용

Excel

데이터 분석 프로그램으로 SPSS, SAS, Minitab 등 다양한 통계분석 프로그램이 있지만 이들은 별도의 프로그램을 설치하여야 하고, 유료 프로그램이라 개인적으로 간단히 활용하는 데는 비용이 부담스러울 수도 있다. 사용 컴퓨터에 오피스 프로그램이 설치되어 있다면 데이터 분석을 위해 가장 접근성이 좋은 프로그램은 엑셀이다. 엑셀을 기반으로 하여 데이터 분석 도구를 개발하여 무료로 보급한다면 모두가 환영할 일이다. 이것이 바로 KESS(Korean Educational Statistical Software) 프로그램이다.

KESS는 서울대학교 통계학과에서 엑셀 VBA로 개발한 통계 교육용 소프트웨어로 무료로 배포하고 있으며, 윈도우 환경에서 엑셀 프로그램이 있다며 간단한 기초 통계분석을 쉽게 적용할 수 있다. KESS는 엑셀이 지원하는 기능 외의 다양한 통계분석을 할 수 있고, 그 결과를 보기 쉽게 출력할 수 있다는 장점이 있다.

KESS 프로그램을 활용하여 내부 데이터 '**엑셀활용-성적분석.xlsx**' 자료의 성별, 분반별, 중간, 기말 성적에 대해 데이터 요약과 시각화, 통계적 검증으로 데이터를 분석해 본다.

Section 01 분석 도구 설치

데이터 분석에 앞서 엑셀에서 이용할 수 있는 데이터 분석 도구를 먼저 설치해야 한다. 엑셀 데이터 분석 도구로는 (1) 엑셀 자체에 내장 기능 [데이터 분석] 추가 설치와 (2) KESS 프로그램 추가 설치 방법을 알아본다.

1 [데이터 분석] 추가 설치

① [파일] 탭-[**옵션**]을 클릭하여 나타난 [Excel 옵션] 대화상자에서 [**추가 기능**]을 선택하고 하단에 있는 관리의 [**Excel 추가 기능**]을 선택하고 [**이동**]을 클릭한다. [추가 기능] 대화상자에서 [**분석 도구**]를 선택하고 [확인]을 클릭한다.

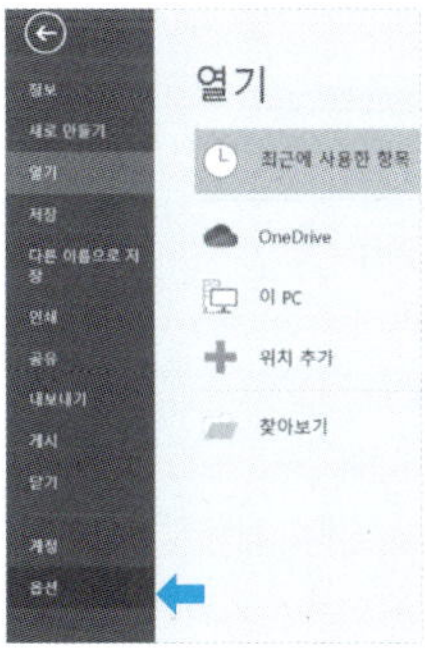

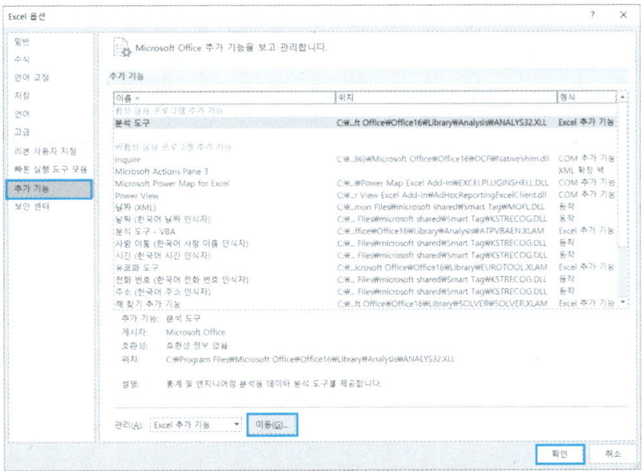

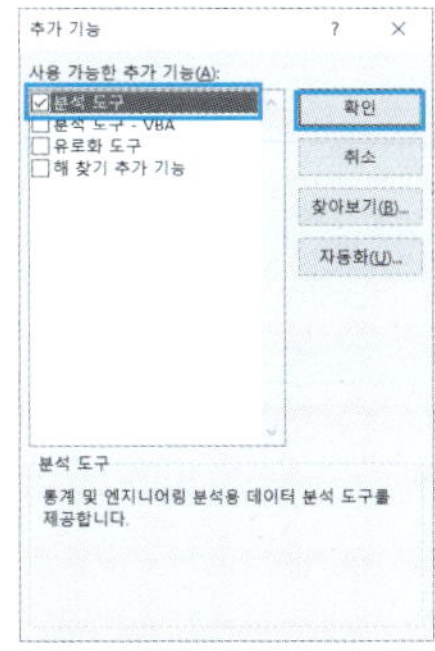

② **[데이터]** 탭의 오른쪽에 **[데이터 분석]** 툴박스가 생성된 것을 확인할 수 있다.

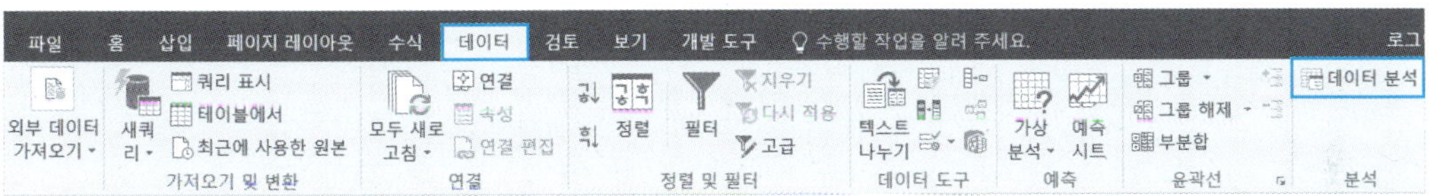

2 KESS 프로그램 추가 설치

① PC에 설치된 Office 버전에 맞는 KESS 압축 파일을 다운로드한 후 압축 파일을 더블클릭하여 압축을 해제한다.

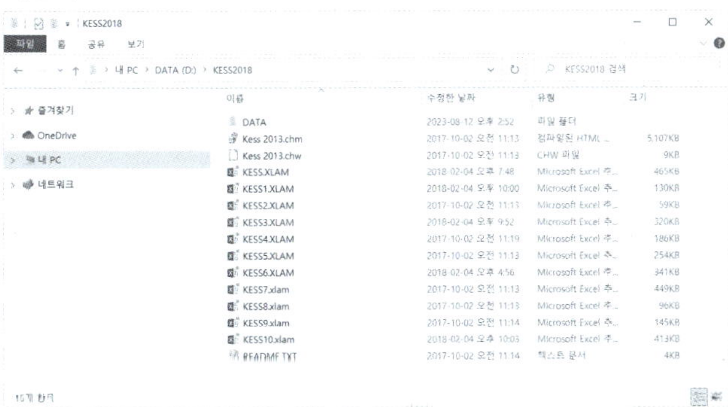

② [파일] 탭-[**옵션**]을 클릭하여 나타난 [Excel 옵션] 대화상자에서 [**추가 기능**]을 클릭하고, [Excel 추가 기능] 오른쪽에 있는 [**이동**]을 클릭한다.

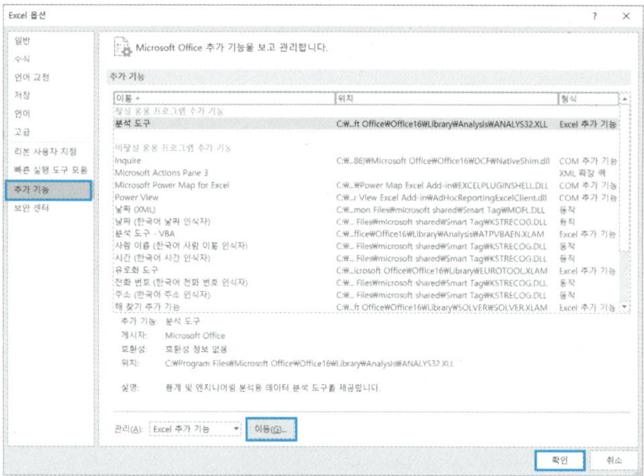

③ [추가 기능] 대화상자에서 **[찾아보기]**를 클릭하고 KESS 프로그램 폴더에서 **'KESS'** 실행 파일을 선택하고 [확인]을 클릭하면 [추가 기능] 대화상자의 '사용 가능한 추가 기능' 목록에 **[KESS.xlam]** 생성을 확인한 후 [확인]을 클릭한다.

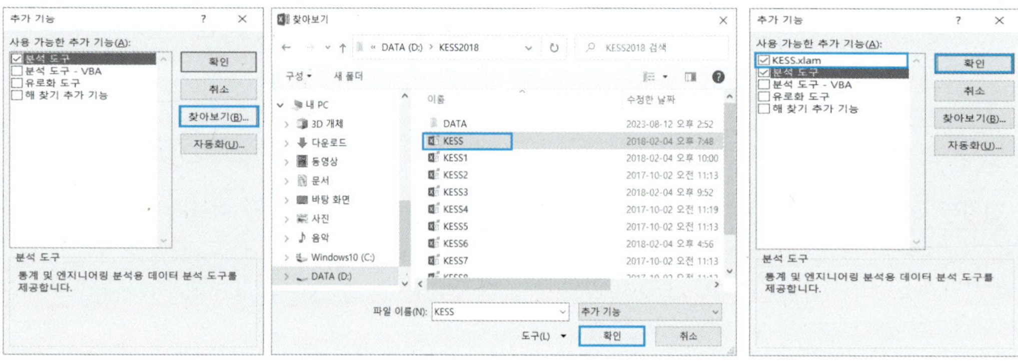

④ 아래와 같은 KESS 정보가 나타났다가 사라진다면 KESS가 정상적으로 동작함을 알 수 있다. **[추가 기능]** 탭에 **[통계분석]** 툴박스가 생성된 것을 확인할 수 있다.

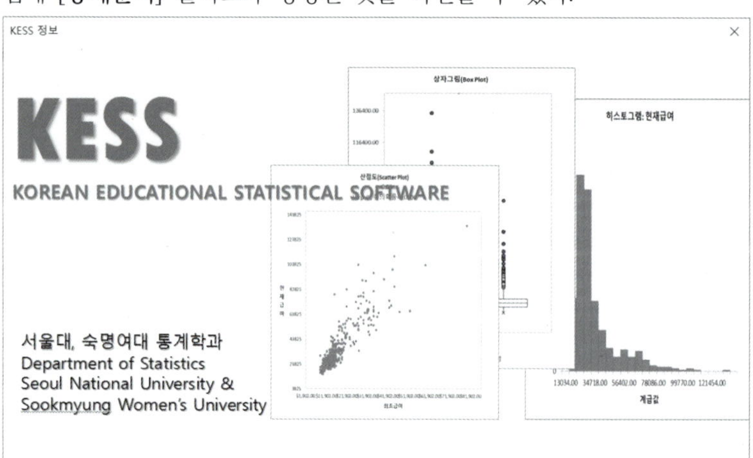

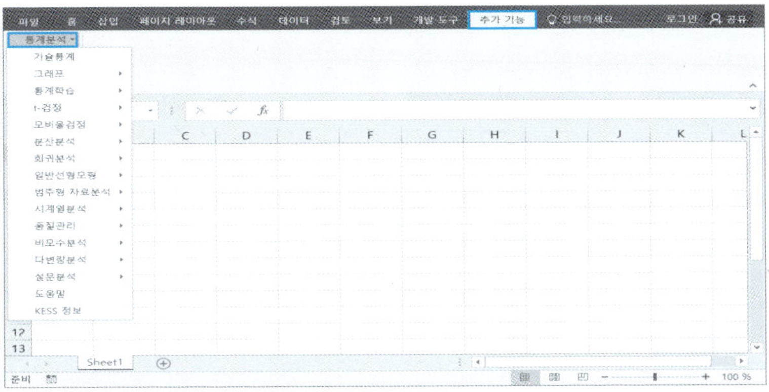

Section 02 데이터 요약

'엑셀활용-성적분석.xlsx' 파일을 불러온 후 성별, 분반별, 중간, 기말 성적에 대한 데이터 요약과 기술통계 계산을 위해 KESS의 빈도분석과 기술 통계분석 방법을 알아본다.

1 분석 데이터 정의

'엑셀활용-성적분석.xlsx' 파일은 「데이터로 보는 세상」 학생 30명을 대상으로 시험 성적을 조사한 것이다. 엑셀에서의 필드명 즉, 일련번호, 성별, 분반, 중간, 기말은 데이터 분석에서는 "변수(variable)"가 되고, 각 변수가 가지는 값에 따라 데이터 형태는 다음과 같이 분류할 수 있다. 이러한 데이터 형태에 따라 데이터 분석 방법 또한 다르므로 데이터 형태에 적합한 분석을 데이터 분석이 이루어져야 한다.

변수 (필드명)	변수값 (데이터)	데이터 형태
일련번호	01~30	범주형(명목)
성별	남자, 여자	
분반	1, 2, 3, 4	
중간	0~100	연속형(비율)
기말	0~100	
데이터 개수 $n = 30$		

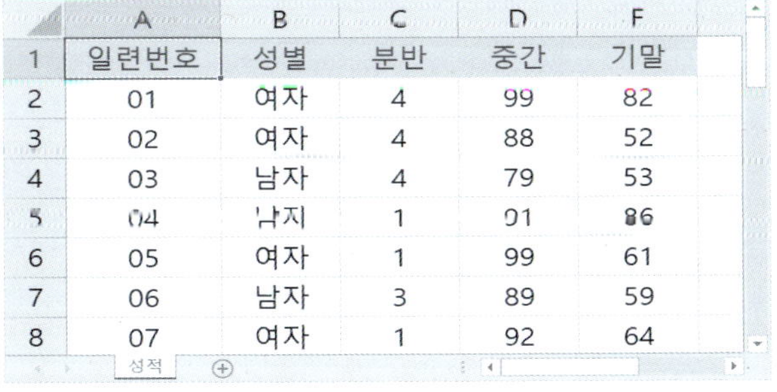

	A	B	C	D	E
1	일련번호	성별	분반	중간	기말
2	01	여자	4	99	82
3	02	여자	4	88	52
4	03	남자	4	79	53
5	04	남자	1	91	86
6	05	여자	1	99	61
7	06	남자	3	89	59
8	07	여자	1	92	64

2 빈도분석

① [**추가 기능**] 탭-[**통계분석**]-[**설문분석**]-[**빈도 분석**]을 클릭한다.

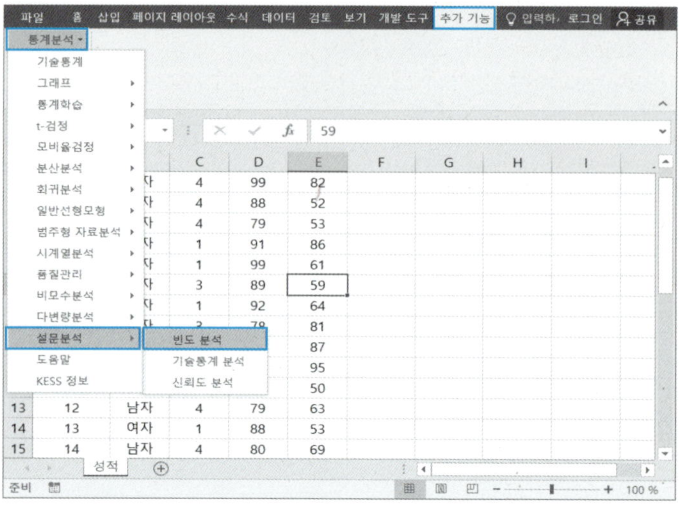

② [빈도분석] 대화상자의 선택변수 목록에서 분석하고자 하는 변수 '**성별**', '**분반**', '**중간**', '**기말**'을 선택하고 → 단추를 클릭하여 오른쪽 분석변수로 이동시킨 후 [확인]을 클릭한다.

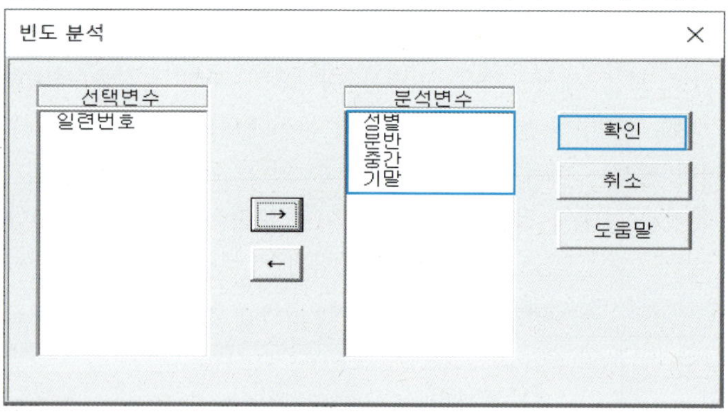

③ KESS의 모든 분석 결과는 [_통계분석결과_] 시트에 추가되어 나타나므로 분석 결과별 시트를 만들려면 다른 분석을 실행하기 전에 시트명을 변경한다. [_통계분석결과_] 시트지를 [**빈도분석_결과**]로 변경한다.

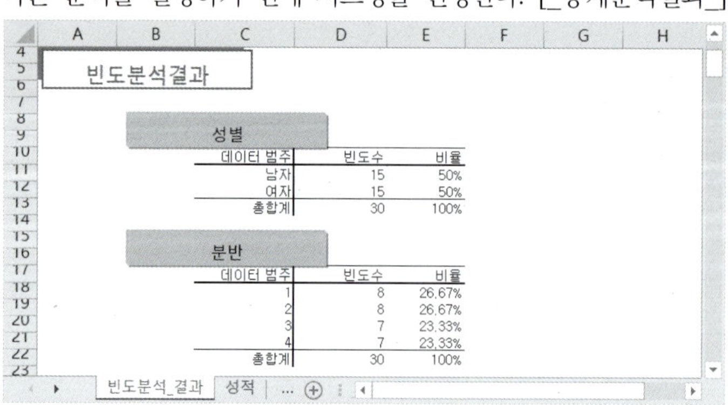

④ 중간, 기말은 연속형으로 출력된 빈도분석 결과가 적합하지 않으므로 구간 도수분포표를 작성한다. 엑셀에서 구간 도수분포표는 피벗 테이블로 작성할 수 있다. [빈도분석_결과] 시트에서 **[삽입]** 탭-**[피벗 테이블]**을 클릭하고 [피벗 테이블 만들기] 대화상자에서 표/범위 '**성적!$A$1:$E$31**', 피벗 테이블 넣을 위치 '**빈도분석_결과!$C$84**'를 지정하고 [확인]을 클릭한다.

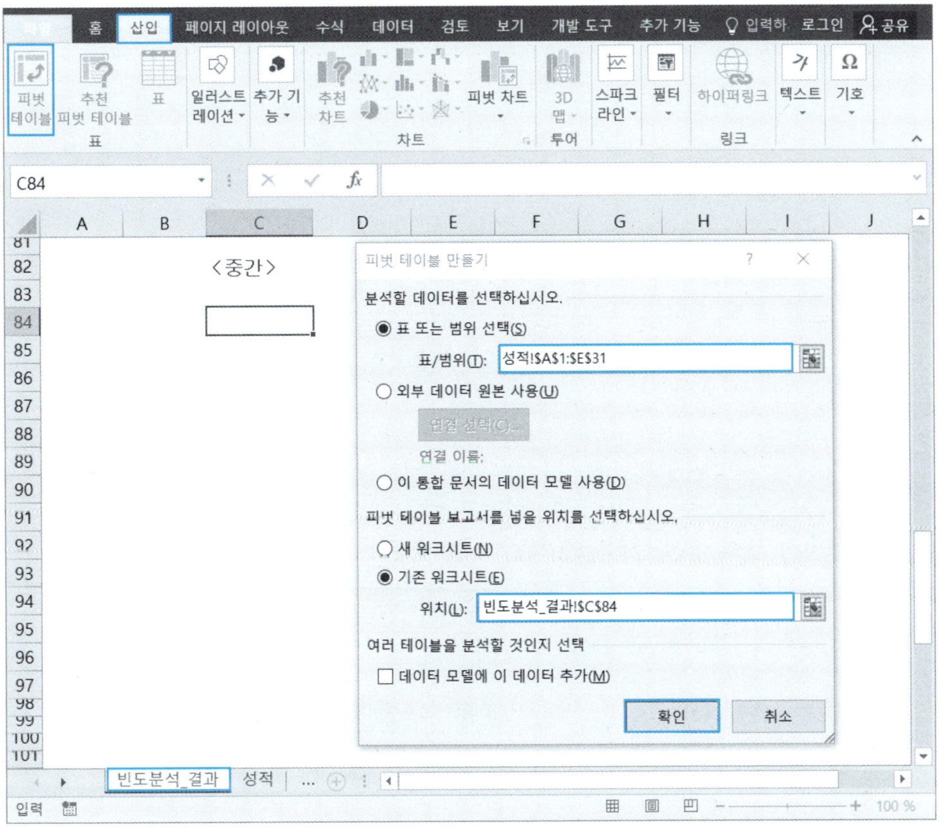

⑤ 피벗 테이블 필드에서 행 영역에 '**중간**', 값 영역에 '**개수 : 중간**'을 드래그한다.

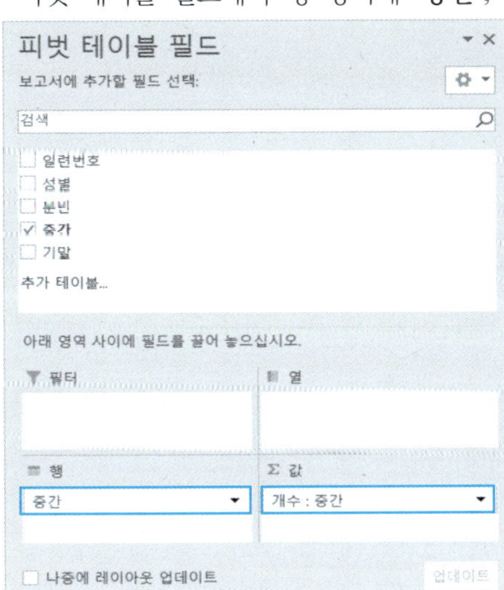

§ 그룹화(범주화)

⑥ 행 레이블 영역에서 임의의 셀을 클릭하고 바로 가기 메뉴에서 **[그룹]**을 클릭한다. [그룹화] 대화상자에서 시작 '**50**'으로 지정하고 [확인]을 클릭하면, 50 미만, 70 미만, 80 미만, 90 미만, 90 이상의 5개 범주로 그룹화하여 그룹별 빈도가 표시된다.

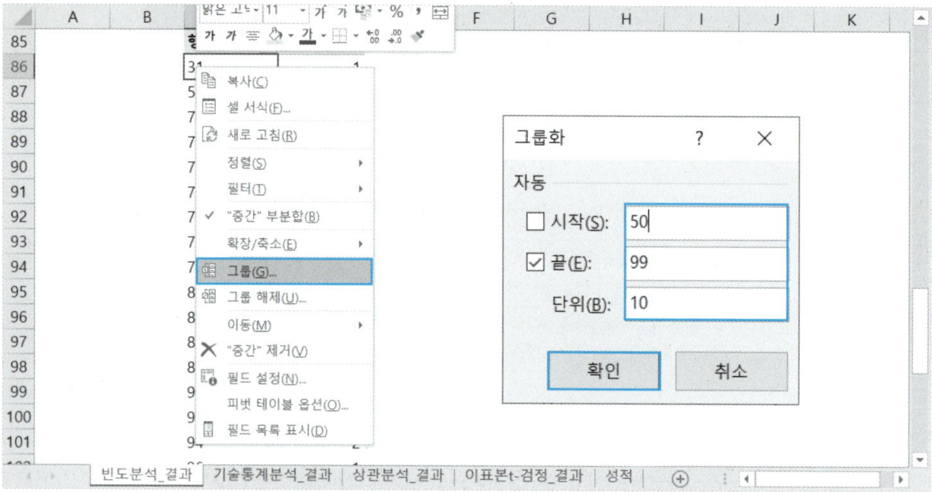

⑦ 같은 방법으로 '**기말**' 성적의 구간 도수분포표를 [G84] 셀에 작성한 결과는 다음과 같다.

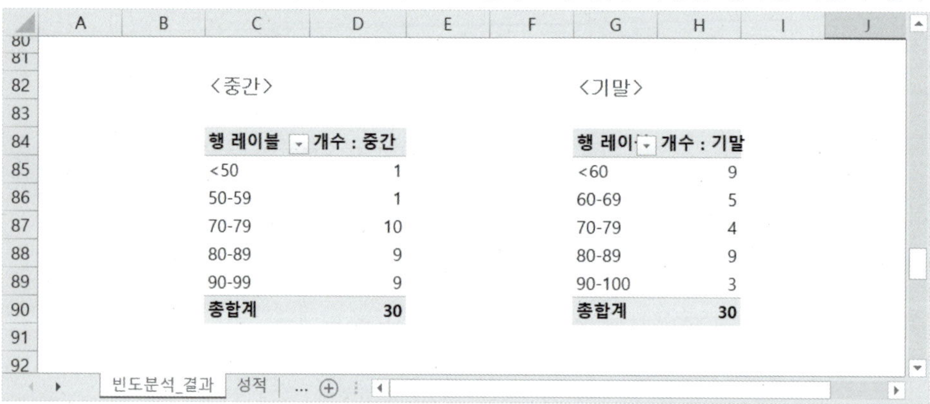

3 기술통계 분석

① [추가 기능] 탭-[통계분석]-**[설문분석]**-**[기술통계 분석]**을 클릭한다.

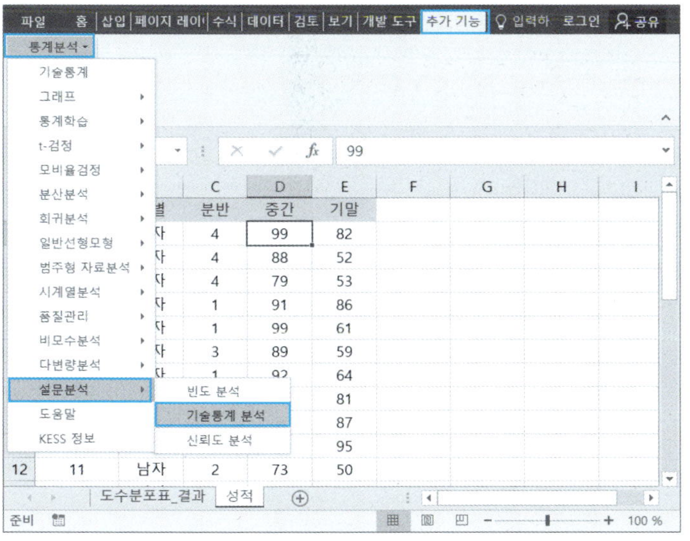

② [기술통계] 대화상자의 선택변수 목록에서 분석하고자 하는 변수 '**중간**', '**기말**'을 선택한 후 → 단추를 클릭하여 분석변수로 이동시키고 모든 옵션을 선택하고 [확인]을 클릭한다.

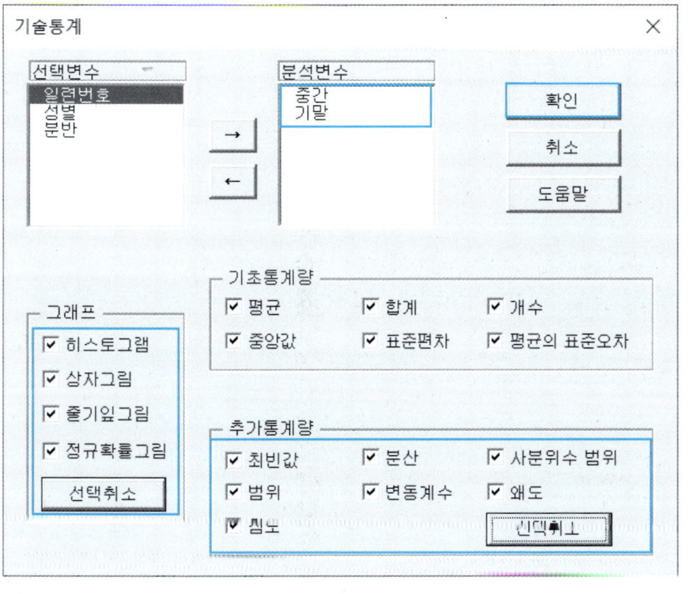

③ [_통계분석결과_] 시트명을 [**기술통계분석_결과**]로 변경한다.

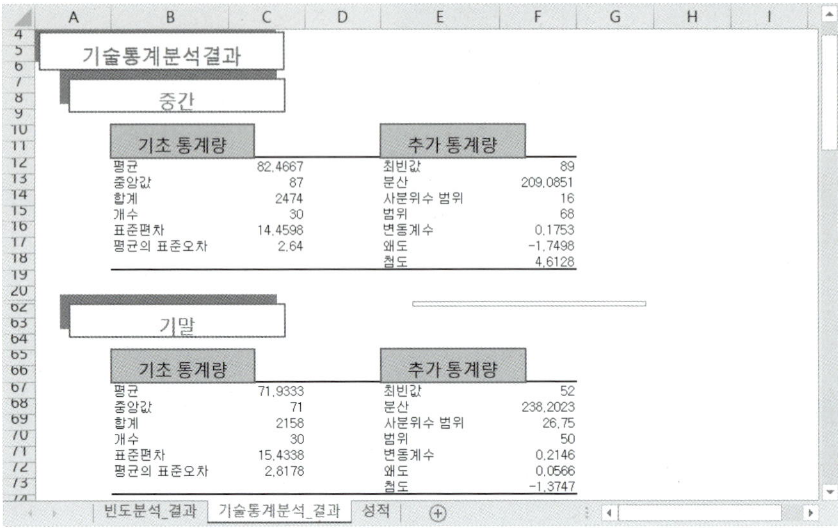

기술통계분석결과

중간

기초 통계량		추가 통계량	
평균	82.4667	최빈값	89
중앙값	87	분산	209.0851
합계	2474	사분위수 범위	16
개수	30	범위	68
표준편차	14.4598	변동계수	0.1753
평균의 표준오차	2.64	왜도	-1.7498
		첨도	4.6128

기말

기초 통계량		추가 통계량	
평균	71.9333	최빈값	52
중앙값	71	분산	238.2023
합계	2158	사분위수 범위	26.75
개수	30	범위	50
표준편차	15.4338	변동계수	0.2146
평균의 표준오차	2.8178	왜도	0.0566
		첨도	-1.3747

기술 통계량의 결과 '중간'의 경우 평균 82.5, 중앙값 87, 최빈값 89, 분산 209.1, 표준편차 14.5, 범위 68, 왜도 -1.75(<0, 좌측 왜도), 첨도 4.61(>0 뾰족한 형태), 합계 2474, 개수 30으로 나타났다.

'기말'의 경우 평균 71.9, 중앙값 71, 최빈값 52, 분산 238.2, 표준편차 15.4, 범위 50, 왜도 0.06(0, 좌우대칭), 첨도 -1.37(<0 약간 완만한 형태), 합계 2158, 개수 30으로 나타났다.

4 분포 모양

- '중간'의 분포 모양을 나타내는 히스토그램, 상자그림, 정규확률그림, 줄기-잎 그림이다.

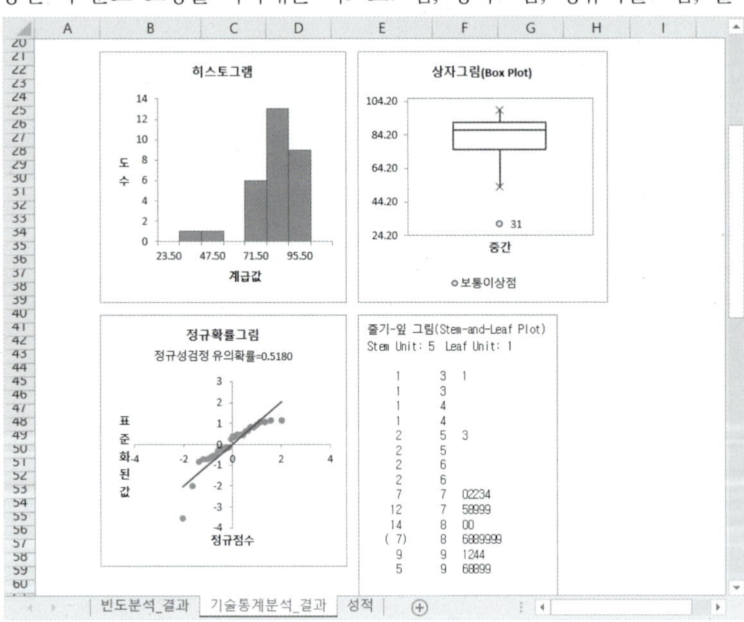

• '기말'의 분포 모양을 나타내는 히스토그램, 상자그림, 정규확률그림, 줄기-잎 그림이다.

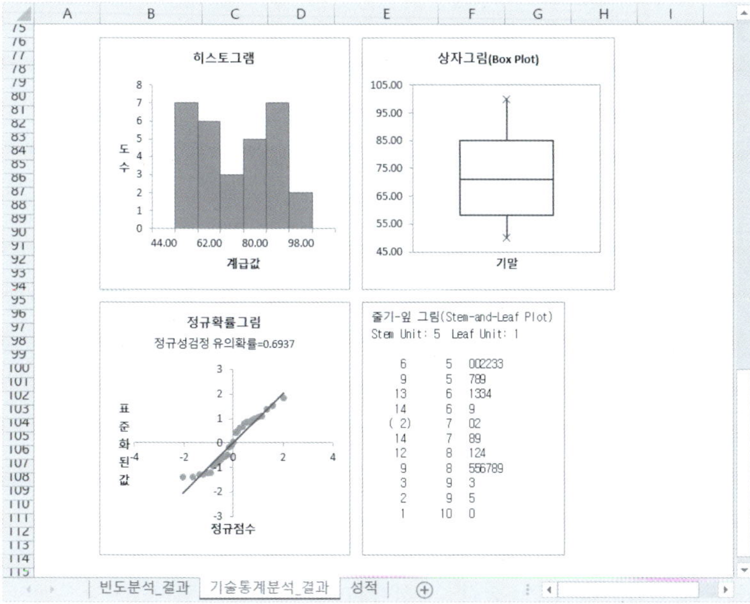

Section 03 통계적 검증

KESS에서 **'엑셀활용-성적분석.xlsx'** 데이터의 중간 점수와 기말 점수 간의 상관분석, t-검정하는 방법을 알아보자.

1 상관분석

상관분석(correlation coefficient)은 변수들 사이의 관련성 정도를 찾거나 규명하는 통계적 방법이다. 상관분석은 산점도를 그리거나 상관계수라는 수치적 측도를 계산하여 두 변수 사이의 관련성 정도를 파악하게 되며, 회귀분석(regression analysis)은 함수적 관계식을 이용하여 변수들 사이의 관련성을 규명하게 된다.

상관계수는 두 변수 간 관련성 정도를 나타내고, 두 변수가 직선 관계이고 완전한 비례 관계이면 +1, 완전한 반비례이면 -1의 값을 갖는다. 따라서 상관계수는 +1과 -1 사이의 값을 가지며 절대값이 1에 가까울수록 서로 밀접하고, 0에 가까우면 관련성이 적다고 해석한다.

산점도(scatter diagram)는 두 변수 간 상관성을 그래프로 예측할 수 있다. 그러므로 회귀분석이나 상관분석을 실시하기 전에 산점도를 먼저 그려봄으로써 상관분석이나 회귀분석이 필요한지를 예측할 수 있다.

상관계수

- 두 변수 간의 관련성 정도 파악
- 상관계수(r) : 1 양의 상관관계, −1 : 음의 상관관계, 0 : 관련성이 없음

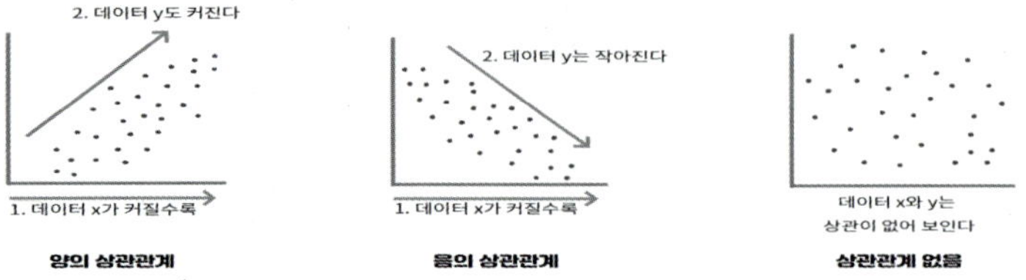

다음 데이터는 「데이터로 보는 세상」 학생 30명의 성적 데이터에서 중간과 기말 점수 간의 산점도를 그려보고 상관관계를 분석해 보자.

• 산점도

① [추가 기능] 탭-[통계분석]-[**그래프**]-[**산점도**]를 클릭한다.

② [산점도] 대화상자의 Y축 변수는 '**기말**', X축 변수는 '**중간**' 지정하고 [확인]을 클릭한다.

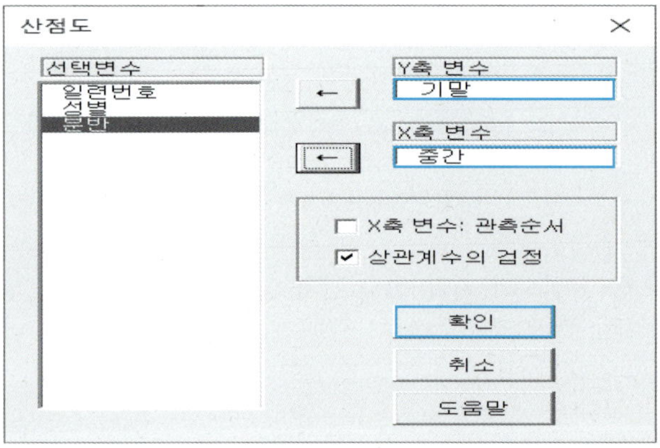

③ 산점도 출력결과 점의 흩어짐이 어떠한 방향성도 보이지 않아 두 변수 간 관련성이 없음을 짐작할 수 있다. 출력된 산점도 위쪽에 상관계수 검증 결과도 표시해 준다.

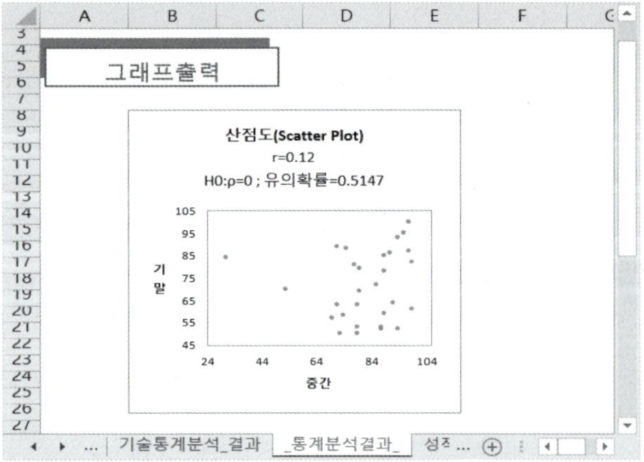

- 상관분석

① [추가 기능] 탭-[통계분석]-[**회귀분석**]-[**상관분석**]을 클릭한다.

② [상관분석] 대화상자에서 분석변수로 '**중간**', '**기말**'을 지정하고 [확인]을 클릭한다.

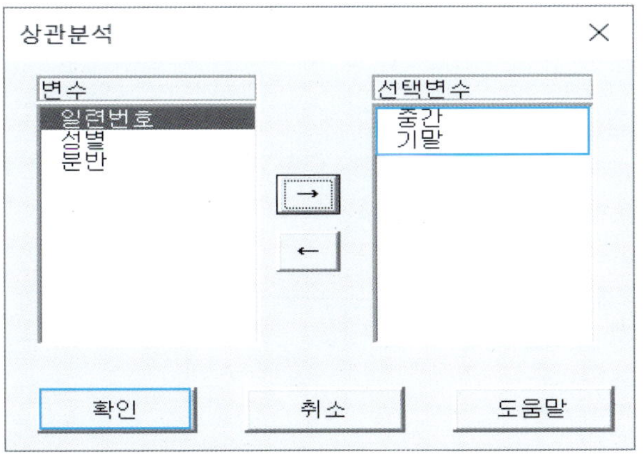

③ 상관분석 결과 상관계수는 **0.12**로 중간, 기말 두 성적 간 상관성은 거의 없음을 알 수 있고, 이는 통계적으로 유의하지도 않는다.

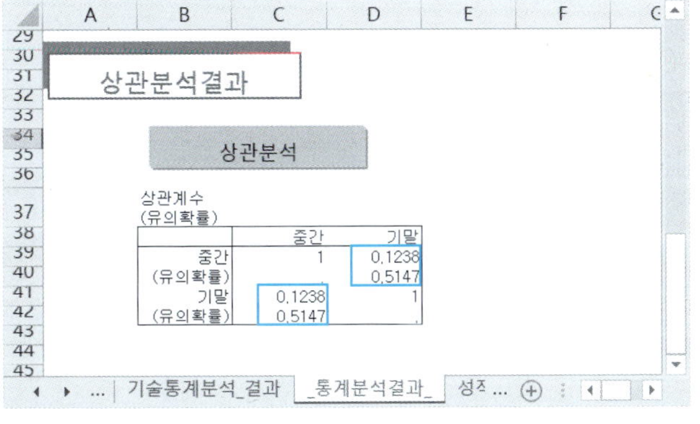

상관계수의 유의성 검증

귀무가설(H_0): 상관계수=0 상관계수가 통계적으로 유의하지 않다.

대립가설(H_1): 상관계수≠0 상관계수가 통계적으로 유의하다.

유의확률(p-값)=0.5147 〉 유의수준(α)=0.05

☞ 유의수준(α) 0.05에서 귀무가설(H_0)이 기각되지 않아 귀무가설(H_0)을 받아들여, 계산된 상관계수 0.12는 통계적으로 유의하지 않다.

④ [_통계분석결과_] 시트명을 [**상관분석_결과**]로 변경한다.

2 t-검정

t-검정은 가설검정을 사용하여 하나 또는 두 모집단의 평균을 비교하는 통계적 방법으로 표본이 정규성, 등분산성, 독립성을 만족하면 적용할 수 있다. (1) **일표본 t-검정**을 사용하면 표본평균을 특정 값과 같은지, 다른지를 평가할 수 있고, (2) **이표본 t-검정**을 사용하면 두 집단의 평균을 비교할 수 있다. 또한 (3) **대응표본 t-검정**을 사용하면 짝지은 집단의 전과 후의 평균을 비교할 수 있다. 세 개 이상의 모집단에 대한 평균 비교는 t-검정을 사용할 수 없고, **분산분석**(ANOVA)을 실시해야 한다.

---

t-검정

(1) 일표본 t-검정 : 특정 값과 같은지, 다른지 평가
 예) 중간 점수 평균이 80 이상인지, 80 미만인지, 80이 아닌지...
(2) 이표본 t-검정(독립표본 t-검정) : 두 모집단의 평균 차이를 비교
 예) 중간, 기말 점수 비교, 성별에 따른 콜레스테롤 지수 비교
(3) 대응표본 t-검정 : 같은 모집단의 전·후 차이를 비교
 예) 감기약 복용 전, 후의 수면시간 비교

'엑셀활용-성적분석.xlsx' 데이터에서 중간과 기말 성적에 차이가 있는지를 알아보기 위해서는 중간과 기말이라는 독립된 두 표본에 대한 평균 차 검정이므로 **이표본 t-검정**으로 분석한다.

• 이표본 t-검정

① [추가 기능] 탭-[통계분석]-[**t-검정**]-[**이표본 검정**]을 클릭한다.

② [이표본 t-검정] 대화상자의 분석변수는 **'중간'** **'기말'**, 대립가설 '$\mu_1 \neq \mu_2$', 검정방법 **'독립표본'**을 지정하고 [확인]을 클릭한다.

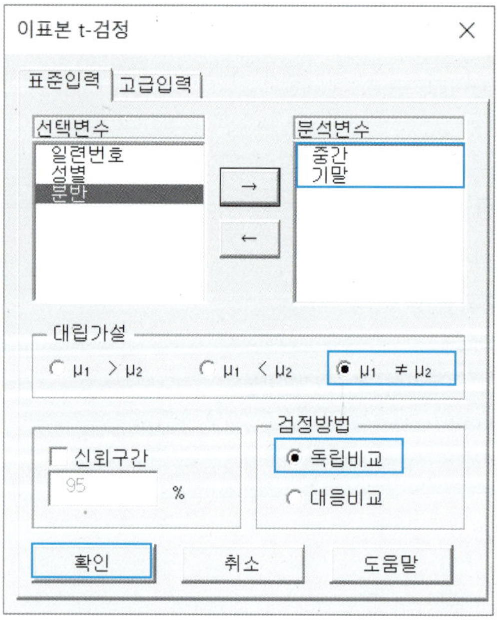

③ 등분산 검정을 실시한 후 이 표본 t-검정을 실시한다.

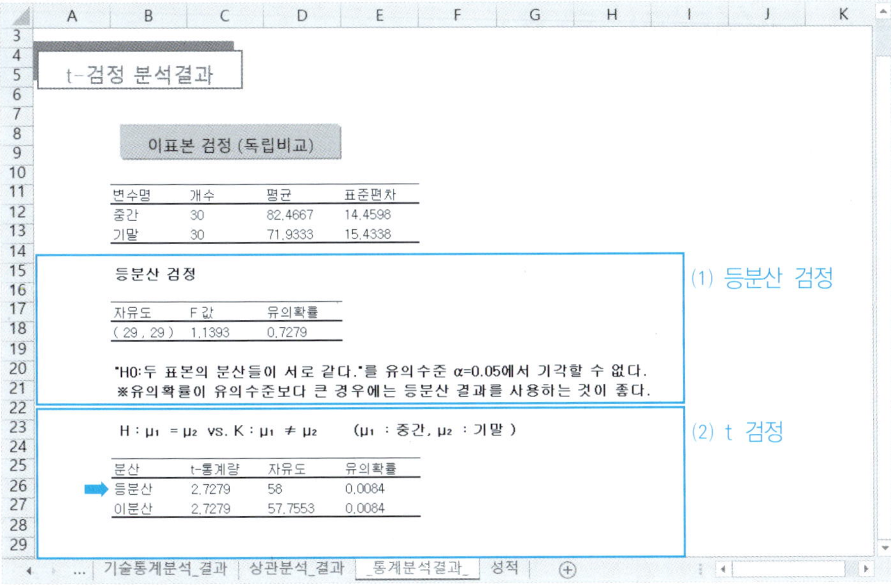

등분산 검정

귀무가설(H_0): 두 표본의 분산이 같다(등분산).

대립가설(H_1): 두 표본의 분산이 다르다(이분산)

유의확률 p-값 = 0.7279 〉 유의수준 α = 0.05

☞ 유의수준 $\alpha = 0.05$에서 귀무가설(H_0)이 기각되지 않아 귀무가설(H_0)을 받아들임

따라서 두 표본(중간,기말)의 분산이 같다(등분산이 가정됨).

이표본 t-검정

귀무가설(H_0): 두 모집단의 평균 간의 차이가 없다$(\mu_1 = \mu_2)$.

대립가설(H_1): 두 모집단의 평균 간의 차이가 있다$(\mu_1 \neq \mu_2)$ $(\mu_1$: 중간, μ_2 : 기말$)$

유의확률(p-값)=0.0084 ≤ 유의수준(α)=0.05

☞ 유의수준(α) 0.05에서 귀무가설(H_0)이 기각되어 대립가설(H_1)을 받아들임

따라서 두 모집단(중간,기말)의 평균 점수 차이가 있다.

: 중간 평균 82.5, 기말 평균 71.9로 중간 점수가 더 높다.

④ [_통계분석결과_] 시트명을 [t검정_결과]로 변경한다.

CHAPTER 02

공공 데이터의 활용

Excel

Part 1에서는 빅데이터의 다양한 수집 방법을 소개하였다. 여러 가지 방법으로 수집된 공공 데이터에 대한 분석을 **'국민건강보험공단_건강검진정보_20211229.csv'** 데이터를 이용하여 알아본다.

Section 01 데이터 가져오기

1 엑셀활용-건강검진.csv 파일

공공 데이터 포털(https://www.data.go.kr/)에서 2020년도 국민건강보험공단에서 40세 이상 성인 남녀 100만 명을 대상으로 한 건강검진 결과 **'국민건강보험공단_건강검진정보_20211229.csv'**를 가져오는 과정은 다음과 같다.

① 공공 데이터 포털(https://www.data.go.kr/)에서 검색어 **'국민건강보험공단'**을 입력하고 나타난 검색 결과에서 첫 번째 결과 '국민건강보험공단_건강검진정보'를 클릭한다.

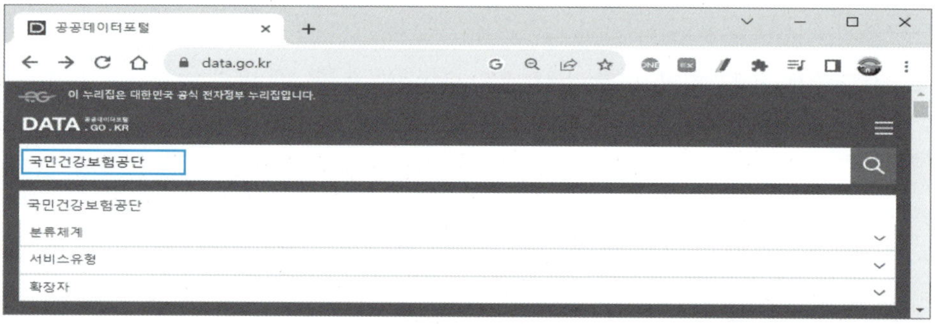

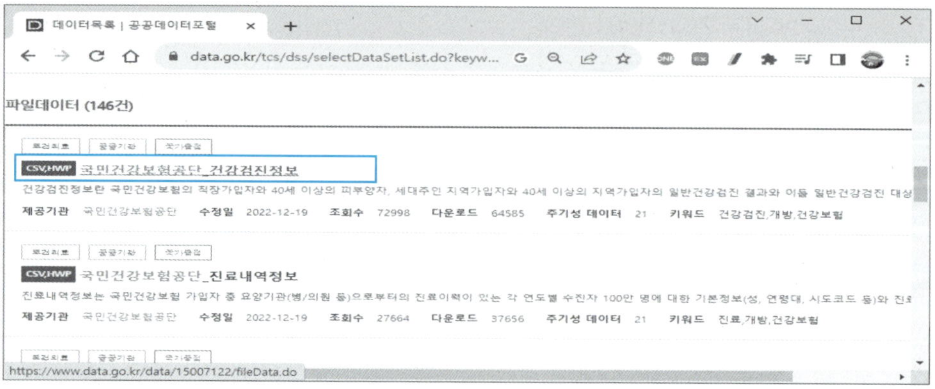

② '국민건강보험공단_건강검진정보' 오른쪽에 있는 **[다운로드]**를 클릭하면 [다운로드] 폴더에 **'국민건강보험공단_건강검진정보_20211229.csv'** 파일로 저장된다.

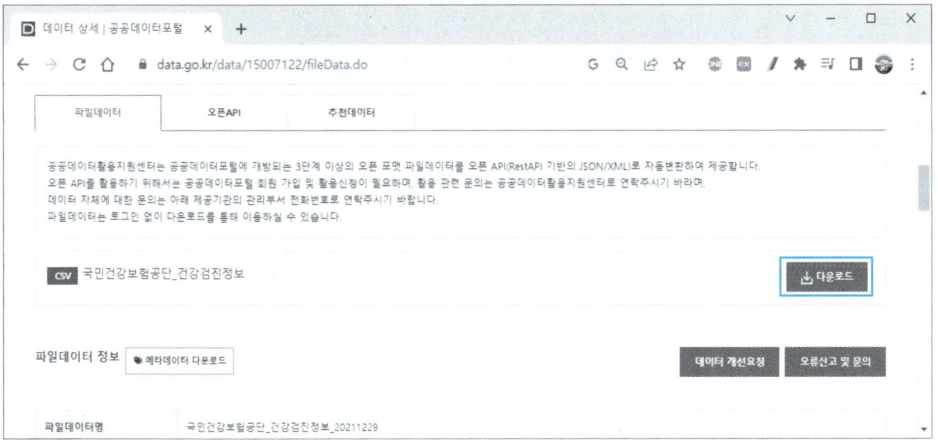

③ '국민건강보험공단_건강검진정보_20211229.csv' 파일을 더블클릭하여 엑셀에서 연다. 건강검진 대상자 200명의 결과만 새로운 파일로 가져오기 위해 데이터 범위 [1:201] 행을 블록 지정하고 복사한다.

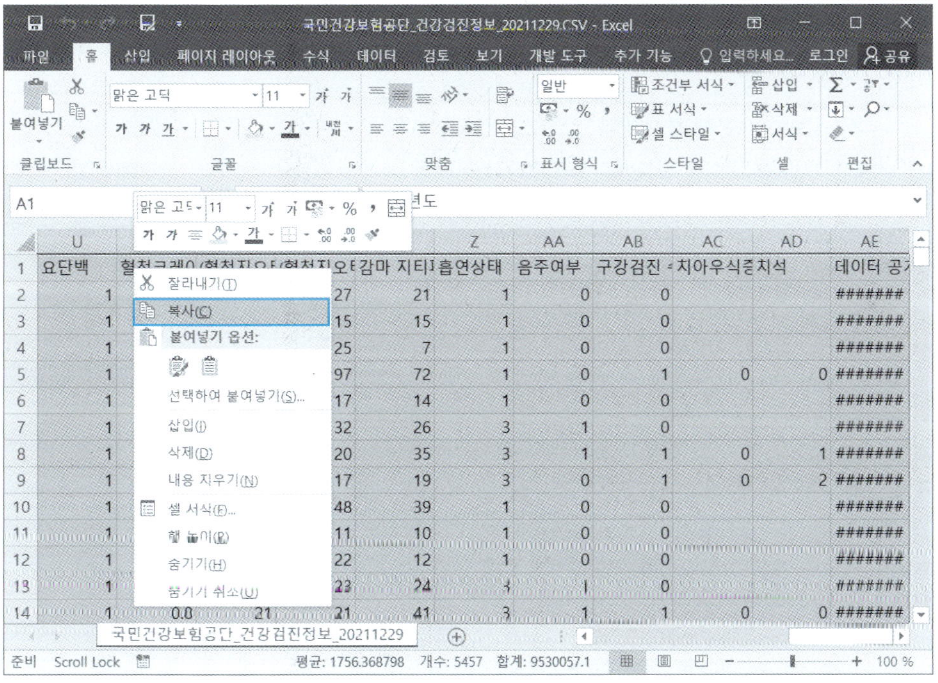

④ 새 통합문서를 열고 붙여넣기 한 후 **'엑셀활용-건강검진.csv'**로 저장한다.

2 데이터 정의

'**엑셀활용-건강검진.csv**' 파일은 2020년도에 실시한 성인 100만 명의 국민건강검진 데이터 '국민건강보험공단_건강검진정보_20211229.csv'의 일부분 200명의 건강검진 결과이다.

	A	B	C	D	E	F	G	H	I	J	K	L
1	기준년도	가입자 일	시도코드	성별코드	연령대 코	신장(5Cm	체중(5Kg	허리둘레	시력(좌)	시력(우)	청력(좌)	청력(우)
2	2020	1	36	1	9	165	60	72.1	1.2	1.5	1	1
3	2020	2	27	2	13	150	65	81	0.8	0.8	1	1
4	2020	3	11	2	12	155	55	70	0.6	0.7	1	1
5	2020	4	31	1	13	160	70	90.8	1	1	1	2
6	2020	5	41	2	12	155	50	75.2	1.5	1.2	1	1
7	2020	6	27	1	9	185	85	94	1.2	1.2	1	1
8	2020	7	44	1	9	165	80	93	0.8	0.7	1	2
9	2020	8	41	1	13	160	65	92	0.5	0.5	1	1
10	2020	9	41	2	17	150	50	82	0.4	0.5	2	2
11	2020	10	48	2	14	150	45	71.2	0.8	0.7	2	1

엑셀활용-건강검진

건강검진 데이터 정보는 공공데이터 포털에서 제공하는 '국민건강데이터 건강검진정보 사용자 매뉴얼.hwp'을 참고하여 다음과 같이 정리하였다. 데이터는 34개 항목(A-AE열), 1,000,000명으로 구성되어 있다.

<table>
<tr><th>표준 항목명</th><th>설명</th><th>데이터 형태</th></tr>
<tr><td>기준연도</td><td>해당 정보의 기준연도를 제공함</td><td>수치형(비율)</td></tr>
<tr><td>가입자 일련번호</td><td>해당 가입자에 부여한 일련번호 1~1,000,000</td><td>범주형(명목)</td></tr>
<tr><td>성별코드</td><td>해당 정보 대상자의 성별을 제공함
- 성별 : 1(남자), 2(여자)</td><td>범주형(명목)</td></tr>
<tr><td>연령대코드
(5세 단위)</td><td>기준년도에 수진자의 나이를 5세 단위로 그룹화하여 구분한 코드
<table>
<tr><th>그룹</th><th>연령대</th><th>그룹</th><th>연령대</th></tr>
<tr><td>9</td><td>40~44세</td><td>14</td><td>65~69세</td></tr>
<tr><td>10</td><td>45~49세</td><td>15</td><td>70~74세</td></tr>
<tr><td>11</td><td>50~54세</td><td>16</td><td>75~79세</td></tr>
<tr><td>12</td><td>55~59세</td><td>17</td><td>80~84세</td></tr>
<tr><td>13</td><td>60~64세</td><td>18</td><td>85세+</td></tr>
</table></td><td>범주형(명목)</td></tr>
<tr><td>시도코드</td><td>해당 수진자 거주지의 시도코드
<table>
<tr><th>코드명</th><th>시도명</th><th>코드명</th><th>시도명</th></tr>
<tr><td>11</td><td>서울특별시</td><td>42</td><td>강원도</td></tr>
<tr><td>26</td><td>부산광역시</td><td>43</td><td>충청북도</td></tr>
<tr><td>27</td><td>대구광역시</td><td>44</td><td>충청남도</td></tr>
<tr><td>28</td><td>인천광역시</td><td>45</td><td>전라북도</td></tr>
<tr><td>29</td><td>광주광역시</td><td>46</td><td>전라남도</td></tr>
<tr><td>30</td><td>대전광역시</td><td>47</td><td>경상북도</td></tr>
<tr><td>31</td><td>울산광역시</td><td>48</td><td>경상남도</td></tr>
<tr><td>36</td><td>세종특별자치시</td><td>49</td><td>제주특별자치도</td></tr>
<tr><td>41</td><td>경기도</td><td></td><td></td></tr>
</table></td><td>범주형(명목)</td></tr>
<tr><td>체중</td><td>검진자의 몸무게(5kg 단위) 예) 25~29kg → 25kg</td><td>범주형(순서)</td></tr>
<tr><td>허리둘레</td><td>검진자의 허리둘레</td><td>수치형(비율)</td></tr>
<tr><td>총콜레스테롤</td><td>혈청 중의 에스텔형, 비에스텔형(유리) 콜레스테롤의 합</td><td>수치형(비율)</td></tr>
</table>

건강검진 데이터의 데이터 분석 내용은 다음과 같다.

건강검진 데이터 분석

(1) 성별코드, 연령대코드, 체중, 허리둘레, 총콜레스테롤의 데이터 탐색 ☞ 빈도분석, 기술통계
(2) 허리둘레와 체중의 상관관계 ☞ 상관분석
(3) 성별에 따라 총콜레스테롤 수치는 차이가 있는가? ☞ 이표본 t-검정

Section 02 데이터 정리

데이터 수집이 끝나면 데이터 분석 및 처리에 적합한 형태로 만드는 데이터 전처리(data preprocessing)를 거쳐야 한다. 데이터 전처리는 데이터 분석 및 처리 과정에서 중요한 단계로 모든 데이터 분석 프로젝트에서 반드시 거쳐야 하는 과정이다. 한 설문조사에 의하면, 분석가의 80~90% 시간을 데이터 수집 및 전처리에 사용한다고 하니, 얼마나 중요한 과정인지 짐작할 수 있다.

데이터 전처리의 필요성은 다음과 같다

(1) 수집한 데이터를 탐색해보면 데이터를 손볼 곳이 많다. 중간에 데이터가 빠졌거나, 틀린 값이 들어 있거나, 데이터의 단위가 틀릴 수가 있다. 이외에도 데이터가 처리하기 좋은 형식으로 되어 있는지, 데이터를 새로 가공해야 하는지 파악해야 한다.

(2) 문자로 된 범주형 데이터의 경우 처리를 편리하게 하도록 숫자로 표현을 바꾸기도 한다. 예를 들면 월요일은 1로, 화요일은 2로 코딩하기도 하며, 또는 수치 데이터의 분포를 정규화하기도 한다. 예를 들어 같은 대상을 평가하면서 10점 만점으로 처리한 것과 100점 만점으로 처리한 데이터를 같이 활용하려면 같은 분포로 바꾸어야 한다.

(3) 대부분 데이터는 그 데이터를 최초로 얻을 때의 목적이 따로 있기 마련이므로 나중에 이 데이터를 다른 목적으로 사용하려면 데이터를 가공해야 한다.

(4) 데이터 전처리에는 여러 가지 형태가 있다. 필요한 데이터를 골라내기 위한 데이터 필터링을 하기도 하고, 데이터의 형식을 변경하기 위해 데이터 변환하기도 하고, 여러 소스에서 온 데이터를 합치는 작업이 필요할 때는 데이터 통합을 한다. 데이터 전처리를 다른 표현으로, 데이터를 분석하기 좋게 오류를 걸러내고 깨끗하게 바꾼다는 의미의 data cleaning이라고도 한다.

1 결측값 처리

데이터 전처리에서 가장 중요한 과정은 빠진 값, 즉 결측값(missing value)을 처리하는 것이다. 결측값은 크게 세 가지 방법으로 결측치를 처리한다. (1) 결측값이 포함된 항목을 모두 버리거나, (2) 결측값을 적절한 값으로 대체하거나, (3) 아니면 결측값을 NA(not available)라고 표시하여 다음의 분석단계로 결측값 처리를 넘긴다.

엑셀 데이터에서 결측치는 공백으로 입력되기 때문에 공백이 포함된 엑셀 데이터를 KESS에서 분석

하면 "분석변수에 문자나 공백이 있습니다", "선택한 항목들 간의 관측수가 다릅니다" 등의 결측값 관련 오류 메시지가 나타나고 데이터 분석이 실행되지 않는다. 따라서, '**엑셀활용-건강검진.csv**' 데이터 분석에서 결측치가 있는 항목의 비중도 높아 무시할 수는 없지만, 결측값 처리 방법(1)로 분석 대상 변수에서 삭제하기로 한다.

결측값 처리 방법

(1) 결측값을 제거하거나 제외한다.

(2) 결측값을 적정한 값으로 대체한다. 예) 대체 값으로 평균이나 인접한 값을 사용한다.

(3) 결측값을 NA(not available)라고 표시하여 분석 단계로 결측값을 남긴다.

'**엑셀활용-건강검진.csv**' 데이터에 대한 결측값 처리 과정을 알아본다.

예제 건강검진 데이터 결측값 처리

§ 분석 변수 열만 남기기

① 데이터 분석 대상인 가입자 일련번호 [B], 성별코드 [D], 연령대 코드 [E], 체중 [G], 허리둘레 [H], 총콜레스테롤 [P] 열만 남기고 나머지 열은 삭제한다. [A], [C], [F], [I]-[O], [Q]-[AE] 열을 선택하고 바로 가기 메뉴 [삭제]를 클릭한다.

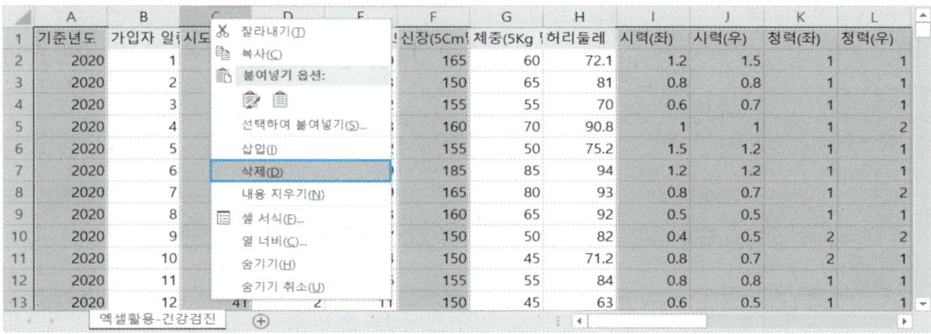

§ 결측값 찾기 (1)

② 결측값을 찾기 위해 조건부서식(셀 강조 규칙)을 이용한다. 서식을 적용할 [**A2:F201**] 영역을 블록 지정하고, [홈] 탭-[**조건부 서식**]-[**셀 강조 규칙**]-[**보다 작음**]을 클릭한다.

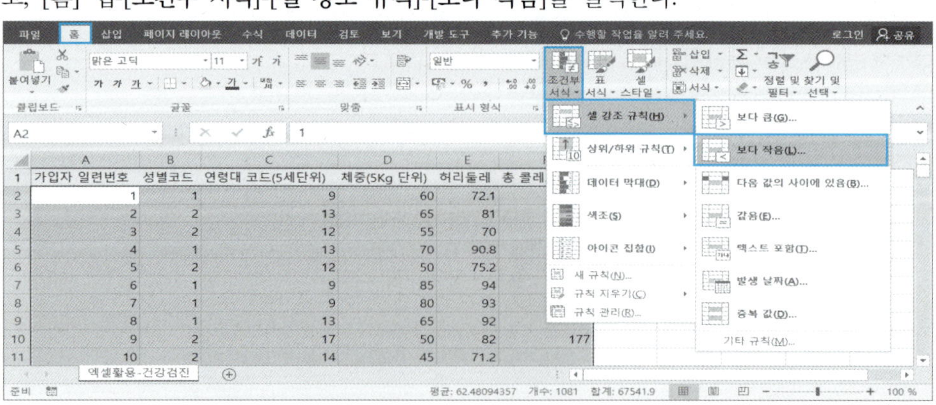

③ [보다 작음] 대화상자에서 다음 값보다 작은 셀의 서식 지정에 '1'을 입력하고 [확인]을 클릭하면 결측치가 있는 빈 셀에 서식이 적용되었다.

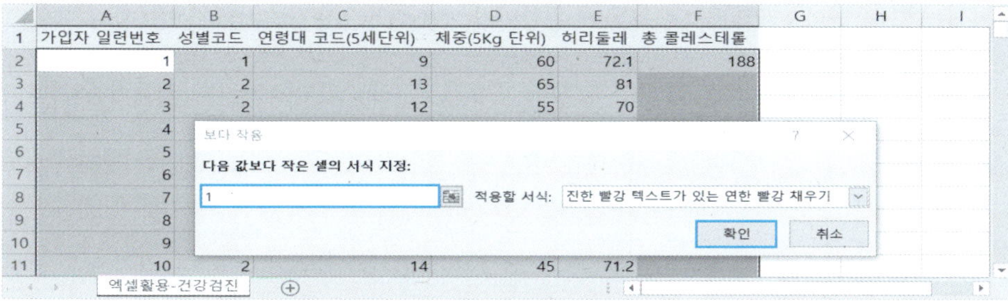

§ 결측값 찾기 (2)

④ 결측값을 찾는 또 다른 방법으로 함수식을 이용한다. [G2] 셀에 IF, COUNTA, COUNT 함수를 이용하여 총 문항의 개수와 문항의 응답의 개수가 일치하면(결측값이 없으면) 0을, 그렇지 않으면(결측값이 하나 이상이면) 1로 표시한다. 단, 총 문항의 범위는 절대참조로 표시한다. [G2] 셀에 함수식 「=IF(COUNTA($A$1:$F$1)=COUNT(A2:F2),0,1)」을 입력하고 자동 채우기로 나머지 셀도 계산한다.

결측값 찾기 함수식

=IF(COUNTA($A$1:$F$1)=COUNT(A2:F2),0,1)

§ 결측값이 있는 관측치 제거

⑤ [G1] 셀을 클릭하고 [데이터] 탭-[정렬 및 필터]-[내림차순 정렬]을 클릭한다.

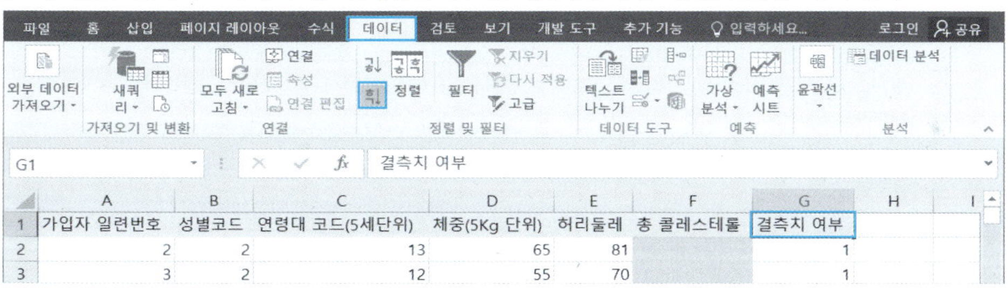

⑥ 결측치 여부가 '1'로 표시된 결측치 행 [2:120]을 블록 지정하고 바로 가기 메뉴에서 [삭제]를 클릭하면, 결측치가 있는 119행이 제거되고 결측치가 없는 81개의 레코드(관측치)만 남아 있다.

§ **CSV 파일을 엑셀 파일로 저장**

⑦ CSV 파일을 데이터 분석을 위한 엑셀 파일로 저장하기 위해 **[파일]** 탭-**[다른 이름으로 저장]**을 클릭하고 [다른 이름으로 저장] 대화상자의 파일 형식을 **'Excel 통합문서(*.xlsx)'**로 지정하고 [저장]을 클릭하여 **'엑셀활용-건강검진.xlsx'**로 저장된다.

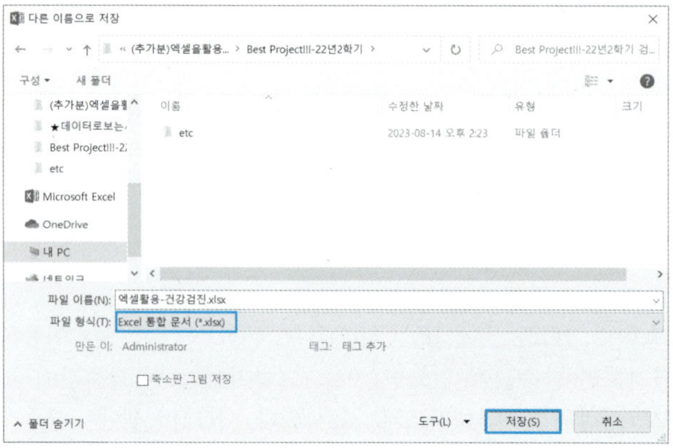

Section 03 데이터 요약

KESS에서 '엑셀활용-건강검진.xlsx' 데이터의 요약과 기술통계 계산을 위한 빈도분석과 기술통계분석을 알아본다.

1 도수분포표

§ **성별, 연령대, 체중 도수분포표**

① [추가 기능] 탭-[통계분석]-**[설문분석]**-**[빈도 분석]**을 클릭하여 나타난 [빈도분석] 대화상자에서 **'성별코드'**, **'연령대코드'**, **'체중'**을 분석변수로 지정한다.

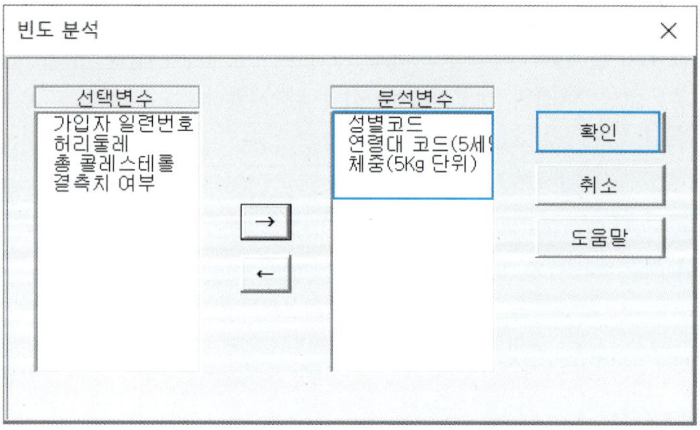

② 빈도분석 결과에서 성별과 연령대 범주를 그림과 같이 변경하고, 데이터 시각화를 위해 3차원 원형 그래프와 표식이 있는 꺾은 선 그래프로 각각 나타내었다.

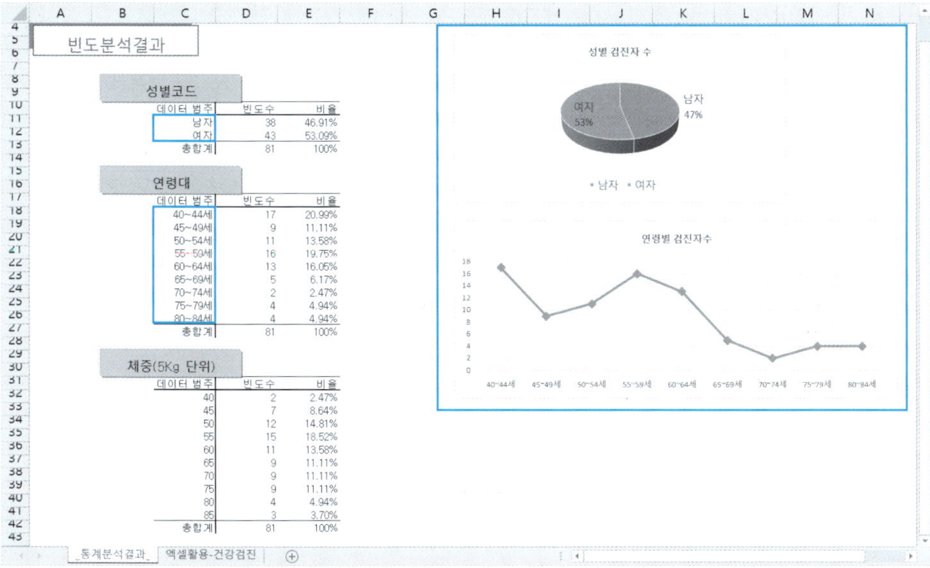

§ 총콜레스테롤의 구간 도수분포표

③ 함수를 이용하여 데이터 수 81, 최대값 373, 최소값 94, 구간 수 7, 구간 폭 40을 계산하고, 구간 도수분포표 작성을 위해 [**삽입**] 탭-[**피벗 테이블**]을 클릭하고 [피벗 테이블 만들기] 대화상자에서 표/범위 '**엑셀활용-건강검진!$F$1:$F$82**', 피벗 테이블 넣을 위치 '**_통계분석결과_!$C$54**'를 지정하고, [피벗 테이블 필드] 대화상자에서 행 영역에 '**총 콜레스테롤**', 값 영역에 '**개수 : 총 콜레스테롤**'을 드래그한다.

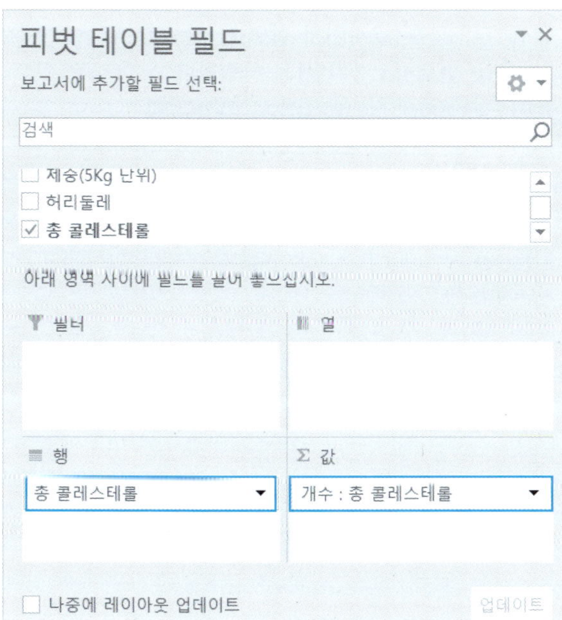

§ 그룹화(범주화)

④ 행 레이블 영역에서 임의의 셀을 클릭하고 바로 가기 메뉴에서 **[그룹]**을 클릭한다. 총콜레스테롤 정상치는 150~250mg/dℓ이므로 [그룹화] 대화상자에서 시작 '**150**'으로, 단위 '**40**'으로 지정하고 [확인]을 클릭하면 6개 범주로 그룹화하여 그룹별 빈도가 표시된다.

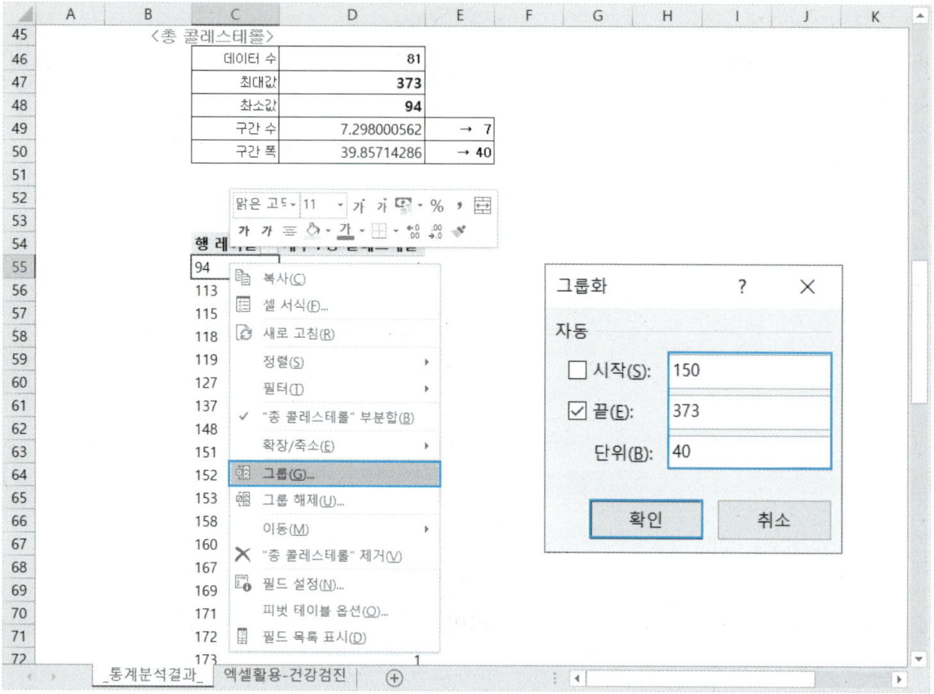

§ 슬라이서 삽입(시각화)

⑤ 행 레이블 영역에서 임의의 셀을 클릭하고 [분석] 탭-[필터] 그룹-**[슬라이서 삽입]**을 클릭한 후 [슬라이서 삽입] 대화상자에서 성별코드, 연령대코드, 총콜레스테롤을 선택하고 [확인]을 클릭한다.

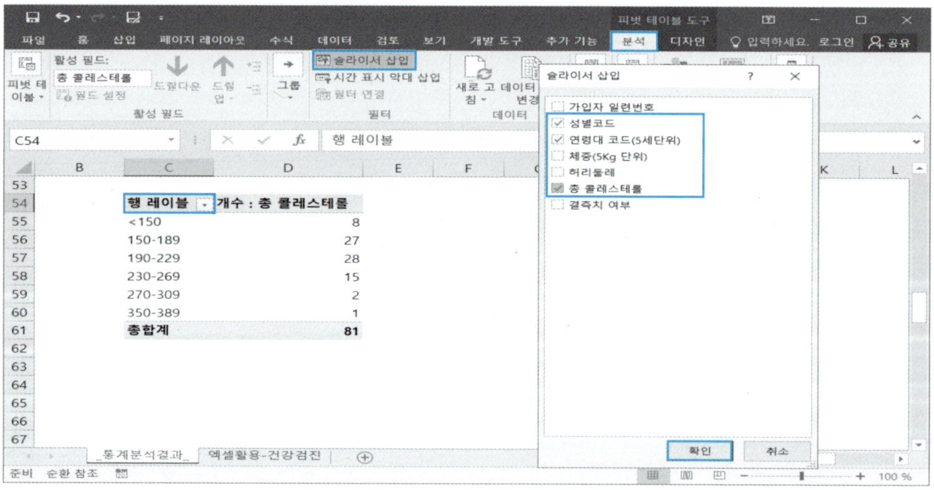

⑥ 슬라이서가 삽입되면 각각 마우스로 드래그 앤 드롭하여 자유롭게 배치한다. 슬라이서를 하나씩 클릭하면 선택한 필드로 필터링한 데이터만 남게 된다. 다음은 성별 '**1**' 남자, 연령대 '**9**' 40~44세, 총콜레스테롤 모두를 선택한 필터링 결과이다.

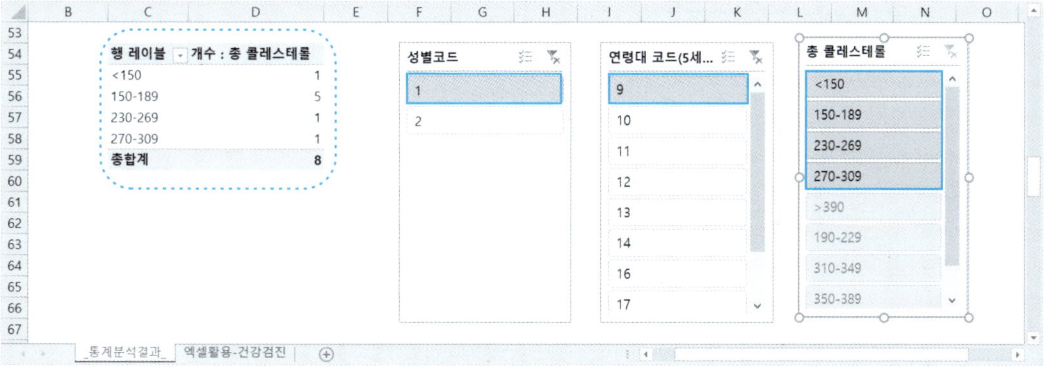

슬라이서

- 슬라이서 삽입 : [분석] 탭-[필터 그룹]-[슬라이서 삽입]
- 슬라이서의 핵심은 '피벗 테이블과의 연결'로 1개 이상의 피벗 테이블에 연결할 수 있고 해당 슬라이서 바로 가기의 [보고서 연결]에서 수정할 수 있다.

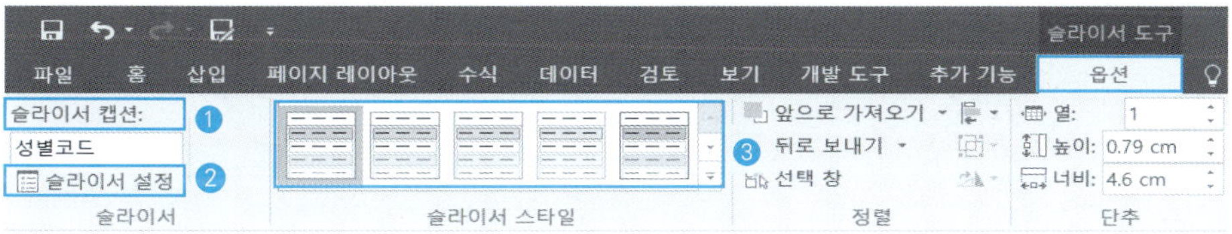

❶ 슬라이서 캡션 : 머리글 이름 설정
❷ 슬라이서 설정 : 슬라이서의 다양한 설정
❸ 슬라이서 스타일 : 슬라이서 꾸미기

⑦ [_통계분석결과_] 시트지를 [빈도분석_결과]로 변경한다.

2 기술통계 분석

① [추가 기능] 탭-[통계분석]-[**설문분석**]-[**기술통계 분석**]을 클릭하여 나타난 [기술통계] 대화상자의 분석변수 '**허리둘레**', '**총 콜레스테롤**'을 지정한 후 옵션을 선택하고 [확인]을 클릭한다.

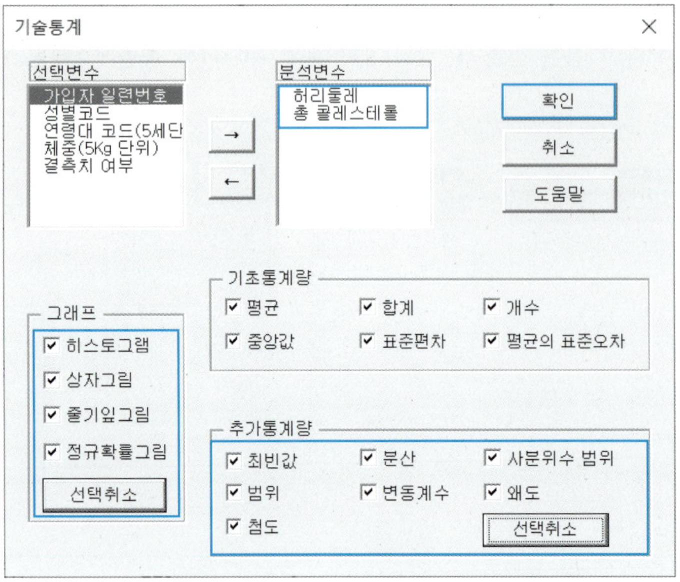

② [_통계분석결과_] 시트지를 [**기술통계분석_결과**]로 변경한다.

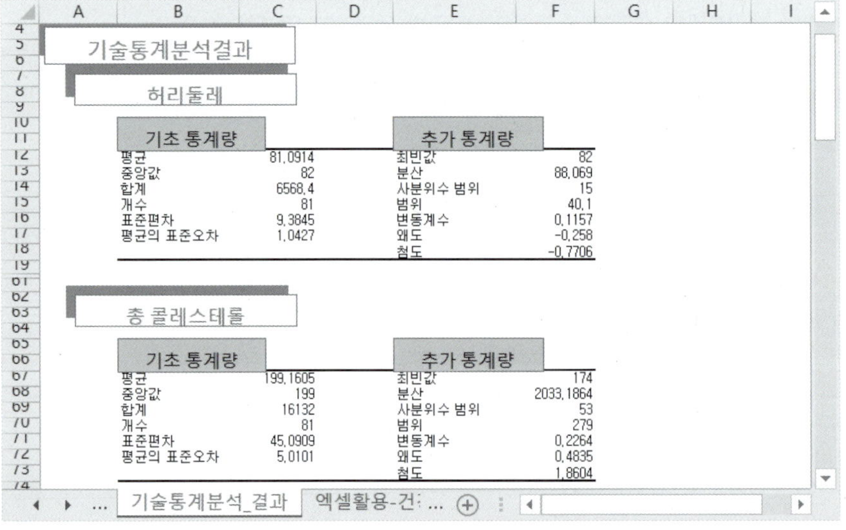

기술 통계량의 결과 '허리둘레'의 경우 평균 81.1, 중앙값 82, 최빈값 82, 분산 88.1, 표준편차 9.4, 범위 40.1, 왜도 -0.26(약간 좌측 왜도), 첨도 -0.77(약간 완만한 형태), 개수 81로 나타났다.

'총콜레스테롤'의 경우 평균 199.2, 중앙값 199, 최빈값 174, 분산 2033.2, 표준편차 45.1, 범위 279, 왜도 0.48(>0 약간 우측 왜도), 첨도 1.86(뾰족한 형태), 개수 81로 나타났다.

3 분포 모양

- '**허리둘레**'의 분포 모양을 나타내는 히스토그램, 상자그림, 정규확률그림, 줄기-잎 그림이다.

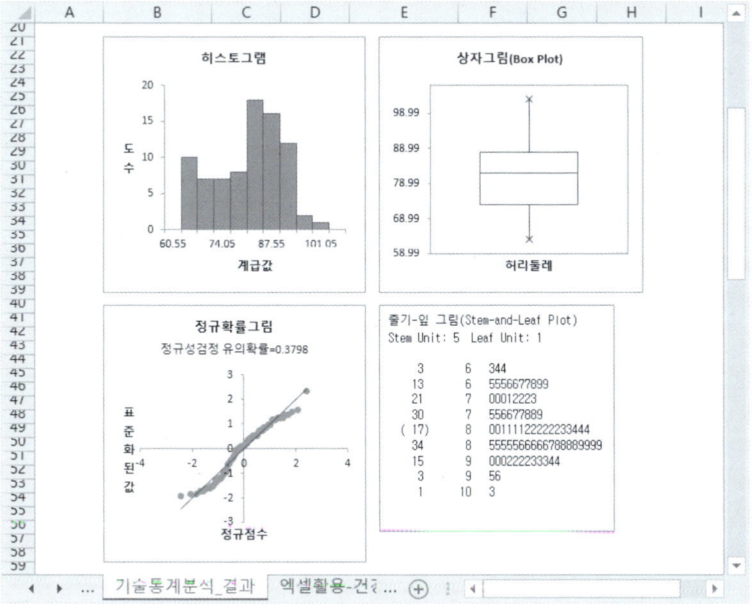

- '**총콜레스테롤**'의 분포 모양을 나타내는 히스토그램, 상자그림, 정규확률그림, 줄기-잎 그림이다.

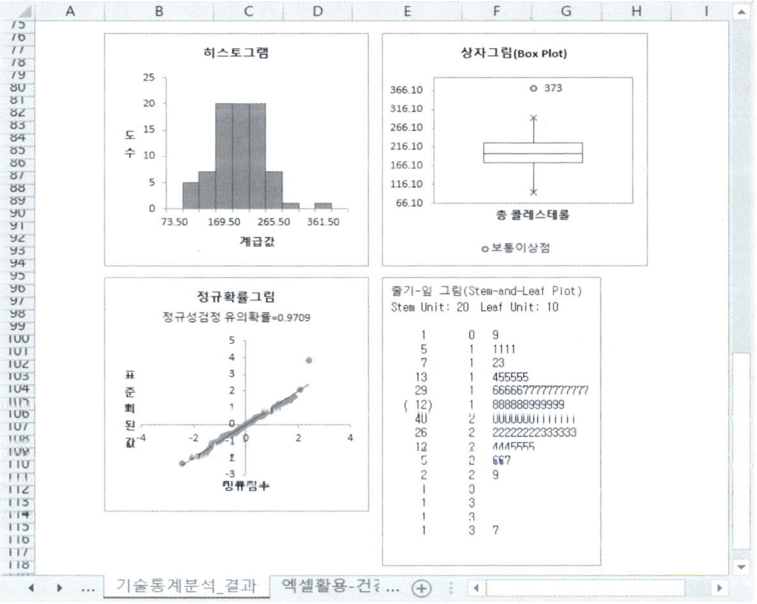

Section 03 통계적 검증

1 상관분석

‘엑셀활용-건강검진.xlsx’ 데이터에서 허리둘레와 체중의 산점도를 그려보고 상관관계를 분석해 보자.

- 산점도

① [추가 기능] 탭-[통계분석]-[**그래프**]-[**산점도**]를 클릭하고, [산점도] 대화상자의 Y축 변수는 ‘**체중**’, X축 변수는 ‘**허리둘레**’ 지정하고 [확인]을 클릭한다.

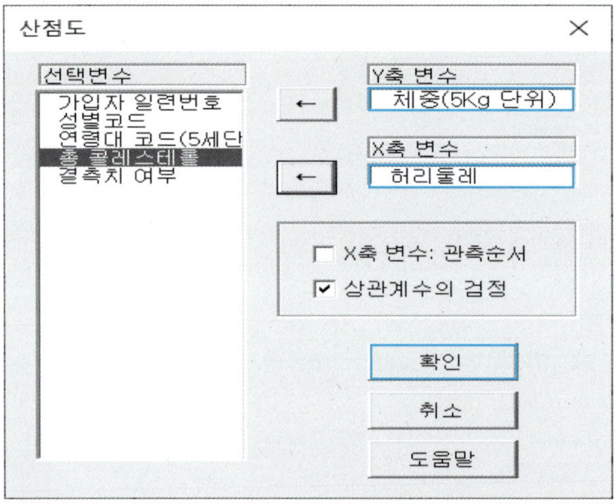

② 산점도 출력결과에서 추세선을 추가하면 직선 경향이 강하게 나타난다. 이는 허리둘레가 증가함에 따라 체중도 증가하는 양의 상관이 있음을 알 수 있다. 출력된 산점도 위쪽에 상관계수 0.72도 표시된다.

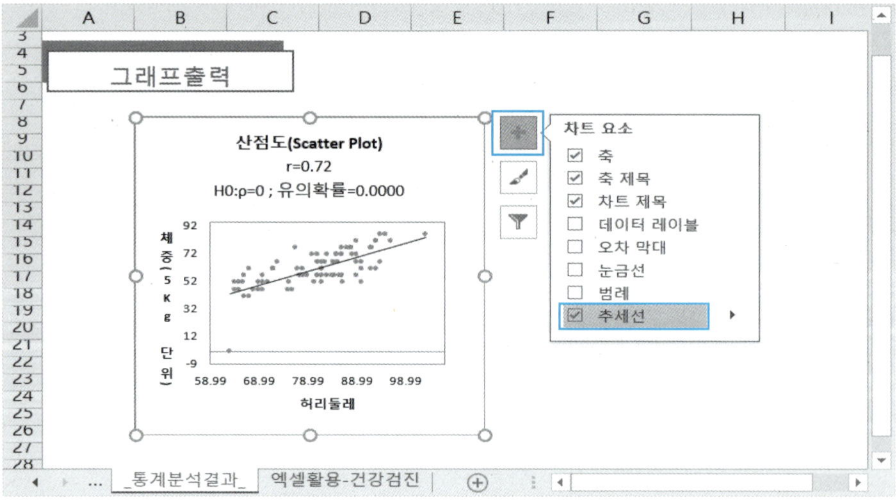

• 상관분석

① [추가 기능] 탭-[통계분석]-[**회귀분석**]-[**상관분석**]을 클릭하고, [상관분석] 대화상자에서 분석변수로 '중간', '기말'을 지정하고 [확인]을 클릭한다.

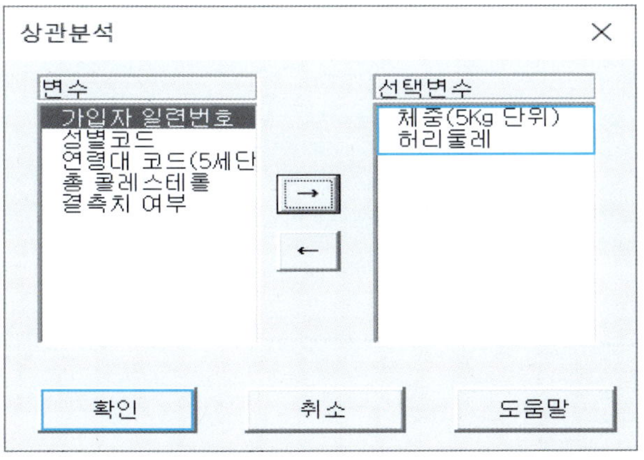

② 상관분석 결과 상관계수는 0.7205로 강한 양의 상관관계에 있음을 알 수 있고, 이는 허리둘레가 증가함에 따라 총콜레스테롤도 함께 증가한다. 상관분석 결과 상관계수 0.7205는 유의수준 0.05에서 통계적으로 유의하다.

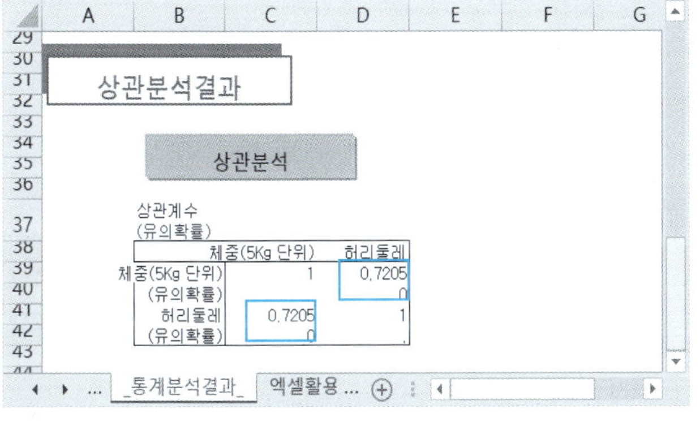

상관계수의 유의성 검증

귀무가설(H_0): 상관계수=0 상관계수가 통계적으로 유의하지 않다.

대립가설(H_1): 상관계수≠0 상관계수가 통계적으로 유의하다.

유의확률(p-값)=0.00 ≤ 유의수준(α)=0.05

☞ 유의수준(α) 0.05에서 귀무가설(H_0)이 기각되어 대립가설(H_1)을 받아들임

따라서 계산된 상관계수 0.72는 통계적으로 유의하다.

③ [_통계분석결과_] 시트지를 [**상관분석_결과**]로 변경한다.

2 t-검정

성별에 따라 총콜레스테롤 수치에 차이가 있는지를 알아보기 위한 t-검정은 독립된 두 표본(남자, 여자)에 대한 평균 차에 대한 검정이므로 **이표본 t-검정**으로 분석한다.

• 이표본 t-검정

① [추가 기능] 탭-[통계분석]-[**t-검정**]-[**이표본 검정**]을 클릭한다.

② [이표본 t-검정] 대화상자의 [고급입력] 탭에서 분류변수 '**성별코드**', 분석변수는 '**총 콜레스테롤**', 대립가설 '$\mu_1 \neq \mu_2$', 검정방법 '**독립표본**'을 지정하고 [확인]을 클릭한다.

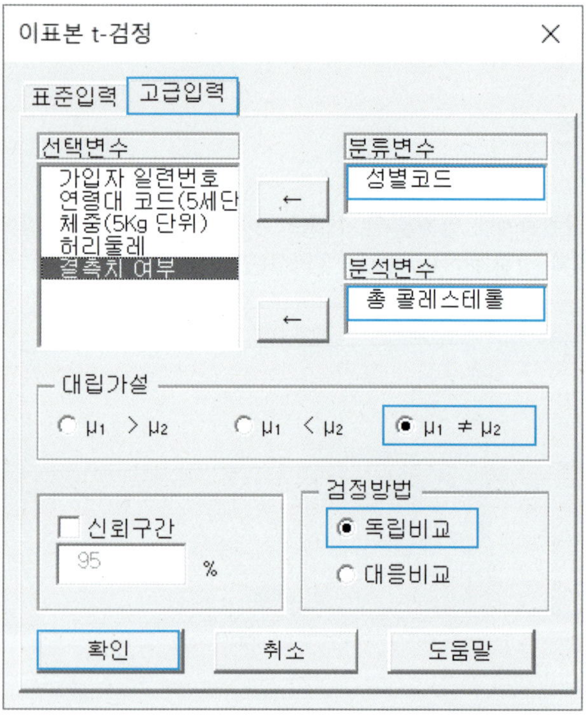

③ 등분산 검정을 실시한 후 이표본 t-검정을 실시한다.

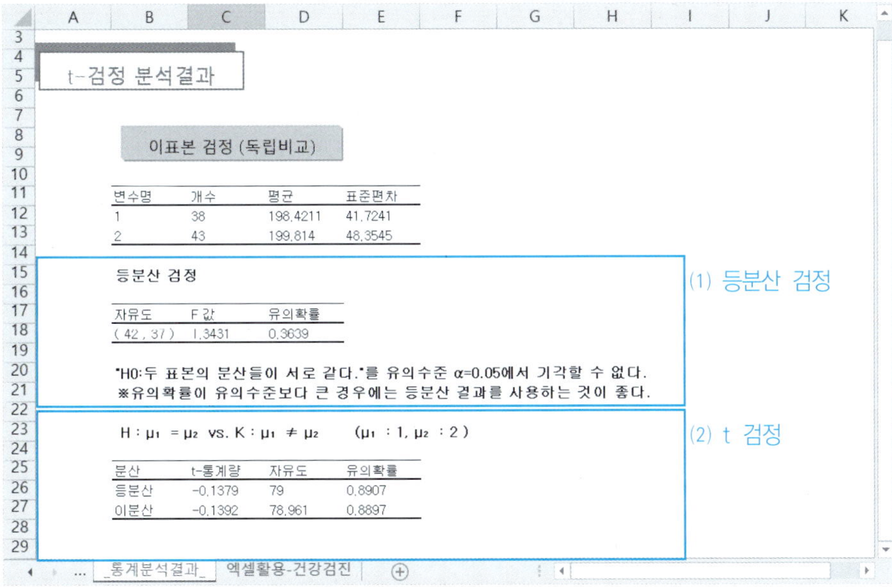

등분산 검정

귀무가설(H_0): 두 표본의 분산이 같다(등분산).

대립가설(H_1): 두 표본의 분산이 다르다(이분산)

유의확률(p-값)=0.3639 〉 유의수준(α)=0.05

☞ 유의수준(α) 0.05에서 귀무가설(H_0)이 기각되지 않아 귀무가설(H_0)을 받아들임

따라서 두 표본(남자,여자)의 분산이 같다(등분산이 가정됨).

이표본 t-검정

귀무가설(H_0): 두 모집단의 평균 간의 차이가 없다($\mu_1 = \mu_2$).

대립가설(H_1): 두 모집단의 평균 간의 차이가 있다($\mu_1 \neq \mu_2$).

*μ_1 : 남자총콜레스테롤, μ_2 : 여자총콜레스테롤

유의확률(p-값)=0.89074 〉 유의수준(α)=0.05

☞ 유의수준(α) 0.05에서 귀무가설(H_0)이 기각되지 않아 귀무가설(H_0)을 받아들임

따라서 두 모집단(남자,여자)의 총 콜레스테롤 간 차이가 없다

: 남자 총콜레스테롤 평균 198.4, 여자 총콜레스테롤 평균 199.81로 차이가 없다

④ [_통계분석결과_] 시트명을 **[t검정_결과]**로 변경한다.

연습문제

1. 다음 데이터를 검색하여 수집된 데이터를 엑셀을 활용하여 아래 조건에 따라 데이터 분석하시오.

【조건】

(1) 데이터 수집
- 접속 사이트 : 네이버 데이터랩(https://datalab.naver.com)
- 검색 주제어 및 관련어

주제어1 - 예술의전당 예술의 전당,예술전당,예술 전당
주제어2 - 세종문화회관 세종 문화 회관,세종 문화회관
주제어3 - 샤롯데씨어터 샤롯데 씨어터,샤롯데시어터,샤롯데 시어터
주제어4 - 엘지아트센터 엘지 아트 센터,엘지아트센타,엘지 아트센터

- 검색 기간: 2021년 5월 14일~ 2022년 5월 14일
- 범위, 성별 : 전체

(2) 데이터 정리 : 모든 데이터 셀을 텍스트 형식으로 저장된 숫자를 숫자로 변환하여 엑셀로 저장

(3) 데이터 분석
- 예술의 전당, 세종문화회관, 샤롯데씨어터, 엘지아트센터를 검색한 데이터의 기술통계 분석
- 예술의 전당, 세종문화회관, 샤롯데씨어터, 엘지아트센터 간의 상관분석
- 성별에 따라 예술의 전당, 세종문화회관, 샤롯데씨어터, 엘지아트센터에 대한 검색량 차이가 있는지 t-검정

(4) 데이터 분석한 결과를 토대로 데이터 시각화가 필요한 부분을 데이터 시각화

2. 다음은 2011년부터 2020년까지 10년 동안의 월별 대구시 기온을 수집하여 아래 조건에 따라 데이터 분석하시오.

【조건】

(1) 데이터 수집
- 접속 사이트 : 기상자료개발포털(https://data.kma.go.kr/cmmn/main.do)
- 검색 기간: 2011년부터 2020년까지 10년간
- 지점(지역) : 대구광역시 전체(대구서구, 달성, 신암)
- 종류 : 일별평년값 7월 17일~8월 15일

(2) 데이터 정리
- 한글 깨어짐 현상 : 메모장에서 파일 형식을 'UTF-8' 또는 '유니코드'로 저장
- 텍스트 파일의 구분 기호가 일정하지 않는 경우 일부 데이터 손실됨

  : 메모장에서 띄어쓰기나 " 기호를 콤마(,)로 변경

  → 엑셀에서 외부 데이터 가져오기의 텍스트/CSV에서 구분기호 콤마(,)로 분리

(3) 데이터 분석
- 평균기온, 최고기온, 최저기온, 강수량, 습도 데이터의 기술통계 분석
- 습도와 강수량의 상관분석
- 지점명(대구서구, 달성)에 따라 평균기온, 최고기온, 최저기온, 강수량, 습도 차이가 있는지 t-검정